妊娠期から乳幼児期における親への移行

親子のやりとりを通して発達する親

岡本依子 *Okamoto Yoriko*

新曜社

目 次

序 論 1

第Ⅰ部　研究の位置づけ

第1章　親への移行 8
　第1節　現代の子育ての状況　8
　第2節　文化参入としての親への移行　14

第2章　妊娠期から乳幼児期の親子関係 20
　第1節　妊娠期にみられる親への移行　20
　第2節　出産後の世話にみられる親への移行　25
　第3節　前言語期の親子コミュニケーションにみられる親への移行　29

第3章　方法論 40
　第1節　日記法　40
　第2節　観察法　43

第4章　実証研究の構成 46

第Ⅱ部　実証研究

第5章　【研究1】胎動に対する語りにみられる親への移行：
　　　　　胎動日記における胎動への意味づけ 50
　第1節　目的　50
　第2節　方法　54
　第3節　結果と考察　59

第 4 節　総合的考察　78

第 6 章　【研究 2】妊婦が捉える胎動という感覚：
　　　　胎動日記における胎動を表すオノマトペの分析から　81
　　第 1 節　目的　81
　　第 2 節　方法　86
　　第 3 節　結果と考察　89
　　第 4 節　総合的考察　96

第 7 章　【研究 3】授乳スタイルの選択・定着のプロセス：
　　　　授乳についての語りにみられる母乳プレッシャーの受け入れ／拒否
　　　　　99
　　第 1 節　目的　99
　　第 2 節　方法　102
　　第 3 節　結果と考察　106
　　第 4 節　総合的考察　119

第 8 章　【研究 4】親はどのように乳児とコミュニケートするか：
　　　　前言語期の親子コミュニケーションにみられる代弁　122
　　第 1 節　目的　122
　　第 2 節　方法　127
　　第 3 節　結果と考察　128
　　第 4 節　総合的考察　139

第 9 章　【研究 5】親子コミュニケーションにおける代弁の機能の変遷
　　　　　145
　　第 1 節　目的　145
　　第 2 節　方法　149
　　第 3 節　結果と考察　153
　　第 4 節　総合的考察　166

第Ⅲ部　総括

第10章　本論文で明らかにされたこと ―――― 176
　第1節　妊娠期の親への移行　177
　第2節　出産後の親への移行　179

第11章　文化化としての親への移行と子どもの発達の足場 ―――― 184
　第1節　未確立な親　184
　第2節　親への移行のダイナミズム　191
　第3節　親への移行を支える子どもの他者性　193
　第4節　子どもの文化化と伴走する親への移行　199

第12章　親への移行における情緒的適応 ―――― 207

第13章　今後の課題 ―――― 214

文　献 ―――― 217
初出一覧 ―――― 228
謝　辞 ―――― 230
人名索引 ―――― 235
事項索引 ―――― 237

序　論

　はじめから親だった人はいない。にもかかわらず，子どもの立場から親をみるとき，親は自身が生まれたときから親であったため，あるいは，最古の昔からヒトが子を産み育ててきたという不断の営みを知っているため，親ははじめから親だったように錯覚してしまう。ポルトマンも指摘するように，人は生理的早産で生まれる動物であり，子宮外の胎児といわれるほど親への独特な依存性を示す（Portmann, 1951/1961）。これはつまり，人の乳児は未成熟な状態で生まれてくるので，生まれ落ちたあと，自力で生命を維持することが困難であることを示している。出産後には乳児は子宮の外にいることになるが，胎児と同じくらい保護された環境が必要であるということである。つまり，ポルトマンの説に従うなら，ヒトは，大人からの世話や保護，すなわち子育てを前提に進化してきた動物であることを示している。したがって，ヒトにとって子育ては自然の摂理といえるかもしれない。

　系統発生的時間軸において自然の営みである子育てが繰り返されてきたが，そのことと，一個人として，ある時代のあるコミュニティに暮らす親にとって，個人史的時間軸における親への移行が当然のものと感じられるかどうかは別である。子育てが当然視され，その背後にある親個人の努力や工夫が焦点化されないこともある。自身が親となったとき，親への移行のプロセスにおいて予想しなかった違和感を抱く人がいるのは，このような感覚のなかで育つことによって，親の絶対視に疑問をもつ機会がないままそれまでの人生を歩んできたせいかもしれない。

　「赤ちゃんが生まれて，はじめてだっこしたとき，ちょっと照れくさくって，小さな声で赤ちゃんの名前を呼んだ…」

　この例（岡本, 2009a）は，ある母親が子どもを産んだ直後の様子を語ったも

のである。妊娠中に夫とともに考えていた名前があり，子どもが生まれたらその名前を最初に呼びかけようと考えていた。しかし，いざ，出産を終え新生児を抱いて呼びかけようとしたとき，何とも言えない戸惑いの感情が湧いてきたというのである。子どもはまだ小さくて呼びかけてもわからないだろう。なによりも照れくさい。しかし，せっかく考えておいた新しい名前を呼びかけたいという思いは強い。このようないろいろな思いがめぐり，呼びかける声が小さくなってしまったというのである。この例には，最初の段階において，親がいかに親でなかったか，つまり，親としていかに初心者であったかがよく表れている。おそらく，出産後の数ヶ月あるいは数週間で，親は自分の子どもの名前を呼ぶことに慣れるだろう。子どもの名前はその子を表すことに相応しくなり，名前を呼ぶことに躊躇する親はいなくなる。我が子の名前を小さな声で呼んだときから，躊躇なく名前を呼べるようになるには，どのような親への移行のプロセスがあったのだろうか。本論文では，"親になる"というのは，どのようなことか，それはどのような変化を意味するのかについて，検討したい。

　一方，発達心理学においては，子どもの側から親を捉えようとする試みが先行した（岡本，2013a）。親とは子どもの発達に影響が大きい存在，あるいは，子どもの発達には不可欠の存在ということを否定できない。とくに子どもの発達を対象とした発達心理学の研究では，親を子どもの発達における入力刺激と捉えていることがある。それ自体は，親子のやりとりも子か親のどちらかに焦点化するという研究の方法論上しかたのないことかもしれない。しかし，親が子どもの発達の入力刺激だという，そのような発想が実際の子育ての現場にもち込まれるとき，入力刺激としてよい親と悪い親という評価を副産物としてきたことも事実である。子育てとは本来，文化的歴史的なもので，その地域，その時代によって異なり，流行もある。当然，子育てに正解はないはずだが，発達心理学における「よい親モデル」はこのように「すべき」といった，子育ての「べき論」を生むことになった。

　さらに，この「べき論」や「よい親」プレッシャーへの反動もある。子育ての「べき論」に沿った子育てをするよい親の，犠牲的な子育てに対して，力まず無理せず「手抜きバンザイ子育て」が肯定されるようになってきた。もちろん，手抜きを許さない子育てがよいとは思わない。むしろ，適度な息抜きや手

抜きは，親だけでなく子どもにとっても必要だろう。しかし，この「手抜きバンザイ子育て」が手抜きを謳う限り，必ずしも親を救わない。たとえば，社会的なルールを子どもに教えることや子どもの甘えたい気持ちに存分に応えることなど子育てに必要な何かは，もしかすると今・ここという場で手抜きをして避けることができるかもしれない。しかし，それがその時期の子どもに必要なことであれば，その時期のどこか別の機会に向き合う必要があるだろう。でなければ，手抜きが手抜きである以上，必ずそのツケが回ってくる。また，なにより，子どもの発達を願う親にとっては，自身の行為を手抜きと捉えていることそのものが，子どもへの罪悪感につながってゆく可能性もある。

発達心理学における多くの研究において，親を子どもの発達の入力刺激と捉えてきたため，親が子どもを育てる側面にばかり，注意が向けられてきた。しかし，親が発達する存在であるという立場に立つなら，親子関係のなかで，子どもが親を育てる側面もあるはずである。そして，発達心理学がそういった子どもが親を育てる側面に着目することで，親子の新たな発達観が導かれるかもしれない。

本論文では，親を発達するものと捉え，親への移行（transition to parenthood）のプロセスを親の視点から明らかにしたい。そのためにまず，第Ⅰ部においては，親への移行について，妊娠期や乳児期の親子関係や親子コミュニケーションを含めた先行研究を概観する。現代における子育ての現状を踏まえ，親への移行を文化参入と捉え直す。また，実証研究に先立って，妊娠期および乳幼児期の親子関係について先行研究を概観し，方法論についても整理する。

第Ⅱ部では，親への移行について5つの実証研究を通して明らかにすることを目指す。まずは，子どもをもつ前と，子どもをもったあとの，ちょうど中間にあたる妊娠期に目を向ける。妊娠期は，自分が親になろうとしていることを知っており，しかし，まだ子育ての対象となる子どもは胎内で，具体的な子育て実践は始まっていない。その意味で，子育ての準備期といえるだろう。この妊娠期における親への移行を探るため，妊娠期に唯一我が子を直接感じることのできる感覚である胎動に着目する。研究1では，妊婦に胎動についての日記の記載を依頼し，それを胎動に対する語りとして検討し，妊婦の胎動への意味づけの過程をモデル化することを試みる。研究2では，妊婦の意味づけの変化

を支えているものは，胎児の動きの変化ではないかと予測し，その動きの変化を妊婦の視点から捉えるため，胎動日記において胎動の感覚を表現するために用いられたオノマトペに着目し，オノマトペの形式的側面（具体的には，第一音や清音・濁音の違い，語基の変形や反復など）を分析する。

さらに，出産後子どもと対面してからの親への移行については，子育て実践において欠かせない乳児の身体的世話と，その世話を支える親子コミュニケーションの発達という二つの視点から親への移行を明らかにすることを目指す。乳児の身体的世話については，乳児の生命維持に直接関わるものであり，なかでも授乳は乳児の身体的世話の核をなし，親の身体的負担が大きい。研究3では，母乳か人工乳かの選択を含めた授乳のやり方全般についての授乳スタイルが，どのように定着していくかについて，母親が書き留めた授乳日記を分析する。授乳スタイルの定着を概観したあと，定着しなかった親の日記に焦点化してより詳細な分析を行う。一方，親子コミュニケーションの発達については，親子のもつ非対称性を，親がどのように捉え，どのようにそれに適応してゆくのかは，親としての充足感や心地よさに直接関わるものであり，親へと発達するプロセスそのものといえるだろう。研究4および研究5では，乳児がしゃべることのできないコミュニケーションの相手であるという点に着目し，前言語期の乳児とのやりとりを親がどのように成り立たせているのかについて検討する。研究4では，親が乳児の言語未習得を補うかのように，乳児の思考や感情を代弁していることを見いだし，子どもの声を帯びた親の発話である代弁とはどのようなものか，代弁にはどのような種類があるのか（あるいは，ないのか）について検討する。研究5は，研究4を受け，親が用いる代弁がどのような機能をもち，発達的にどのように変遷するかについて検討したい。

なお，第Ⅱ部における5つの実証研究のうち，研究1，研究2，研究4，および，研究5は，妊娠期から小学校入学までを追った家庭訪問による縦断研究プロジェクト（詳細は，岡本・菅野，2008）の一部である。

最後に，第Ⅲ部において，それぞれの研究結果を踏まえ，今日の発達心理学に本論文が貢献できる知見を整理し，親への移行についての新たなモデルを提唱することを試みる。5つの実証研究を整理したうえで，親の視点からみた親への移行について，対話的自己の概念に即して移行のモデル化を試みる。さら

に，子どもが親への移行を支える側面，および，子どもの発達への影響についても議論する。また，本研究の貢献として，親の情緒調整の側面についても述べる。そのうえで，本論文の限界と今後の展望について整理する。

第Ⅰ部
研究の位置づけ

第1章
親への移行

第1節　現代の子育ての状況

　第Ⅰ部では，本論文における5つの研究に先立ち，親への移行についての先行研究，次にその背景をなす妊娠期および誕生後の親子の関係についての先行研究を概観し，本論文を位置づける。そのうえで，方法論についても整理する。

(1) 親への移行
　子どもが発達するように，親も発達する。親になるプロセス，つまり親への移行とは親自身にとってどのように経験されるものなのだろうか。本研究では，妊娠期から乳幼児期における親への移行について検証する。女性は，子どもを妊娠，あるいは，出産したからといって，自動的に親になるわけではない（大日向，1988；氏家，1996）。これは母親だけでなく父親も同じである。たとえば，第一子を妊娠したばかりのころは，「お父さん／お母さん」と呼びかけられても自分のことと思えなかったり（岡本，2009a），妊娠中の母親がお腹のなかの我が子をモグラや魚などと表現したり（岡本・菅野・根ヶ山，2003；研究1），父親は誕生した我が子について「ペットが我が家にやってきたような気分」などと表現したりする（八木下（川田），2008）。また，はじめての子育てが始まろうという時期，親は子どもがなぜ泣くのかわからず，どのように子どもを扱っていいのか戸惑いを感じることもある（菅野ほか，2009）。親になったこと，あるいは，他者から親として扱われることへの戸惑いや照れくささ，不慣れさ，違和感などを抱く人は少なくない。

　このように，親は妊娠して子どもの存在を知っているにもかかわらずそのことを実感できず，子育てが始まってしばらくは，親意識もまだ確立されていないのである。つまり，親自身も親として発達する存在なのである。にもかかわらず，発達心理学において，親に関する研究は，子どもの発達によい影響を

与えるのはどのような親の反応か，あるいは，よい親とはどのようなものかといった，子どもの発達に対する入力刺激として親を捉えることが少なくない。そもそも，親としての実感，親意識，親への移行とはどのようなもので，それは親でなかった時期からどのように変化するものなのだろうか。今日の親が抱える多くの問題を鑑みると，親がどのように親としての感覚（実感）を得て，その発達をどのように受け止めているのかについて，親の視点から丁寧に吟味する必要があるだろう。本論文では，親自身の視点から捉えた親への移行について，妊娠期から乳幼児期の変化を日記や観察を通して多角的に捉えることを目指す。

親への移行は，親という新しい役割に新しい意味を生成し，アイデンティティの再編成を要するものであり，妊娠や出産が大きな契機となっていることは確かである。一方，その出発点は，妊娠や出産のずっと前である。まだ親にならない者が親としての準備をする，その準備状態を親準備性という。これは，子どもが将来，家庭を築き経営していくために必要な，子どもの養育，家族の結合，家事労働，介護を含む親としての資質，および，それが備わった状態と定義されるが（岡本・古賀，2004），乳幼児期から青年期までの育てられた・育ってきた経験や乳幼児との接触体験の有無が影響している（たとえば，青木・松井，1988；井上・深谷，1983；岡野，2003a, b など）。親準備性に関する研究の多くは，親になる前の時期（たとえば学生など）を調査対象としているため，どのような親準備性が親への移行をスムースに推し進めるかについての研究は少ないといえる。つまり，親準備性と，実際の親への移行との関連については明確になっているとはいえない。しかし，親準備性には子どもイメージや子ども観だけでなく，子育てへの構えといった親への同一化なども含まれているため，適応的な移行には少なからず影響しているものと思われる。

このように，親への移行の前段階ともいえる親準備性であるが，親準備性の獲得にとって重要な乳幼児との接触体験が近年減少傾向にある。我が子をもつまでに乳幼児の世話をしたことがない母親は1981年に39.3%だったものが，2000年には64.4%に増加している（厚生労働省，2003）。少子化によって地域で遊ぶ子どもが減っただけでなく，核家族化などの影響から自分が生活する地域との関わりが希薄化していることも原因としてあげられるだろう。親準備性を

発達させるべき乳幼児期から青年期の間に，乳幼児との接触機会が乏しく，自分が親になるというイメージを構築しないまま，親への移行が始まるので，妊娠を（計画）してから出産までの1年足らずの間に大急ぎで子育ての勉強をして親になるという人も少なくない（亀井・岡本，2007）。

また，最近では，進学や就職を機に自分が生まれ育った地域を離れ，見知らぬ地域において，自分たち夫婦のみで子育てを開始するということも珍しくない。出産直前まで自宅と職場の往復だけの生活であり，自宅周辺に知り合いもいない，ましてや公園や医院など子育て資源についての情報もないままに，親になるのである。つまり，子どもをあやしたり，叱ったりする個人的な経験がないまま，自身の子育てがはじまるばかりでなく，子育てがはじまってからも，近所に子育てを手伝ってくれる人，相談できる人がおらず，子育て資源の情報もない。妊娠前からの親へと育つ機会の確保だけでなく，親になってからも子育ての孤立化などが大きな問題となりつつある。子育ての孤立化とは，いわゆる密室育児など，子育ての支援が得られず孤立した状態で，いったん問題を抱えると深刻化しやすい状況を示す。

本来，親になることは，緩やかなプロセスであり，具体的な子どもとのやりとりや子育て実践を経て，徐々に親らしい親として発達するものである。しかし，今日の日本の社会においては，学校の仲間，職場の仲間など同質な仲間が集まって協同することはあっても，それを超えて関連をもつことが少ない現状がある。子育てについても同様のことがいえ，子育てをしている世代は，子育てをしていない世代と交流がほとんどないのが現状である。非子育て世代，あるいは，非子育てコミュニティは，子育て世代や子育てコミュニティと不連続にあり，親にとっては子育て世代，子育てコミュニティへの参入が，それまでの社会的アイデンティティの参照枠からの離別と感じられ，ある種の異文化移行のように感じられることもある。現代子育ての大きな特徴として，子育て世代・子育てコミュニティ参入の不連続性がまず挙げられるだろう。

近年，このような時代背景を受け，親への移行を後押しするために親準備教育が注目されている（たとえば，岡本，2013b）。親準備教育とは，これから親になる可能性のある人たちを対象とした，親になるための準備教育といえる。親準備教育の実践は，その名称も形態もさまざまであるが，親になる直前の妊

婦を対象としたものや，小中高生など若い世代を対象としたものがある。

　妊婦を対象としたものは，両親学級，妊産婦教室，プレママ教室などと呼ばれ，保健所や保健センター，産院，スポーツクラブなどで行われている。周産期の健康管理，出産の方法（呼吸法など），あるいは，出産後の子育て（沐浴など）について学ぶ機会を提供するもので，近年では，夫とともに参加できるよう週末に開催されるものも増えている（古川，2006）。また，次世代育成という観点から広がりをみせている赤ちゃんふれあい体験は，小中高生といった若い世代が赤ちゃんをだっこしたり，おむつを替えたり，赤ちゃんの親から子育ての話を聴くというふれあいを通して，子育てのイメージをもったり，自分が育てられた体験を振り返ったりすることで，親準備性を高める効果をねらったものである（首都大学東京・東京都立大学体験学習研究会・NPO法人保育園種まく人，2008）。また，これらの親準備教育とは，少し趣を異にするが，親への準備という意味では，大学生などを巻き込んだ子育て支援活動も，表向きは支援者としての大学生が親の子育てをサポートすることを目的としている。しかし，実際には，大学生は子育て（保育や教育）について学んでいても，子育て実践には不慣れであり，大学生が乳幼児に触れ，親から子育てを学ぶきっかけともなっている。その意味で，このような活動も，親準備教育の目的に沿うものといえるだろう（たとえば，川瀬，2009；三林・常包・岡田，2005；岡本・寺西・町田，2008）。しかし，親準備教育が実際にどのくらい効果を上げているかについては，今後の検証が待たれるところである。

(2) 親への移行にみられる育児不安

　このように，親への移行をどのように支援するかという視点で社会での取り組みが始まっている一方，親として発達途上で，子育て経験に乏しい時期に，育児不安を感じる親は相変わらず少なくならない。育児不安とは，子どもの状態や将来あるいは子育てのやり方や結果に対する漠然とした恐れを含む情緒状態のことで（牧野，1982），育児への自信のなさ，心配，困惑，母親としての不適格感，子どもへの否定的な感情といった心理的なものから，攻撃性・衝動性をともなう行動まで，さまざまな表れ方をする（厚生労働省，2003）。つまり，親への移行は，子育て実践や乳幼児への慣れという問題だけでなく，親自身の，

新しい他者や新しい環境への情緒的適応を含んでいるのである。とくに，日本においては母親による犠牲的な子育てが社会において推奨されてきた歴史がある。大正から昭和初期にかけて，"母性"ということばが欧米より取り入れられ，子どもに対して無償の愛を提供するべき母親が強調され，犠牲的な育児観が広まった（柴崎・安齋，2003）。その後，子どもをもつことの意識が子どもを"授かる"という表現だけでなく，家族計画の導入から子どもを"つくる"という意識をもたらした時代の変化（中山，1992）は，ある面では，子育てにおける親の主体性を再認識する契機となったことだろう。しかし，依然として，とくに母親に対しては犠牲的な子育てをよしとする風潮はあり，そのような社会からのプレッシャーが，親の育児不安を助長した側面があることは否めない。そして，子育てにおける育児不安の低減を目指した研究がなされるようになった。

　育児不安を捉える視点は研究の立場によってさまざまである。たとえば，Crnic & Greenberg（1990）は，育児不安の問題の重篤度がさまざまである点を指摘し，貧困や離婚といった大きなライフイベントとしてのストレスから，予定通りにいかないなど日常の小さな厄介まで，その重篤度によって分けて検討している。そのうえで，日常の小さな厄介をどのように受容するか，それを大きなストレスに発展させないことについて焦点化される。また，子どもの心身の状態についての心配（子ども関連育児ストレス）か養育者側の危機や問題（母親関連育児ストレス）かといった視点での研究（数井，2002；佐藤・菅原・戸田・島・北村，1994）は，育児不安の原因を整理することによってそれに応じた対応（臨床的対応を含む）に焦点化されている。

　さらに，育児不安への対策を指向した研究のなかには，子育てのストレスを軽減するよりも，そのストレスをサポートできる環境を目指すもの，つまり，子育ての孤立化を避けるため，育児ネットワークに着目するものもある（たとえば，亀井，2008；金，2007）。育児ネットワークとは，子育てに関わる人びとのつながりのことである。日本では，母親が第一養育者として中心的に子育てを担う家庭が多いが，父親が子育てに関わることは，母親の育児不安が低減されたり（たとえば，Coley & Schindler，2008；牧野，1985），子どもの発達への好影響というだけでなく（たとえば，加藤・石井・牧野・土谷，2002），父親自身

も親としての発達に大きな意味がある（森下，2006；八木下（川田），2008など）ことがわかっている。また，家庭外の人のつながりにも目を向け，育児ネットワークを包括的縦断的に捉えようとしたのが，亀井（2008）の試みである。親がどのように主体的に育児ネットワークを再構築するかについて，親としての実践コミュニティへの移行という観点から捉え直している。また，育児ネットワークの機能について検討し，支援機能，規範機能，および，比較機能の3側面で整理を試みたものもある（金，2007）。支援機能とは，子育てに有用な情報が得られる，同じ大変さを抱える養育者同士で励まし合えるといった子育てを助けるはたらき，規範機能は，子どもは早く寝かせるべきだ（寝かせたほうがよい）といったような子育ての基準を与えるはたらき，そして，比較機能は，親子のやりとりを見たり，他の人と話したりすることによる他の人の意見や子育てを参照するはたらきである。子育ての仲間が支えとなるときもあれば，自分の子育てをとやかく言われて気が滅入るなど，育児不安を高めることもあるとしている。しかし，子育ての孤立化を避けるには，外に出ることが必要であり，それによって，自身の子育ての位置づけを確認し，評価を可能にするのである。

　以上のように，現代の親は，親になる前の経験に乏しく，十分な親準備性を発達させる機会を得ていない可能性があり，それは言い換えると子育て文化からの隔離といえるだろう。また，子育て世代が他の世代から孤立しているため，非子育て世代から子育て世代への参入は不連続なものと感じられ，ある種の異文化参入のようなショックをともなう経験として捉えられるといっていいだろう。そこには，子育て実践への適応だけでなく，新しい自身の立ち位置を受容するための情緒的な適応も必要となってくる。このような状況において，一人ひとりの親はどのように親への移行のプロセスを歩んでいるのだろうか。子育てへの適応を考えるとき，親への移行についてその具体的なプロセスを解明することが急務であるといえるだろう。

　しかし，育児不安に関する研究は，親への移行の重要な側面を扱っているその一方で，親への移行そのものを明らかにするものではない。むしろ，育児不安についての研究の多くは子育てのネガティブな面のみを扱っているといえるだろう。実際は，経験のない子育て実践に試行錯誤しながらも，子育てそのも

のに喜びや達成感を得ている親が多いことも事実である。子育てとは，肯定的体験および否定的体験の両方を含む実践的な総体なので，どちらか一方にのみ着目するだけでは，親への移行を明らかにすることはできないだろう。

第2節　文化参入としての親への移行

(1) 個人的な営みとしての親への移行

　では，"親になる"とはどのようなプロセスなのだろうか。妊娠出産を経て，子どもが発達するプロセスに伴走するように，親も新たなアイデンティティを再構築し，子育て実践を習熟させながら，親としての発達の道筋を歩むことになる。第一子の妊娠や誕生，それに続く子育てを経験することによって，女性が母親として，あるいは，男性が父親として発達するプロセスを親への移行という。

　親とは，子どもの存在によってのみ保証されるという自明の定義があり，子育て実践の対象としての子どもなしに親にはなれない。親になることは個人の主観的意識の変化をともなうが，だからといって個人の主観的意識のみで親になれるものではないのである。これは，子どもの存在との具体的な関わりの蓄積を要するものである。また，その関わりは，それまでの他者との関係性，たとえば自分の親や先生との関わり，あるいは，友人同士や同僚との関わりとは異なり，子どもの発達の足場を作る"育てる"機能をもつ関わりが必要となるのである。つまり，文化的に熟達した者として子どもを導く子育て実践の個人的社会文化的歴史が，親への移行にとって不可欠であることを意味する。

　親への移行に関する先行研究の多くは，その時期のライフイベントとしての特有性に着目する。つまり，移行"期"の特徴として親子関係以外の関係性の変化を検討する目的でなされている。たとえば，親への移行期における夫婦関係の変化や自身の親との関係の変化などの研究がみられる。夫婦関係の変化について扱った研究では，伝統的なジェンダー役割が強まり，夫婦の満足感などが変化することが見いだされている（Katz-Wise, Priess, & Hyde, 2010；Koivunen, Rothaupt, & Wolfgram, 2009 など）。授乳といった乳児の世話を通し

て性役割が強調され（Katz-Wise et al., 2010），夫婦間の平等を維持する難しさに直面し（Koivunen et al., 2009），夫婦間の満足感が減少する（Belsky & Kelly, 1994）というのである。しかし，夫婦間の満足感の減少について，東海林（2008）は，子どもの誕生が夫婦間の葛藤を顕在化する機会としつつも，夫婦はポジティブなイメージを保持しつつ折り合いを付けるという対処がみられることを指摘しており，親への移行が必ずしも夫婦関係にネガティブに働くわけではない。また，親への移行期における親子関係以外の関係性の変化という点では，自身の親との関係の再構築を扱う研究もある。たとえば，自身の母親との共有体験をもつことで，自分と母親とを比較し新たな解釈を見いだし，自身の母親への評価が肯定的に変化するなど母娘関係に焦点化したものが多い（たとえば，富岡・高橋，2005など）。

　一方，親への移行のプロセスそのもの，つまり，個人がどのように親としての経験を積み重ねるかについて，親へのインタビューを通して検討しようとする研究がみられる。氏家（1996）は，子どもの誕生によって引き起こされた心理社会的混乱への適応として親への移行を捉え，新たな行動システムの再構成としての成人期の発達として捉え直し，徳田（2004）は，親が子育てをどのように自身の人生に意味づけするかについて，語りのパターンから，親になることの受け入れ方略を見いだした。また，菅野ほか（2009）および菅野（2008）は，本論文の研究1，2，4，および5と同じ研究プロジェクトの協力家庭に対して，親の子どもへの不快感情についてのインタビューを行っているが，親の抱く否定的感情を当然あるべきものと捉える点で，他の研究とは立ち位置がやや異なる。そこから，子どもの発達にその都度適応する親自身のものの見方の変化を捉えた。つまり，親への移行とは，克服すべき課題と捉えるか，折り合いを付ける課題（すなわち，否定的な部分を排除することを目的とするか，否定的部分を残したまま折り合いを探るか）などの研究の立ち位置は異なるが，いずれにせよ，自明で安易なプロセスではなく，ひとりひとりの親の努力と適応の結果としての発達ということができる。

（2）社会的な親への移行

　また，子育てとは，個人的な営みであると同時に，社会全体にとって重要な

活動である（陳，2011）。つまり，親への移行は，妊娠や出産という個人の身体に起こる身体的変化，あるいは，子どもの存在の出現という物理的変化による個別の関わりからくる個人史的な移行だけでなく，社会から親として扱われることによる社会的な移行のプロセスもある。子どもが地域でどのように成長するかは，子どもだけでなく，そのコミュニティのメンバーにも影響する。たとえば，不適切な子育ては，子どもの人生を不幸せにするだけでなく，コミュニティ全体の幸福を脅かしうる犯罪を増加させるかもしれない（門田，2002；上野，2012）。岡本ほか（2010）および岡本（2006a, b）は，本論文の研究1，2，4および5と同じ研究プロジェクトの協力家庭に対して，親への縦断的なインタビューを行い，親が子どもの安全についてどのような被害−加害関係の枠組みで捉えているかについて検討した。その結果，親は子どもが被害に遭わないように考えるだけでなく，子どもを加害者に育てないという責任を感じながら子育てをしていた。妊娠期から0歳台には世間で起こった大きな事件を契機として，自身の子育ての振り返りがなされ，さらに，1〜5歳台には日常的ないざこざなどに触れ，子どもの加害的な兆候への予防的関わりについて語られていた。親は子どもを適切に育てるという，社会に対しての義務を感じており，一方，地域から見ると，子育ては公的監視の対象となることが示された。つまり，子育てとは当該家庭だけで行うものではなく，その子どもを取り巻く家庭の外の社会から，注意深く見守られ，評価され，期待され，支援される。子育ては子どもに期待される方向性を共有する人びとの間で実践されるので，文化的な実践といえる。亀井（2008）は，妊娠・出産を機に，どのように育児ネットワークに参入するかについて，親の視点から分析したが，子どもを連れて他者と関わることによって，"あなたは母親"という他者からの視線に気づき，それまでとは異なる立ち位置を獲得すると述べ，親自身も社会を意識しながら子育てをしており，親への移行が社会的側面を有することについて言及している。親は子どもの発達の足場をつくる役割をもつが，ここでいう子どもの発達とは，個人としての能力の増大（ことばが話せるようになる，数が数えられるようになる，字が書けるようになるなど）だけでなく，人の物を盗らない，危害を与えない，あいさつをすることで協調的・親和的に過ごすなど，社会において適切なふるまいや文化的価値を身につけることも含んでいるのである。

ここまで，親への移行について，個人史的な移行と社会的な移行という二つの側面について述べてきたが，もちろんこの二つは切り離せるものではない。すでに述べたように，親は，親になる以前から，あるコミュニティで育てられており，その文化的な個人史が親の子育てに影響を与える。さらに，社会との関わりのなかで子育てをするうちに，社会からの自分の子育てに対する期待，すなわち，自身の子育ての文化的な価値を見いだすようになるだろう。個人史的な親への移行と，社会的な親への移行は，相互に修正しあって，子育てを編み上げていくものであり，個人史的な移行と社会的な移行は分離できるものではない。家庭内での子どものしつけに社会的な価値が反映されることもあれば，子どもに対する社会に向けての示唆には個人的な価値が反映されることもある。本論文の実証研究では，親の胎動や授乳についての日記，あるいは，親子のコミュニケーションの観察から得られたデータを分析しており，家庭内を中心とした個人史的な親への移行について対象としているが，その背景に，社会的な親への移行があることも忘れてはならない。社会的文化的な子育ての価値と切り離して，個人史的な親への移行は語れないのである。

　ところで，ここで述べた子育ての社会的側面とは，親が社会的な視線に晒され，それぞれのコミュニティにおける社会的な子育てのありように巻き込まれながら，自身の子育て実践を構築し，親への移行のプロセスを進むということであり，本論文で対象としたいのは，子育ての個人的および社会的側面に関わって子育て実践を蓄積する親である。親がどのように社会と関わりながら子育てを実践し，またどのような社会的価値に対して敏感になるかについては親への移行として扱う。しかし，子育てが，社会的にどのようにあるべきか，子育ての文化的な善し悪しについて述べることは，本論文の目的ではない。

(3) 対話的自己の発達としての親への移行

　ところで，このような個人と社会との関係で親への移行を考えるにあたって，対話的自己（Hermans, 2001；Hermans & Gieser, 2012；Hermans & Hermans-Jansen, 2003；Hermans & Hermans-Konopka, 2010；Hermans & Kempen, 1993）の概念から示唆が得られるだろう。対話的自己とは，ヴィゴツキー派の社会文化的アプローチに位置づけられる概念で，声をともなう複数の異なった立

場のIポジションが対話を繰り返すことによって自己が発達的に展開するというものである。また，声とは，バフチンに由来する概念であり，音声物理的なものとしてではなく，社会的なコミュニケーション過程にその起源をもち，宛名（address）をもつ社会文化的人格としての声を意味する（Holquist & Emerson, 1981；Wertsch, 1991）。つまり，社会から借りてきた複数の声を内化させ，異なる宛名（視点）や異なる情緒をともなった文化的意味をもったIポジションが内的に対話することで自己が形成されるというものである。

つまり，親になる以前から構築してきたIポジション，たとえば，女性としてのIポジション（これをI-womanとする）や，妻としてのIポジション（I-wife）などがすでに対話を繰り返してきたが，そこに親実践によって内化されたI-motherというポジションが加わり対話のダイナミクスを変化させる。これが対話的自己の概念でいうところの"親への移行"であり，対話の総体としてのダイナミクスが親アイデンティティを形成するといえる。そして，声をともなうそれぞれのIポジションは社会に起源があり，個人と社会が切り離せないものであると同時に，Valsiner（2007）も述べているように，対話的自己は，個人が社会的文脈の一部でありながら，同時にそれとは異なる存在であるという，個人と社会の包括的分離の概念に沿っている。

ここに，親への移行の中断について，対話的自己の理論をもとに検討した一連の研究がある（Bastos, Carvalho, & Medrado, 2015；Dazzani & Ristum, 2015；Pontes, 2015）。Bastos et al.（2015）は，生後1ヶ月の第一子を医療ミスで失い，第二子を流産した母親の語りから，Pontes（2015）は，流産を繰り返す女性の語りから，さらに，Dazzani & Ristum（2015）は，子どもの学校や地域との関係不全を抱える移民の母親の語りから，これらの女性の対話的自己からみる親への移行について検討している。たとえば，私は母親ではないというI-not-motherポジションを引き合いに出しつつ，医療ミスや神といった外的な要因を触媒（Cabell, 2010；Cabell & Valsiner, 2014）として機能させることで，I-strongerなどのIポジションを作り出し，母になるという願望（I-motherポジション）を維持し強化していた。これらの研究を受け，Okamoto（2015）は，子どもの喪失や流産を個人的な移行の中断，そして，移民の母親を社会的な移行の中断と区別しつつも，個人ではコントロールできない親への移行への中

断が生じた際，それを受け入れるための文化的意味（ここでは，医療ミスや神といった触媒）が地域に蓄積されており，親がその文化的意味を内化することによって，自身の親としての資格が傷つくことを避け，親自身の人生において構築してきた母という文化的価値をむしろ強化することについて論じている。

　これらの親への移行中断や親としての社会的経験からみえてくることは，親への移行は，目の前の子どもとのやりとりの実践だけでなく，あるいはその実践の背景に，個々人のライフコースにおいて，母親，父親，あるいは，子育てといった文化的価値を内化してきたものを，実践と照らし合わせ再構築するプロセスがあるといえる。ここでいう文化とは，ヴィゴツキー派の社会文化的アプローチに沿った記号（たとえば，ことば）や行為などの媒介物の総体（Wertsch, 1991）であり，それら媒介物の情緒的側面を強調して文化的価値とする。I ポジションを形成する声も，媒介のひとつ，さらに述べるなら，記号的媒介のうち宛名や情緒をともなう側面を含意するものと位置づけられよう。つまり，文化という実態が外の世界にあるわけではない。媒介物を自分のものとし使えるようになることを専有というが（Wertsch, 1991），媒介物が専有され，人と人の間の外的な対話に用いられるときの総体か，内的な対話としての総体かという意味で，文化は外にもあり内にもある（しかし，それらは類似しつつ同じではない）。Rogoff（2003）は，専有のプロセスを文化的コミュニティへの参加と捉え直すが，社会歴史的な意味での文化（Rogoff の文化的コミュニティ）とは，媒介を対話させることのできるコミュニティということができる。つまり，異文化として感じられる体験は，媒介の不一致や対話の不成立からくるのである。子どもの発達を，親や周囲の大人たちが専有した媒介を用いて対話しているコミュニティへの段階的な参加とし，いわば異文化の状態から媒介の専有プロセスと捉え直すなら，本論文で対象とする親への移行についても，子育て文化コミュニティにおける媒介を専有していない段階から始まる子育て文化への参入といえるだろう。すなわち，子育て実践で必要な媒介としての声を専有し，I-mother が優位な対話的自己を形成する外と内のプロセスとしての親への移行を捉え直したい。本論文の実証研究では，個人史的な親への移行を扱うが，蓄積してきた親という文化的価値がどのように個人史的な移行に影響を与えうるかについても検討する必要があるだろう。

第 2 章
妊娠期から乳幼児期の親子関係

　ここまで，親への移行について先行研究を概観したうえで，個人史的な移行と社会的な移行について述べた。親への移行は，親の主観的意識を変えることや親になってからの単なる時間経過で生じるのではなく，親が子どもと関わり，かつ，社会において親として扱われることによって，個人史的かつ社会的な子育て実践を蓄積することによって親として発達する。本論文では，胎動への意味づけ，授乳スタイルの選択，さらに，乳児の代弁にみられる親への移行を対象としており，これらは社会的な移行を前提としつつも個人史的な親への移行のプロセスを扱うものである。個人史的な子育て実践とは，子どもの身体的な世話などを含めた親子の関わりといえるだろう。つまり，その時期その時期の親子関係のあり様は，親への移行を推し進める契機であり，また，移行の結果でもある。ここでは，妊娠期および誕生後の前言語期における親子関係の変化について先行研究を概観する。

第 1 節　妊娠期にみられる親への移行

(1) 妊娠期の親子関係

　妊娠期に親子関係が始まっているか否か，あるいは，いつから親子関係が始まるかについては議論のあるところである。しかし，妊娠期に親子の相互的な関係がないと完全否定することは難しいだろう。たとえば，Hess (1972) は，マガモのインプリンティングに関する研究で，孵化前の卵の中の雛鳥の鳴き声に対して，親鳥が鳴き方のパターンを変化させることによって，孵化の時期を調整していることを見いだした。つまり，親鳥と雛鳥が卵の殻を経て鳴き声でやりとりをしているのである。もちろんこれはマガモについての研究であり，人間の胎児と母親とのやりとりに即当てはめるつもりはない。しかし，人

間の胎児についてもその発達プロセスが数多くの研究によって明らかにされるなか，胎児の認知についても胎内ですでに発達し，胎児が子宮の外から影響を受け，それに反応することができることが示されてきた（たとえば，Joseph, 2000；Kisilevsky, Fearon, & Muir, 1998 など）。室岡・越野・高橋・力武（1983）は，子宮内の胎児の聴性反応を見いだしただけでなく，出生後も，胎内で聞いた音に対して反応を示すことから，妊娠期から母親が胎児に語りかけることの重要性を示唆している。このように胎児の知覚については1980年代に組織だった研究が進められ，受胎30週以降には胎児が音刺激に反応し始めることがわかってきただけでなく，近年では，母親の声を他の女性の声と聞き分けることができることも明らかになり，胎児の反応からその神経発達についての理論構築が目指されている（DeCasper & Fifer, 1980；Kisilevsky et al., 2003）。

　これらの研究は胎児に焦点化した研究であるので，胎児が妊婦の声や外界に反応できることが明らかにされたが，妊婦が，そのような胎児の反応すべてを知覚しているわけではない。また，妊婦が何らかの胎児の反応を知覚したとしてもそれを妊婦の声や外界への反応と結びつけられるかどうかの明確な示唆はない。つまり，妊婦の視点から，胎児の反応をどのように受け止め，妊娠期を過ごすかについては扱われていないのである。

　一方，胎児の発達にはほとんど触れず妊婦の視点から妊婦の心理的過程について言及する研究があり，それらの研究においては妊婦の感情的適応を扱った研究が多い（Condon & Corkindale, 1997；浜・戸梶，1990；花沢，1979；大日向，1981, 1988；利島，1983など）。妊娠期の不安や否定的感情が妊婦の身体的変化や生活環境との関連で検討され，出産やその後の子育てへの影響が強調されている。たとえば，Condon & Corkindale（1997）は，妊娠期における妊婦の胎児に対する愛着について一連の研究を行い，出産後の親子の愛着との連続性について質問紙調査で検討した。その結果，妊娠期の抑うつと社会的サポートの欠如が妊婦の胎児への愛着に悪影響をもちうることを示した。また，妊娠の受容と夫婦関係が，我が子の受容や母親としての発達に影響を与えること（大日向，1981），あるいは，実母の支援が妊娠期や産褥期の妊婦のメンタルヘルスに影響を与え（長鶴，2006），親への移行が実母をモデルとして促進される（岡山・高橋，2006）ことなど，妊婦の心理的適応に対して誰がどのように支援す

るかに着目した社会的サポートの重要性を示唆する研究がめだつ。妊娠期の感情的不適応の問題は，妊娠期を健康に過ごす妨げとなることがあり，そのため緊急性が高い。これらの研究は，その緊急性に対応すべく母親になるプロセスのうえで生じる可能性の感情的な不適応を解消するという臨床的な貢献に重点が置かれているが，親への移行が，親自身と子どもの閉じた関係のみならず，より広範な他者という社会的な関係のうえになりたつことを含意しているといえるだろう。しかし，胎児の存在や胎児の発達抜きに，妊婦の心理的プロセスのみが扱われる傾向があり，子どもの存在によって定義される親について検討しようとするときには，社会的サポートの重要性は否定するものではないが，それがすべてではないことも認識する必要があるだろう。

(2) 妊婦にとっての胎動の意味

では，妊娠期の女性にとって，親への移行の契機となるものはなんだろう。妊娠を知ることや妊娠による体調の変化に気づくことは契機となりうるだろう。しかし，妊娠初期には，つわりなど身体的変化が現れるものの，妊婦にとってお腹の子どもの存在はまだ実感されにくく（Slade, Cohen, Sadler, & Miller, 2009），既知の妊娠と意識のギャップから，むしろ実感のなさを訴える妊婦もいる。言い換えるなら，我が子の存在を感覚として得られることが，親への移行には必要なのではないだろうか。もちろん，妊娠を知っていることや体調の変化に気づくこと，あるいは，すでに述べたように，社会的に親として扱われることなどさまざまな要因が複合的多層的に影響していると予想される。しかし知っていることや気づくことへの疑いが実感のなさにつながるとしたら，疑いようのない事実としての感覚を得られることが，親への移行の大きな契機となると考えられないだろうか。1970年代から妊産婦検診に超音波画像による診断が普及し（鈴井，2005），妊婦は視覚的に我が子を確認することができるようになった。超音波画像は，胎内の我が子をイメージするきっかけとなったり（蘭，1989），妊婦の気持ちに（おもに，ポジティブな）影響を与えたり（三澤・片桐・小松・藤澤，2004）することがわかっている。妊婦の感覚という意味では，超音波画像も妊婦に対して大きな影響をもちうると考えられるが，それらは間接的な視覚であり，我が子を直接見たり，我が子の声を直接聞いたり，我が子

を直接抱いたりするのとは，根本的に異なる体験といえるだろう。一方，妊婦自身の身体を通して，妊婦が得ることのできる感覚といえば，やはり胎動である。胎動とは，胎児の動きを指すこともあるが，一般的には，妊婦が自身の身体に感じた胎児の動きを指す。本論文の研究1および2では，妊婦が直接胎児を感じることのできる唯一のものとして，胎動に着目した。

ところで，胎児はいつごろから動き出すのだろうか。胎児の動きについては，超音波検査装置を用いて観察できるようになり，急速に研究が進んだ。多田(1992)によると，妊娠7週ごろから胎芽（胎児）のうごめくような蠕動運動が始まり，9週までに頭部，躯幹部，上下肢などが連続して動く集合運動，10週には体の位置や向きなどを同時に変化させる連合運動へと発達する。16週までに運動反射がほぼ完成し，32週以降は体全体として調和のとれた運動となる。そして，33週以降は，胎児が大きくなるため羊水腔が狭くなり，全身運動は活発でなくなる。また，観察時間中に胎動が生じる時間の割合については，妊娠初期には40％で，週齢が増すごとに増加し，妊娠中期に60〜70％となり，妊娠末期に向けて漸減する（上妻・岡井・水野，1983）。

このように，胎児自身はかなり早い時期から運動を始めるが，妊婦が胎児の動きを胎動として感じることができるのは，妊娠16〜20週ごろからである（間崎・平川，1998）。胎動を感じる時期については個人差が大きく，初産婦よりも経産婦の方がより早期に胎動を感じるといわれている（鈴木・久慈，1985）。ところが，妊婦にとっては，妊娠初期に赤ちゃんの存在を信じることが難しい（Lumley, 1982）だけでなく，胎動を感じ始めてからも，しばらくは"赤ちゃん"が動いているという実感はない。蘭（1989）は，はじめての胎動について，小さな生き物，腹部の小さなけいれん，あるいは，腸に空気が入ったような動きなどのように感じられると述べている。

本論文の研究1および2では胎動に着目して親への移行のプロセスを探ろうとしているが，妊娠や出産によって自動的に親になるわけではないという立場に立っており，女性が妊娠を知ることと，自身を妊婦あるいは母親であると信じられることとは別であるという前提に立つ。また，胎動についても，胎動さえ感じればお腹のなかに赤ちゃんがいると単純に確信できるとも仮定しない。胎児の成長にともなって胎動も変化する。それに応じて，妊婦の我が子に対す

る捉え方も変化するのではないだろうか。さらに，想像する我が子が変化することで，自身の捉え方も変化するだろう。ここに親への移行を捉える緒を見いだしたい。

　ところで，妊娠の受け入れといった妊娠期の心理的適応は重要な研究課題である。そしてその心理的適応にとって，胎動が大きな意味をもつことを指摘する研究は少なくない（Condon, 1985；川井・大橋・野尻・恒次・庄司, 1990；川井・庄司・恒次・二木, 1983；上妻ほか, 1983 など）。たとえば，Condon（1985）は妊娠期間にわたる妊婦の胎児への愛着の変化を検討したが，妊婦が胎動をはじめて経験したあと，妊婦の愛着が急激に増大することを見いだした。また，川井ほか（1990）や川井ほか（1983）においては，妊娠期から幼児期までの母親の子どもへの感情を調べるために投影法のひとつであるSCT法（文章完成法）を用いた。その結果，胎動が，腹に手を当てるといった母性的行動をもっとも触発していると考察している。現実の胎動が妊婦への心理的な働きかけとなり，胎児への情緒的なつながりや胎児との相互作用を生じさせているのである（川井ほか, 1983）。そこには，胎動が妊娠期に唯一感じることのできる胎児の感覚であることの影響が含意されているといえるだろう。すなわち，妊婦は妊娠を知ったあともしばらくの期間は，胎児に関する感覚を感じることができない。知っていることと実感できることのギャップがあるといえるだろう。一方，胎動はこのギャップを克服する感覚といえるのではないだろうか。

　このように，胎動は妊娠中の女性にとって重要であることがわかるが，それは，胎動が我が子を直接感じることができる唯一のものであり大きな意味をもつのだろう。にもかかわらず，妊婦の胎動への関わりを妊婦－胎児関係と捉える研究はほとんどみられない。本論文では，親への移行の大きな契機のひとつとして，胎動に着目し，妊婦が胎動をどのように意味づけるか，そしてその意味づけが妊娠期間を通してどのように変化するかを検討したい。つまり，親という社会的役割が，子どもの存在や子育て実践によってのみ定義されるという前提を鑑みると，子どもの存在を認識し受け止めることが親への移行の第一段階といえるだろう。そしてその意味づけの変化は親になるプロセスを促進するのではないだろうか。妊娠期の親になるプロセスについて，質問紙やインタビューなどによって直接妊婦に問うこともできるかもしれない。しかし，親

になるプロセスのうえで生じるであろう再構成のダイナミズムに近づくためには，親自身にとって無自覚なプロセスを含み，妊婦と胎児のやりとりをより具体的に捉える工夫が必要である。しかし，胎児を日常的に観察することには限界がある。そこで，本論文の研究1および2では，妊婦にとって，もっとも直接的な我が子の感覚である胎動に対する妊婦の意味づけに着目する。胎児が自発的に動き，妊婦がその胎動を感じ，それについて語ることを妊婦の視点から見た胎児とのやりとりと捉え，その変化をみることによって，親への移行プロセスを描くことを試みる。

第2節　出産後の世話にみられる親への移行

　出産を経て，親は子どもと対面する。妊娠期に思い描き，心待ちにしていた我が子とはいえ，生まれたての乳児は弱々しく，不安定な存在に見えるものである。はじめのころは，我が子をどのように抱いていいか，どのように授乳したりあやしたりしたらいいのかについて，戸惑ったり不慣れを感じる親は少なくない。授乳やおむつ替え，沐浴など日常の世話から，子どもの視線に気がついたり子どもに話しかけたりするやりとりまで，子育て実践のひとつひとつを試行錯誤し，蓄積しながら，徐々に"親らしい親"となって親への移行というみちすじを歩むことになる。

　本論文の研究3，さらに，研究4および5では，出産後の親への移行に迫るため，妊婦の胎動への意味づけの変遷を検討し，その後，出産後の親への移行について検討する。出産後，親がまず直面するのが，子どもの生命維持に直接関わるような世話である。まず，子育ての核となる日常の世話のなかから授乳について焦点化し，親がどのように授乳スタイルを選択し，自分なりの子育て実践を専有していくかについて検討する（すなわち，研究3）。次に，親子の関係性の基盤を作りうる最初期のコミュニケーションについて，親による子どもの代弁に着目して検討する（すなわち，研究4および研究5）。

　授乳は，子育てにおいて欠かすことのできない世話であり，乳児の生命維持に直結する。近年，大正から昭和初期にかけての親の犠牲的な子育て（柴崎・

安齋，2003）が見直され，無理をせず楽しむ子育てが謳われるようになった。おむつが布から紙の使い捨てになる，だっこでの移動よりベビーカーやチャイルドシートを装着した自家用車が用いられるなど，子育てのいくらかの面については，以前より親の負担が軽減したといえるかもしれない。しかし，授乳は親が睡眠中の夜間であっても他のことに従事しているときであっても，即時対応を求められたり，母乳の場合には親の体調管理が必要であったりするなど，人工乳やほ乳瓶など育児グッズの開発をもってしてもなお，親の体力的かつ時間的犠牲のうえに成り立っているという現実もある。授乳そのものは，系統発生的時間軸においてずっと営まれてきた行為であるが，その一方，文化歴史的時間軸においては，人工乳やほ乳瓶，冷凍母乳などが出現し，授乳のしかたは多様化してきた。とくに，母乳で育てるか，あるいは人工乳で育てるかについては，授乳の仕方についての最初の選択肢といえ，時代や社会，階級や世代などによって異なってきた（恒吉・ブーコック・ジョリヴェ・大和田，1997）。海外の先進国では，人工乳で子育てを行う親の割合が高まる傾向もあったが，1989年，WHOとユニセフの共同宣言により母乳育児の推進・実践が呼びかけられたのをきっかけに，母乳を推奨する気運が広がった。

　母乳が推進される理由は，それぞれの国や文化がもつ授乳スタイルという背景に関わっているが，恒吉ほか（1997）は，アメリカ，フランス，日本およびイギリスの育児書の比較から，各国の基本的な議論に差がないこと，内容的には次の4つにまとめられることを示した。すなわち，(1) 免疫効果，栄養的優位性，さらに，乳児のあごの発達など，乳児の身体面への効果，(2) 母胎の回復や健康など，母親の身体面への効果，(3) 母乳育児によるスキンシップ，そこからくる乳児の安定感など心理面での利点，および，(4) ほ乳瓶を用いることに比べて，便利である，安価であるなど経済的利点である。これらの利点についての信念は，日本ではある程度普及しているようである。そもそも日本では，出産においても子育てにおいても自然志向が強いという文化的背景がある。出産についても自然分娩が好まれ，帝王切開となった親が罪悪感を抱くことがあったり，母乳の出が母親としての資質として感じられたりすることがある。調査からも，授乳について母乳志向の母親が多いことがわかっている（川野・高崎・岡本・菅野，2003；山内，1996）。たとえば，根ヶ山（2002）では，母

親に対して，母乳，人工乳，ベビーフード，および，手作り離乳食について，その栄養価，衛生，経済性など8項目の利点についてイメージを尋ねている。その結果，すべての項目で母乳の利点が認められており，ここからも，母乳志向の強さが示唆される。さらに興味深いことに，人工乳のイメージは，母乳よりもベビーフードに近かった。人工乳は母乳に近いように作られているにもかかわらず，親の認識は異なっていたのである。ここにも，日本人の親が自然か人工的かという視点で，子どもの栄養摂取を捉えていることがうかがえる。

　また，このような子育てにおける日本での自然志向の強さによって，母乳の利点がやや過剰に理解されている傾向がある。母乳で育てた方が，子どもの知能が高くなる，あるいは，愛情が深ければ母乳が出るといったことを信じている親もおり，育児や授乳についてのホームページや雑誌の質問コーナーでは，これに関わる質問も少なくない。このように，母乳について語られていることが適切であれ不適切であれ，母乳が良いとする考え方が根強く，この母乳志向が授乳スタイルに与える影響は大きい。なかには，母乳プレッシャーといっていいほど，過剰に母乳で育てなくてはならない，そうでないと子どもがよく育たないという信念をもっている親もいる。しかし，親によっては，母乳の分泌が不足することがあり，さらに，分泌を促進するための環境が整っていないこともある。つまり，母乳についての伝承的知識が適切でないことがあったり，あるいは，職場復帰や介護などの事情から直接授乳が難しいことがあるのである。たとえば，有職の母親は，無職の母親に比べて，有意に母乳哺育の割合が低いという結果もあるが（前田・池沢・佐野，1987），これは，母乳で育児をするための社会的環境（一時的に職場を出て授乳するための人的，時間的，場所的環境を含む）が整っておらず，自宅に長時間いられない場合には母乳を諦めなくてはならないことを示唆している。もちろん，近年，冷凍母乳が普及し，職場で衛生的に搾乳できる環境が整えば，母乳育児が可能になったり，あるいは，職場に保育室が併設されている場合など，乳児の授乳時間に合わせて仕事を中断し授乳ができるという場合もある。しかし，まだまだ一個人としての母親が母乳育児の環境を選択できるところまで，社会は変化していない。母乳か人工乳かという授乳スタイルの選択は，親の個人的な選択と思われがちであるが，必ずしも，親の意思だけによるものではなく，親の身体的かつ社会的環境，母

乳についての知識や支援の有無の影響も受けているのである。

　一方，子どもが誕生後，授乳など子どもの世話に翻弄されることによって，女性のジェンダーロールに関する態度や行動がより伝統的になるといわれている（Katz-Wise, Priess, & Hyde, 2010）。妊娠・出産というより原初的な体験や生命の神秘と直面する体験は，自身が自然界に位置づけられた動物であり，ほ乳類であることを思い起こさせ，それゆえ，女性だけでなく男性も，産む・ほ乳するといった性別を超えられない制約に気づくのかもしれない。そのような思いのなか，より伝統的な性役割や態度が強まるのではないだろうか。なかでも，母乳育児は伝統的な子育てと結びついて理解される傾向が強く，出産前に母乳育児を志向していた女性が，出産後，育児に翻弄されることで，母乳育児をより強く求めるようになるかもしれない。一方，母乳育児が定着しない親も少なからずいることを考え合わせると，母乳プレッシャーが引き金となり，自身の子育てを肯定的に評価できず育児不安や育児ストレス（Deater-Deckard, 1998；牧野，1982, 1985 など）に陥る親もでてくるだろう。加えて，母乳は，人工乳と異なり，乳児が直接乳房から摂取するため児に与えた母乳量が容易に測定できず，母親は，乳児にとって十分な乳量を与えているかわからない。このことは，乳児の生命維持や発育にとって，十分な乳量を確保する必要のある時期，母親のさらなる不安やストレスをあおる場合もある。

　授乳に限らず子育ては，それまでの人生で経験したことのない未知の体験と直面し，そのうえ，それが必ずしも親の予想通りに進まない事態に対処することを求められるものなのである。菅野ほか（2002）は，育児や子どもの発達が予想通りにいかない場合，それを受け入れることで，自身の子育てについて，修正の方向性を見いだそうとする親の心理的機能を，"納得"あるいは"わりきり"という概念で説明する。"納得"とは，何らかの理由を積極的に見いだし，自身を納得させていくプロセスであり，"わりきり"とは，理由を言語的あるいは自覚的には表明しないが，消極的に多くの可能性のひとつとして受け入れていくプロセスといえる。子育てにおける"納得"や"わりきり"のプロセスは，声の概念（Wertsch, 1991）や対話的自己の概念（Hermans, 2001；Hermans & Gieser, 2012；Hermans & Hermans-Jansen, 2003；Hermans & Hermans-Konopka, 2010；Hermans & Kempen, 1993）を考え合わせるなら，異なる立場からの声と

声の外的かつ内的な対話そのものといえるだろう。この対話のダイナミクスが，親への移行の一側面を明らかにするかもしれない。本論文では，"納得"や"わりきり"の必要が生じやすい授乳について焦点化し，親が自身の抱える母乳プレッシャーをどのように受け入れ，あるいは，どのように反発するのかについて検討する。

第3節　前言語期の親子コミュニケーションにみられる親への移行

(1) 子育て実践を支えるコミュニケーション

　乳児の生命維持には直接関わらないように思われるかもしれないが，親子双方にとって心地よいコミュニケーションが成立することは，子どもの健康な発育のために必要不可欠であり，また，親自身の，子どもへの愛着や親としての充足感にとっても重要な問題である。親は子どもとのコミュニケーションが充足しているという感覚から，自身の親としての意識を高めていくことが考えられ，その充足感が目先の子育ての困難さを克服させる契機となることだろう。つまり，世話をする機械やロボットがあれば子どもが育つわけではなく，人の子どもは血の通った人が育てることで，子どもは人として，さらに明確に述べるなら，文化的人として育つことができる。乳児の世話をする血の通った人は，ときに親として発達途上であるかもしれないが，そのようなとき，コミュニケーションがなんらかのかたちで成り立つことが，親を支え，子どもの発達の場を整える機能を果たすのではないだろうか。"今・ここ"の要求に"今・ここ"で応対する世話に慣れることと，過去や未来を現在とつなぐはたらきをするコミュニケーションを創造することは，相補的に親への移行を促進するだろう。過去や未来を現在とつなぐコミュニケーションとは，たとえば世話をした結果，乳児がほほえみ，それにほほえみを返すというコミュニケーションがあることによって，世話に意味を与え，明日の世話へとつないでいくというように，コミュニケーションによって親子の間で起こっていることを意味づけることができるのである。たとえば，おむつ替えという子育て実践は，乳児の気持ちよさそうな表情を受け止めるコミュニケーションによって，乳児の身体的

衛生のためというだけでなく，乳児を気持ちよくするという意味づけも加わるだろう。コミュニケーションが成り立つことによって，過去の不確かな子育て実践を，意味づけることができ，未来の子育て実践への工夫や努力を創造することができるのである。すなわち，コミュニケーションがどのように成り立っているかを検討することは，親がどのように親として子どもの前にいるか，子どもにとってどのような存在であるのかを探ることであり，その変化を追うことは親への移行を明らかにすることといえるだろう。

(2) 親子の非対称性

しかし，親はまだおしゃべりのできない乳児とどのようにやりとりができるのだろうか。大人同士のコミュニケーションでは，それまでの人生において習得してきたことばや文化的非言語的手段，つまり身振りや表情といったコミュニケーション・スキルを用いて，やりとりがなされている。もちろん，このようなコミュニケーション・スキルをもってしても，相互理解が完全に達成されることは難しく，伝え合うための努力が必要である。しかし，コミュニケーションの相手が，ことばも文化的な非言語手段も未習得である前言語期の乳児であればどうだろう。その意味で，前言語期の乳児と親とのコミュニケーションは，圧倒的に非対称な関係（Adamson, Bakeman, Smith, & Walters, 1987）のうえに成り立っているといえる。

すでに述べたように，乳幼児との接触体験がないまま親になった親が増加しており（厚生労働省，2003），乳児との接触体験の乏しさから，どのように話しかけていいかわからない親も，ほほえみかけて乳児に伝わるのだろうかと感じている親もいるだろう。親は，発達の最初期に乳児との非対称性と直面するのである。どのように話しかけていいかわからない他者が同じ空間にいることは，本来はストレスの高い状態であり，世話の忙しさも相まって，育児不安などを引き起こしかねない。さらに，日常の世話については，必要に迫られた子育て実践の繰り返しから徐々に慣れるだろうことが予想されるが，コミュニケーションの非対称性からくる違和感は，必要に迫られているわけでなくコミュニケーションを避ける方向で放置されてしまう可能性もある。つまり，親への移行を支える社会的要請という点からも，乳児とのコミュニケーションが

どのように維持され発達するか，非対称性に着目したコミュニケーションの成り立ちを丁寧に検証する必要があるといえるだろう。

(3) 乳児の人指向性

　ところで，非対称性について強調してきたが，非対称であることは，乳児がコミュニケーションに参加できないことを意味するのではない。乳児は最初の8週間以内に大人との表出的で非言語的な交換における積極的な参加者になりうる（Gratier, 2003）とされ，乳児特有のやりかたでコミュニケーションに参加できることが，多くの研究で示されている。とくに，乳児が環境内のモノよりも人に興味をもちやすく敏感で，人に向かう性質があり，この乳児が示す人指向性は，発達初期のコミュニケーションを支えうるものである（たとえば，岡本，2010）。

　たとえば，乳児は生後すぐ，顔のような図柄への選好性を示す（Fantz, 1961；Simion, Cassia, Turati, & Valenza, 2003）ことがわかっているが，これは，顔を他の視覚刺激とは異なった特別なものとして認識していることの証であり，顔認識の生得性といわれる。これは，本物の顔でなくても，目や口，鼻を点で表したような図柄であっても，正しい配置であれば，他の図柄よりも乳児の注視時間が長いこともわかっている（Johnson, Dziurawiec, Ellis, & Morron, 1991）。また，乳児がその顔を弁別的に覚えることも見いだされている。生後2〜4日以内に，母親など主たる養育者の顔を他の女性の顔と区別しはじめる（Bushnell, Sai, & Mullin, 1989；Field, Cohen, Garcia, & Greenberg, 1984；Walton, Bower, & Bower, 1992）。もちろん，この時期は髪型など目立つものの影響を受けやすいが，生後4ヶ月ごろになると，眉や目，鼻，口などの特徴を利用して顔が認識できるようになる（山口，2005）。そして，生後半年以降には，横顔や正面以外の角度からでも，顔を捉えられるようになり，生後半年から8ヶ月ごろくらいから，乳児はひとみしりを示すようになる。よく親しんだ養育者の顔とはじめて見る顔を明確に区別し，見知らぬものに対して不安を抱くようになるのである。このように，乳児が生後すぐから人の顔に興味をもち，長く見つめることができるだけでなく，徐々に弁別的に応答するようになってくる。つまり，乳児が，コミュニケーションの相手として，環境内にあるモノではなく

人を，さらには，観察の機会の多い親を選んで注意を向けていることを示している。

また，発達初期に観察される原初的なコミュニケーションにおいて，乳児が自身の主体性を他者に合わせることができるという相互主体性（Newson, 1977；Trevarthen, 1979）がみられる。これは，乳児が自分と対面する大人に注意を向け，それに応じることができるということであり，乳児がもつ人への指向性を示すものである。

さらに，岡本（1982）は発達初期のコミュニケーションを支える重要な要素として，相互同期性（Condon & Sander, 1974）と新生児模倣（Field, Woodson, Greenberg, & Cohen, 1982；Meltzoff & Moore, 1977）に着目している。相互同期性とは，乳児は大人に話しかけられたとき，身体的に反応するというものである。機械的な音や，人の声でも単調な音の繰り返しなどには反応がみられないが，人が話しかける抑揚に応じて，Condon & Sander（1974）がその論文において"ダンスのような動き"と表現するような全身の動きで乳児は応答するのである。Gratier（2003）は，インド，フランス，および，アメリカ，さらに移民の親子について，親が話しかけるタイミングなどの文化差があるものの，乳児には類似した相互同期性がみられることを示している。一方，新生児模倣とは，生後数日のうちから，大人の口の開閉や舌の出し入れ（Meltzoff & Moore, 1977）や，喜びや悲しみ，驚きの表情（Field et al., 1982）を模倣することができるというものであり，Meltzoff & Moore（1977）は，乳児には，視覚的な他者の身体の動きと自分の身体の動きを鏡のように対応させる能力があると述べている。新生児模倣は，誕生直後から社会的な関係を結ぼうとする準備的産物のひとつ（大藪，2005）ともいわれている。大人が乳児に向かって大きく口を開閉しながら，ゆっくりと抑揚を付けて話しかけるとき，乳児の視線は徐々に大人の口の動きに焦点化され，そしてそのうち，乳児自身の口の開閉も誘発される（新生児模倣）。話しかけの抑揚に合わせて，乳児の身体が活性化している（相互同期性）ことを考え合わせると，身体の動きに合わせて乳児の肺に入った空気が出るので発声がともなうことも少なくないだろう。大人が話しかけたとき，乳児が見つめ返してきたり，動き出したり，発声したりすると，大人はもっと話しかけたいという気持ちになり，それが徐々に安定した親子のコミュ

ニケーションへと発展するのではないだろうか。このように，乳児は発達初期から人指向性を示す。換言するなら，乳児にとって大人はモノより強い魅力をもつということである。大人は，意図をもって乳児に差し向かうので，乳児はモノに反応することよりも，人の意図に沿うことが求められるのである。

　また，他者とのコミュニケーションにおいて，模倣は自他の交代可能性を明示するので重要な働きをする。これは，大人と乳児の身体的かつ情緒的な同型性に支えられている（岡本，1982）。模倣については，生後2〜3ヶ月ごろからみられる発声の模倣も，生後6〜9ヶ月ごろからみられるモノを使った行為の模倣も，まねることの目的を認識しない，目の前の動きのコピーといえる。それが，生後8ヶ月ごろから徐々に，（大人から見て）乳児のまねをしようとする意図がはっきりしてくる（岡本，1982）という。さらに，乳児期の終わりごろになると，乳児は目に見える行動だけに注目するのではなく，他者の行動の意図を理解し，行動そのものではなく意図の方を模倣しようとする。たとえば，14ヶ月児に対して，手がふさがった状態の母親が額でスイッチを押すのと，手が空いた状態で額でスイッチを押すのを見せた場合，手が空いた状態を観察した乳児は額でスイッチを押すことを模倣した。つまり，乳児は，大人が手が空いているにもかかわらず額を使うのはそれ自体がおもしろいことだと理解したためだというのである（Gergely et al., 2002）。18ヶ月児が，大人が2つの部品が結合したものを引き離そうとするが，引き離せないという場面を観察すると，乳児は，その部品が"引き離せない"行動を模倣するのではなく，引き離そうとしたのである。つまり，引き離そうとする意図の方を模倣したのである（Meltzoff, 1995）。言い換えるなら，乳児は，他者がなんらかの意図をもって，自分にはたらきかけてくるということに気づき始めるのである（Tomasello, 1999/2006）。

　また，乳児が模倣に敏感であるのは，同型性を前提としているからだともいわれている（岡本，1982）。子どもがする動物のまねが実は，動物の観察からではなく，動物のまねをする大人の模倣であることからもわかるように，モデルである大人と模倣をする子どもが身体的に類似している（大きさの違いはあるが）ことは模倣を引き出しやすくする。そして，形態的な模倣の段階から意図の模倣へ移行することは，他者の意図と行動は，自分の意図と行動と同型的

な関係をもちうることに気づき始めた結果といえるかもしれない。模倣というと，モデルの真似をするという一方向的に捉えがちであるが，実は，相互的であることが多い。佐伯（2008）も，まねることだけでなく，まねられることが乳児に与える意味に触れ，まねる－まねられるという関係づくりそのものが相互のコミュニケーションの基盤であるとしている。模倣は，まねという表層的な行動にとどまらず，他者との内面世界の共有に向けて発達するのである（大藪，2005）。親密な他者との間で繰り返された行動レベルの相互交渉をもとに，意図の交渉が始まるのである。このように模倣は，他者とのやりとりの支えとなる。

(4) 人との注意の調整

乳児が人指向性を示すことをあげてきたが，一方，人への注意がどのように発達するか，他者とのように注意を共有するか，乳児の注意の発達についても詳細な研究がなされている。乳児の視覚は，生後すぐの時期には大人ほどよくなく，視覚的調節が未発達な側面はあるものの（Haynes, White, & Held, 1965），生後すぐから乳児は約20cmの距離にある人の顔を見つめることができる。乳児を抱いて見つめ返せば，そこに相互の視線による見つめ合いが成立する。生後1～2ヶ月ごろには，乳児の視力もさらに発達し，大人から見て，乳児が何か（おもちゃや窓の方）を見ていることがわかるようになる。乳児が何かを見つめているらしいと感じると，多くの大人はその視線の先に目を向ける。乳児が見つめたものを，後追いで大人が見つめ，その結果ふたりが同じものを見つめるようになる。さらに，生後6ヶ月ごろから徐々に，乳児からも大人の視線に気づき，大人が見つめているものを見つけるということができるようになる（Butterworth & Cochran, 1980）。

このように，乳児と大人が同じものを見つめることを共同注意という（Butterworth & Cochran, 1980；大藪，2004）が，このような場面において，親は乳児が何かをただ見ている，と思うのではない。何かに興味をもっていると感じる。おもちゃを見ればおもちゃを手に取りたいと思っていると感じるし，窓の方に目を向ければ，窓の外に興味をもっていると感じ，乳児を抱いて，窓に近づき，外がよく見えるようにする。このようなとき，親は，何度も乳児の目

と視線の先を交互に見比べるということをするし,「ワンワンが取ってほしいの？」「飛行機が飛んでるねぇ」など,乳児の視線の先の何かに関わることばかけをする。

さらに生後9ヶ月を過ぎると,親が「ほら,ブーブー（車のおもちゃ）だよ〜」と乳児におもちゃを見せると,乳児は示されたおもちゃと親を交互に見つめるようになる。交互に見つめながら,乳児は「ママはボクにこのブーブーを持たせようとしているのかな」というように,親が何らかの意図でこの働きかけを行っていることに気づきはじめる。つまり,他者の意図が自分に向かっていることに気づくようになる (Tomasello, 1999/2006)。さらに1歳を過ぎるころになると,親の意図に気づき,自分の意図と照らし合わせながら,ときには親の意図を理解しつつそれを拒否したり,その意図を変えさせようとすることもある。つまり,"わざと"してはいけないことをしてみたり,"わざと"親が提示するのとは異なるおもちゃを手に取ってみたりするのである。このように,乳児は徐々に自己主張をすることが目立つようになってくるのである (Tomasello, 1999/2006)。このように乳児の注意の発達に応じて,親の主体と乳児の主体が対峙し,コミュニケーションの必要に迫られ,コミュニケーションが発達する。

(5) 親子コミュニケーションにおける大人の貢献

もちろん,このような乳児のコミュニケーションを可能にする行為は,実際にはとても未成熟かつ未分化なものである。乳児の能力を捉える研究とともに,乳児の未分化で前行為的な動きを大人が意味あるものとして解釈することの重要性を主張する研究もある（たとえば,Adamson et al., 1987；加藤・紅林・結城,1992；Kaye, 1977, 1979；Marcos, Ryckebusch, & Rabain-Jamin, 2003；増山,1991；岡本,1999；岡本,2010）。格別意味があると思わない乳児の動きでさえ,"まるで"乳児に伝えたい意味があるかのように親が応答することは,乳児の意識の発生をささえるものであり（増山,1991）,乳児の未分化な行為を大人が過剰に解釈することによってやりとりが成り立つ（加藤ほか,1992）。とくに,親などの濃厚な関係をもった愛着対象は,乳児の動きを読み取り,意味づける役割を担う（岡本,1999）。解釈のために行為を抽象化することは,二者関係の

発達の本質的な出発点であり（Newson, 1978），乳児は，意味づけられる経験を積み重ねることで，自分の動きに意味を見いだせるようになる。つまり，大人の解釈によって乳児の発達的な変化がうながされるのである（Adamson et al., 1987）。Valsiner（2007）は，これを"まるで（as-if）"構造と呼び，当該状況を推論し，意味あるものとして組織化するときのある種の飛躍として，"まるで"という性質をともなうのが解釈であると述べている。

またさらに，コミュニケーションにおける親の言語的貢献という観点から，infant-directed speech（乳児に向けられた発話；以下 IDS とする）に関する一連の研究も重要である。大人に向けて話す発話を ADS（adult-directed speech）というのに対して，乳児に向けられた特有の発話を IDS という。マザリーズと同義で用いられることもあるが，マザリーズが音声学的特徴に焦点化されていたことに対して，機能面などを含めて研究範囲を広く捉え IDS という用語が用いられるようになってきた。IDS は，ADS に比べて，全体的に声のピッチが高い，抑揚が大きい，焦点化された単語の協調が多い，発話長が短く繰り返しが多い，ゆっくりしたテンポで間を取ることが多いなどの特徴がある（Jacobson, Boersma, Fields, & Olson, 1983；Kitamura & Lam, 2009 など）。このような特徴は文化や言語によって多少の違いはあるものの，さまざまな文化や言語において ADS とは異なった特徴をもつ IDS が観察され，養育行動を特徴づけている（たとえば，Fernald et al., 1989 など）。さらに，IDS は乳児の発達に関わりなく発話されるわけではなく，月齢によって母親の声のトーンが変化し，誕生時や 3 ヶ月児に対しては心地よさやなだめ，6 ヶ月児には承認，9 ヶ月児には指示といった異なる情緒的なトーンを帯びた発話が多くみられることがわかっている（Kitamura & Burnham, 2003）。また，以前は，IDS について，音声学的特徴に焦点化された研究が多くみられたが，近年では，IDS のもつ機能面に着目する研究もみられるようになってきた。乳児の言語獲得に対する IDS の寄与（たとえば，Fernald & Mazzie, 1991；Thiessen, Hill, & Saffran, 2005；Werker et al., 2006）や，乳児が示す IDS そのものや IDS の情緒的トーンへの選好性（Fernald, 1985；Kitamura & Lam, 2009），IDS の情緒調整機能（Trainor, Austin, & Desjardins, 2000）や注意の誘導（Kaplan, Goldstein, Huckeby, Owren, & Cooper, 1995）についてなど，さまざまな観点から IDS がどのような機能をも

ちうるかが検討されている。乳児のIDSの受け止め方に着目した研究においても，自身に向かう発話の言語的意味を理解する前から，ADSとは区別して，IDSを乳児なりのやりかたで受け止めていることがわかっている。たとえば，生後1ヶ月の乳児と生後2日の乳児に，IDSとADSを聞かせると，生後1ヶ月の乳児だけでなく生後2日の乳児もIDSの方を長く聞いており（Cooper & Aslin, 1990），生後7ヶ月半ともなると乳児は大人の話しかけから，自分が聞いたことのある単語（feet, cup, dogなど）を抽出しているらしいという報告（Jusczyk & Aslin, 1995）もある。

　しかし，これら一連のIDS研究において，文化比較を行った研究はみられるが，乳児自身の文化的発達（文化の内化と外化）で捉えたものはほとんどない。つまり，IDSがどのように子どもの文化化を促すか，文化化に機能しうるかについては十分検討されているとはいえない。本論文で取り組みたい課題である。

　以上のように，前言語期のコミュニケーション研究およびIDS研究は，非対称な関係においても，乳児が人や自分に向けられた発話に対する指向性を示し，コミュニケーションに参加できることを示している。

(6) 親子コミュニケーションにおける代弁

　さて，本論文の研究4および研究5では，親が用いる子どもの代弁について検討しているが，代弁とは，前言語期のコミュニケーションにおいて親が乳児の言語未習得を補うかのように，乳児の思考や感情を言語化することである。まさに，上で述べた"まるで"構造（Valsiner, 2007）のうえに成り立つといえるだろう。つまり，親は，乳児が"まるで"そのように考えたり感じたりしているかのように，乳児の代わりに発話するのが代弁である。そして，本来的に非対称である親子の関係からすると，代弁として具現化された乳児の考えや感情は，必ずしも正しく乳児のものであるとは限らず，親による推論や組織化という飛躍をともなうといえるだろう。実際，コミュニケーション・スキルが未発達であり，伝えるすべをもたない乳児が相手であることを考えると，"まるで"なしにやりとりをすることは困難であり，現実的なやりとりの手段として"まるで"構造が機能しているといえるだろう。

また，代弁は親が乳児の声を語ることである。すでに述べたように，声とは，社会文化的人格としての声を意味する（Holquist & Emerson, 1981；Wertsch, 1991）。このような声は，はじめは社会から借りてきたもので，声にあらわれる個人の精神機能は社会的なコミュニケーション過程のなかにその起源がある（Wertsch, 1991）。声はそれが向かう宛名（address）をもつので，声を借りてくるときには，その宛名に向けられた情緒をともなった文化的意味も同時に引き受けることになるだろう。さらに，Hermans ら（Hermans, 2001；Hermans & Gieser, 2012；Hermans & Hermans-Jansen, 2003；Hermans & Hermans-Konopka, 2010；Hermans & Kempen, 1993）による，このような声をともなう複数の異なった立場の"Iポジション"が対話を繰り返すことで対話的自己を形成するという概念についてもすでに述べたが，ここでは，親への移行としてのIポジションのダイナミズムの変化ではなく，子どもがどのようにIポジションを獲得し，そのダイナミズムの変化としての対話的自己を形成するかという観点からも捉えたい。

　親による代弁が子どもに声を提供しうることは容易に想像がつくが，一方，この考えは，疑問も投げかける。つまり，確かに代弁は，乳児が対話的自己を構成しながら発達する際，人格としての声として内化しやすいだろうし，内化された声同士の対話が乳児の対話的自己の基礎をつくると考えると，乳児の情緒的態度を含んだ文化的な発達にも大きな影響力をもつだろう。一方，乳児の代弁として発話された声は，誰のものだったのだろうか。親は，乳児の声をまだ聞いていないはずだが，どのようにして乳児の声を準備できたのだろうか。

　子どもは，ある地域，ある家庭，ある歴史的な時間上に生まれ落ち，その文化的コミュニティにすでに慣れ親しんでいる大人や年長者（親など）によって導かれ，文化的な声を獲得しながらコミュニティへの参入を果たす。このプロセスは，子どもがコミュニティで受動的に文化を内化するということを意味するのではなく，ことばなど文化的道具を自分のものとして使えるようになる専有（appropriation）のプロセスと考えられる。つまり，自分のものとして使おうとする際に，すでに，内化した文化的道具は完全なコピーではなくなるのである。同時に，親の側から見ると，すでに身につけた文化的道具を用い，そのときどきの乳児の様子に関する自分なりの解釈を加えながらやりとりを試みる

が，すでに専有した文化的解釈だけでは解釈できない部分が生じ，つまり，そこに親が身につけてきた既存の文化を新しく改変していく可能性を得るプロセスをも含意する。代弁とは，子どもの文化的発達という内化のプロセスといえると同時に，親の文化的経験の外化のプロセスでもある。つまり，代弁は親子間で文化を継承する際の文化的媒介物といえるだろう。本研究では，発達を文化的コミュニティへの参入のプロセス（Rogoff, 2003）として，乳児の個体史的発達だけでなく，文化的継承を含めたプロセスとして捉え直したい。もちろん，本論文におけるデータは単一世代のみであるので，そのデータだけで世代間の文化的継承そのものにアプローチするのは難しい。しかし，親による乳児の代弁を詳細に検討することによって，親の文化的経験の外化について議論の緒がつかめるのではないだろうか。

　以上を踏まえ，前言語期の親子コミュニケーションにみられる代弁とは何か（研究4），さらに，代弁がその状況その状況で果たす機能について親の視点から捉え直す（研究5）ことを目指す。そして，文化的コミュニティへの参入プロセスを支える親の文化的経験の外化，さらに乳児の側から捉えたときの内化可能性について論じたい。

第3章

方法論

　本論文では，日記法および観察法を用いてデータを収集し，それらを記述統計的に分析したのち，質的な分析を行っている。日記法を用いて，妊婦がどのように胎児に意味づけするか（研究1，および，研究2），あるいは，出産後の母親が授乳についてどのように捉えているか（研究3）について検討した。また，家庭での観察法を用いて，親子コミュニケーションにおける代弁について検討した（研究4，および，研究5）。本章では，本論文のデータ収集の核となる日記法および観察法について述べる。

第1節　日記法

(1) 日誌法

　日記法について述べるに先立って，発達心理学のデータ収集法としてより定着していると思われる日誌法から述べることにする。日誌法とは，観察法の一部で，ある特定の個人（子どもなど）の行動を詳細に叙述的に記述するデータ収集法であり（やまだ，1987），観察者自身が文脈の内部に身を置き，関係性と意味を見いだそうと記録を行うものである（やまだ・サトウ，2007）。とくに，日本の発達心理学における日誌法による研究（たとえば，麻生，1992；やまだ，1987など）は，我が子観察の日誌によるものが少なからずあり，観察者が記録し，それを自身で分析するということから，麻生（2008）は，過去の自分と今の自分との共同作業と述べた。

　また，やまだ（1987）は，日誌法の特徴を3つあげている。第一の特徴は，行動を分割せずに，さまざまな行動の関係性が把握できることである。たしかに，家族以外の観察者によるビデオを用いた観察法では，ビデオに収められた微視発生的な文脈は把握できるが，対象となる子どもが，たとえば3日前に経

験したことを,"今・ここ"と関連させて何らかの行動をとった場合,3日前の経験については把握できないことになる。行動全体の意味を捉えようとするときには,観察者が被観察対象の生活の大部分を把握している可能性があり,観察者の記憶にもとづいて当該行動の文脈をさかのぼって記録できるため日誌法は最適の方法といえるかもしれない。第二の特徴として,子どものいつ生起するかわからない行動も記録できる(やまだ,1987)ことをあげている。ビデオなど記録機材の準備がない場面でも,筆記具さえあれば記録が可能である。たとえば,ビデオやオーディオレコーダーによる観察法やインタビューの場合,調査終了後に,協力児や協力者が大変興味深い,ときに研究の核心をつくような行動を取ったり,語りはじめたりすることがある。"調査する人－調査される人"という固定的な役割関係のなかでは出てこなかったものが,この関係を離れて出てくることがある。これに対して日誌法は,対象者の調査協力の意図や意識(観られているという意識)を超えて,データを収集することができる。子どもにビデオを向けた状態では観察できないような行動(たとえば,いつ生じるかわからない発達上初出の行動やわがままを言うなど大人に否定的に受け止められそうな行動など)も,その場に居合わせていれば日誌に書いて記録することができるのである。第三の特徴として,横に並んで同じものを見つめる"私たちの関係"を可能にする観察者の"肉眼"を用いる(やまだ,1987)ことをあげ,客観的なデータが文脈における固有の意味を見過ごしている可能性を示唆している。たとえば,ある子どもがお気に入りの絵本であったとしても,寝室に持ち込んだことで大人に絵本を読んでもらうことを拒否するかもしれない。その子どもにとっては,リビングなど日中遊ぶ場所で開く絵本と,寝室で開く絵本の意味が異なっており,その絵本を拒否することは,その絵本に飽きたのではなく,まだ眠りたくないという意思表示かもしれない。録画機材は子どもの行動を客観的に撮れるが,現実の子どもの世界には特定の関係性を前提としてその人の目の前だから生じたという行動があり,また,その子どもの行動はその生活を共有している人によって,あるいは,その子どもや人を深く知ろうとする人によって解釈されることで,意味をもつ行動もある。岡本(2008a)は,調査者と調査協力者との関係を含み込んだリアリティあるデータを,"誰でもとれるデータ"ではなく"私でないととれないデータ"と呼んでいる。つ

まり、日誌法もまた、"誰でもとれるデータ"ではなく"私でないととれないデータ"を得る方法のひとつといえるかもしれない。

(2) 日記法

ところで、本論文の研究においては、日誌法ではなく日記法という用語を用いている。日誌と日記は、それほど区別されずに用いられており、両者とも、観察者が行動全体を観察機材の準備に関わりなく生活のなかで捉え、肉眼での観察を言語的に記録したものを指す。その意味で、やまだ（1987）が述べた日誌法の3つの特徴については、日記においても保証されており、日誌と日記は特に区別されることなく研究者自身の感覚で用語が選ばれているように思われる。しかし、両者には若干のニュアンスの違いがある。日記は、日々の出来事や感想などの記録で、日誌より私的で個人的なものであり、日誌は、団体・組織の中で毎日の出来事や行動をしるした記録である（広辞苑第六版）。これらを厳密に二分することはできないが、日誌ははじめから誰かの目に触れ、共有することを目的として書かれており、日記は記録者の内的な対話により近いものといえるだろう。心理学において用いられる言語的な記録の多くは、記録する時点においてすでに観察者の分析的視点が含まれており、分析に有用な情報を優先して記録することが目指される。これを日誌法とするなら、本論文の研究1、研究2、および、研究3で用いた、妊婦や母親の胎動や授乳についての筆記による記録は、記録者の主観、すなわち、内的な対話によって構成されており、この違いを区別するために、日記法とよぶこととする。

日誌法においては、記録する時点で記録者が意識するかどうかは別として、すでに分析の方向付けがあり、記録の対象となっている被観察児・者が分析対象である。言い換えるなら、日誌法においては、記録時点で方向付けがあるほど分析時点で必要な情報が記録されている可能性が高くなるので、よい記録といえる。一方、日記法においては、分析については想定されずに記録する時点の文脈に埋め込まれた状況や主観が記録されているので、むしろ記録者がもつ日記対象児・者への思いや視点を分析したいときには適した方法といえるだろう。本論文における研究では、胎動や授乳そのものを分析したいのではなく、それらに向き合う妊婦や親の思いや視点を分析することをめざしているので、

日誌法ではなく日記法と記した。つまり，本論文における研究は，妊婦や親が我が子をどのように観ているかに焦点化されているのである。この方法は，日記の記録者と分析者が別であるので，麻生（2008）が日誌法について述べた過去との共同作業にはあたらないといえるかもしれない。しかし，日記を日を追って順に読むことによって，分析者が日記の記録者の当事者性を追体験することを目指すことはできる。つまり，本論文は，親がどのように子どもを観るかを分析対象としており，その意味で，日記を用いたことは親の実感や内的対話を引き出すのに適した方法といえる。

第2節　観察法

　観察とは，対象となる人の行動を観てそれを記録する方法であり，とくに言語報告が難しい乳幼児を対象とした発達心理学ではしばしば用いられ，もっとも基礎的な方法のひとつともいえる。観察法には，対象者の行動に何も統制を加えず，生活空間内での日常行動をそのまま観察する自然観察法と，研究目的に沿って，何らかの条件統制を加えて観察する実験的観察法がある（田島，1999）。本論文における研究（研究4および研究5）での観察調査については，定期的に家庭を訪問し，できるだけいつも通りの親子のやりとりの様子をビデオに記録するという自然観察法を用いた。しかし，家庭という日常場面に研究者が訪れること，あるいは，親子の遊びの場面を誰かが観ていてビデオに撮っていることは，決して"自然"な状況でも，"日常"的な場面でもない。ビデオを構える研究者自身はその場に存在し，その状況の構成員のひとりとなっていること自体，親子の日常に影響を与えていることは自覚する必要があるだろう。研究者やビデオは，透明にはなれないのである。それを承知のうえで，できるだけ日常に近いそれぞれの親子らしい様子を記録することを目指した。

　本論文で扱った研究（研究4および研究5）では，ビデオを構える研究者が，協力児・者にとって，"そこにいてもいい"存在になれないかと考えた。そのためには，協力者と研究者の間のラポール（信頼関係）が重要である。たとえば，ビデオテープを協力家庭に郵送し，協力家庭の家族の誰かにビデオ録画を

依頼し，送り返してもらうという手法がある。最近は，誰でもビデオカメラの操作ができるので，これは，ある面効率的なデータ収集といえるだろう。しかし，ビデオに撮られていることを知っているのに，そのビデオを誰が観るか，どんな人がどんな風にそのビデオを読み取るのかについて，協力者は知らないかもしれない。訪問して撮影する場合であっても，ラポールが十分に形成されていない場合，これと同じ状況になるといえ，実際に，そのような手法をとる研究者は，事前にラポール形成のための手続きを踏むなど適切な配慮を行っていることが多い。もし，ラポールが十分に形成されていない場合，協力者は協力者の生活のなかの"誰が観てもよい"部分だけを切り取るに違いない。しかし，誰がビデオを撮り，誰がそれを観るかについて知っていて，その人との間にそれなりの信頼関係が成立しているのなら，"誰が観てもよい"部分だけでなく，"この訪問者なら観てもいい"部分もさらけ出してくれるのではないだろうか。そして，できるだけ"この訪問者なら観てもいい"部分を大きくしていくことができたなら，それが，本論文のもとになっているプロジェクト全体の目指す，"私でないととれないデータ"といえるだろう。

　また，実際の観察において，基本的にはできるだけ親子の遊びをじゃませず見守る姿勢をとった。このような手法に対して"壁の絵"といった比喩を用いることがあるが，壁に掛かった絵は，そこにあることを知っているが，気にならないという意味である。しかし，決して，"壁の絵"に徹するわけではない。ときに，観察中の親や子どもと会話をしたり，目配せをすることもある。たとえば，子どもが話しかけてきたときには観察者は答えるし，子どものある行動について，「そう，このおもちゃ，このごろのお気に入りなんですよ」などと親が観察者に解説するような場合にも，それに応じて（最低限の）会話をする。また，親も子どもも話しかけてこなくても，ビデオに対して緊張がみられるときなどは，あえて，雑談のようなことばをかけることもある。「○○ちゃんの髪留め，かわいいですね」「そのおもちゃ，新しいですね。誰かのプレゼントですか」など，その場面にあるものについて話題にしたりする（その場面に関係のない天気の話などするのは唐突で不自然であり，また，親と研究者の長い雑談になってしまうことも多い）。このようなやりかたは，本来ならできるだけ存在感を消すべき観察者が，わざわざその存在を顕在化しているともいえ，研究手

続きの厳密さを侵す行為なのかもしれない。しかし，子どもや親に話しかけられたのに答えず"壁の絵"に徹する方が不自然であり，緊張した親子を撮り続けることの方が不自然である。観察中の対象者に話しかけることについて，宮崎（2001）も，研究者の存在が，なぜだかわからないが自分を撮る不気味な大人から，自分の活動に興味を示すひとりの隣人として感じられるのではないかと述べている。もちろん，研究者が協力児者に話しかけている場面は分析から除外したので，二者のやりとりに戻った場面を長めに録画するなどした。

　また，本論文では縦断調査によるデータをもとにしている。縦断調査が観察に与えた影響も少なくないといえる。石井（2007）は，やまだ（1987）の"私たちの関係"に近い概念で，"並ぶ関係"について述べている。調査フィールドにおける協力者と研究者との関係について，はじめは，互いが探り合う"対する関係"だったものが，研究者が協力者に"ならう関係"を経て，同じものを見つめる"並ぶ関係"へと移行する（石井，2007）というものである。岡本（2009b）も，本論文の縦断調査について，類似した経緯をたどったことを述べ，調査で共有してきた過去の体験が，"今・ここ"で起こっている子どもの行動から想起される"あのとき，あの場所"のできごとを，協力者である親とともに懐かしむことができるようになり，それによって，"今・ここ"で起こっている子どもの行動や体験の語りを理解するための手助けとなったと述べた。そして，協力児・者にとって，研究者が"そこにいてもいい"存在として受け入れてもらえるような観察を目指した。

　なお，本論文における研究（具体的には研究4および研究5）では，上に述べたような姿勢で観察法を用いているが，その分析において，親の発話を中心に焦点化し，それにともなう親子の行動を状況という付加情報として分析に加えている。つまり，観察対象が乳児の行為を起点として観察を行っていないのは，親が我が子をどのように観ているかに本論文の目的があるためである。

第4章
実証研究の構成

　以上の先行研究を踏まえて，本論文では，妊娠期から乳幼児期にわたる親への移行について，親の視点から検討することを目的とする。すでに述べたように，親とは子どもの存在によってのみ定義される社会的役割である。したがって，親自身がまず子どもの存在にどのように気づき，どのように我が子として受け止められるかが，親への移行のきっかけを作るものと考える。妊婦は，妊娠初期には自身の妊娠を知っていたとしても，胎内の我が子の存在についての気づきはない。胎動は，妊娠中唯一の我が子の直接的感覚であるが，胎動を感じ始めれば，妊婦は自身を親と思えるものなのだろうか。まずは，胎動を通して我が子に気づくプロセスを検討する必要があるだろう。胎動に対してどのように意味づけるか，妊娠期間にわたる胎動への意味づけの変化を捉えることを通して，妊婦の親としての我が子への視点がどのように形成されるかを検討したい。

　出産後については，親は乳児の生命維持に直接関わる，身体的世話に従事することになる。なかでも授乳は，系統発生的時間軸で営まれてきた行為であるが，だからといって，親となったばかりの女性が試行錯誤なしに即獲得できる行為なのだろうか。とくに，母乳育児を希望していたにもかかわらず母乳の分泌が不足した場合には，普遍的行為とみなされがちな世話であるだけに，親の葛藤は避けて通れないだろう。母乳をどのようにわりきろうとするのか。そこに子どもの即時的なニーズに応じながら親として適応しようとする，親への移行プロセスがみえるのではないだろうか。

　さらに，乳児の身体的世話だけが親への移行を促進するのではない。世話の心理的負担を軽減し，愛着として世話への意欲を形成するのが，親子コミュニケーションではないだろうか。しかし，乳児は，まだ言語を獲得していないので，親が通常他者とコミュニケーションを成り立たせるときのように，言語的なやりとりはできない。本来，ことばでのやりとりが成立しない相手と，長

時間同じ空間を共有することは心地よいことではない。むしろ，ストレスの高い状況といえる。しかし，親は，まだ話をしない乳児と長時間ともに過ごしている。親は，話のできない相手とどのようにコミュニケーションを成り立たせているのだろうか。子どもの存在を受け止められる本質とは，非対称な相手であってもコミュニケーションが成り立つと思えるからこそといえる。その意味で，前言語期の親子コミュニケーションについて検討することは，親への移行を探るうえで重要である。

　本論文は，親への移行について以上の切り口から，5つの研究について報告する。研究1では，妊婦に胎動についての日記を依頼し，それを胎動に対する語りとして検討し，妊婦の胎動への意味づけを検討したい。研究2では，研究1の結果を踏まえて，妊婦の意味づけの変化の背景として，胎動そのものがどのように変化したかについて妊婦の受け止め方から検討する。

　さらに，出産後の親への移行については，乳児の身体的世話，および，世話や愛着形成を支える親子コミュニケーションの発達との両面から検討したい。研究3では，乳児の世話の核となる授乳に着目し，母乳育児を希望しつつそれが定着しない親がどのように母乳へのわりきれなさを抱えているかについて，授乳日記から検討した。

　親子コミュニケーションの発達については，乳児の言語未獲得を補うような親の代弁に着目する。研究4では，親が用いる乳児の代弁とはどのようなものか，親の発話は誰の声を帯びうるのかについて，検討する。そのうえで，親が用いる代弁の発達的変遷から，代弁がどのような機能をもちうるのかについて，研究5において検討する。

第Ⅱ部
実証研究

第5章
【研究1】
胎動に対する語りにみられる親への移行：
胎動日記における胎動への意味づけ

第1節　目的

　妊娠期は，ひとりの女性が現実において親になるためのカウントダウンが始まる時期を意味し，その意味で親への移行の出発点といえる。もちろん青年期あるいはそれ以前から育んできた親準備性が基盤にあるだろうが，しかし，妊娠をしてつわりなど体調の変化を自身の身体で感じること，超音波の映像で我が子の存在を視覚的に知ること，さらに，胎動を感じて，体内感覚として胎児の存在を認めていくことは，それ以前とは比べものにならないほど具体的なかたちで，親への移行を歩むことといえるだろう。なかでも，妊娠期に妊婦が感じる胎動は，まだ見たり抱いたりできない我が子を直接感じることのできる唯一のものである。本研究では，胎動についての妊婦の語りを胎児への意味づけと捉え，妊婦からみた主観的な親子関係の変化を検討し，妊娠期の親への移行のプロセスを明らかにすることを目的とする。

　胎児の認知発達がさまざまな研究において明らかにされ（たとえば，Joseph, 2000；Kisilevsky, Fearon, & Muir, 1998など），妊娠期においても母子が影響を与え合うことは当然のことと考えられるようになってきた。胎児の聴性反応に着目し，妊娠期の母子の相互作用を示唆する知見（室岡・越野・高橋・力武，1983），さらに，マガモは孵化前に鳴き声で孵化の時期を調整しているという知見（Hess, 1972）などが示されている。このように妊娠期の母子相互作用についてまったく否定することはできないだろう。胎児と妊婦との影響の与え合いが妊娠期にすでに始まるなら，それが親子の関係として妊婦自身に意識されるのはいつごろからだろうか。

　妊娠期の心理的過程についての研究は，母親の感情的適応を扱ったものが多い（Condon & Corkindale, 1997；花沢，1979；大日向，1981, 1988；利島，1983など）。

そこでは，妊娠期の不安や否定的感情が妊婦の身体的変化や生活環境との関連で検討され，出産やその後の育児への影響が強調される。たとえば，Condon & Corkindale（1997）は，妊娠期の抑うつと社会的サポートの欠如について，大日向（1981）は，妊娠の受容と夫婦関係についての影響を，それぞれ検討している。これらの研究では，その緊急性から親への移行プロセスのうえで生じる可能性のある否定的側面（抑うつなど）に言及することが少なくない。そのため，胎児とのやりとりによる親への移行という観点から詳細に検討した研究は少ないといえるだろう。

では，妊婦はどんなとき胎児とのやりとりを感じられるのだろうか。それは，胎動を感じるときではないだろうか。妊婦は胎動を感じた直後，自分のお腹に話しかけたり，お腹をさすったりすることが多い。あるいは，胎動を期待してお腹に話しかけることもあるだろう。

すでに述べたように，妊婦の心理的適応に対する胎動の重要性を示唆する研究は少なからず存在する（Condon, 1985；川井・大橋・野尻・恒次・庄司, 1990；川井・庄司・恒次・二木, 1983；上妻・岡井・水野, 1983など）。胎動は妊娠中の女性にとって大きな意味をもつにもかかわらず，妊婦の胎動への関わりを妊婦－胎児関係と捉える研究はほとんどみられない。

本研究では，女性が妊娠を知ることと，自身を妊婦あるいは母親と信じられることとは別であるという前提に立つ。また，胎動さえ感じれば，お腹のなかに赤ちゃんがいると単純に確信できるとも仮定しない。むしろ，どのように自身を親と思えるようになるか，それ以前に，どのようにお腹に感じる感覚を胎児のものと思えるようになるかというプロセスに着目する。胎児の成長にともなって胎動も変化する。それに応じて，妊婦の胎動という身体感覚に対する捉え方も変化するのではないだろうか。さらに，胎動から想像する我が子が変化することで，自身の捉え方も変化するだろう。その変化は親への移行プロセスを支えるのではないだろうか。妊娠期の親になるプロセスについて，質問紙や面接などによって直接妊婦に問うこともできるかもしれない。しかし，親になるプロセスのうえで生じるであろう再構成のダイナミズムに近づくためには，より具体的な妊婦と胎児のやりとりを観察する必要があるだろう。もちろん胎児を観察することには限界がある。そこで，本研究では，妊婦にとって，もっ

とも直接的な我が子の感覚である胎動に着目する。胎児が自発的に動き，妊婦がその胎動を感じ，それについて語ることを胎児とのやりとりと捉え，その変化をみることによって，親になるプロセスを描くことを試みる。本研究では，妊婦に胎動についての日記を依頼し，妊婦が胎動をどのように表現するか，胎児をどのように捉えているか，あるいは捉えることができないかといった視点で，妊婦の胎動についての語りのデータとした。

とくにここで焦点化したのは，妊婦が胎動日記において，胎動を胎児のからだの部位に関連づけて語ることである。妊婦の推測する胎児のからだの部位は，かならずしも正確ではないともいわれている。しかし，本研究では，妊婦がある胎動を感じたとき，その胎動からお腹のなかにいる胎児のからだを具体的にイメージできたかどうかを問題にしたい。澤田・鹿島・南（1992）も，母親が日常の育児実践において抱く子ども観，発達観は，科学的であるかどうかにかかわらず，それ自体として意味があると述べている。たとえば，菅野（2001）は，母親の子どもに対する不快感情の母親なりの説明づけを子育ての振り返りの契機と位置づけ，Conrad（1998）は，ダーウィンの我が子を観察した日記を分析し，我が子についての記述の変化をダーウィン自身と子どもとの関係の変化の現れと捉えた。これらの研究は，母親の素朴な育児観や，父親の主観的な我が子との関係の認識を扱ったものといえるだろう。

つまり，妊婦が胎動日記に"足"や"手"と記すものは，まだ直接見たことのない我が子への意味づけである。妊婦が胎動に対して胎児のからだや内的状態を意味づけること，あるいは，意味づけようとすることそのものに，親への移行のプロセスにおける意義が見いだされるのではないだろうか。女性は出産，あるいは妊娠すると自動的に母親になるわけではない（大日向，1988）。身体をもつ具体的な子どもと対面し，子育て実践を経て，自らをその存在に相対する親と思えるようになる。自らのからだに感じる胎動を，胎児と意味づけることによって，胎児との主観的な母子関係が，具体的なかたちで始まる。この過程を記述することにより，妊婦が母親となるプロセスの一端を明らかにすることができるだろう。

本研究では，母親の胎動への意味づけを分析することによって，母親が胎動によって我が子のイメージを構成・再構成する過程を記述することを目的とす

る。妊婦自身が，胎動と胎児をどのように結びつけるか，つまり，自らの身体に感じる感覚から，これから生まれる我が子をどのように捉えようとしているのかを扱いたい。妊婦が，自身の身体に感じられる胎動を，具体的に"足"や"手"と記述するには，無自覚であるかもしれないが，妊婦の積極的な意味づけを必要とする。本研究では，そのような意味づけの過程を，妊婦にとっての親への移行（たとえば，Deutch, Ruble, Fleming, Brooks-Gunn, & Stangor, 1988；Feldman & Aschenbrenner, 1983；Levy-Shiff, 1994 など）の過程と捉える。

　ところで，本研究は，このような問いを検討する第一段階である。そのためデータは，十分統制されているとはいえない。つまり，妊婦の自発的な日記への記録を促すために，あえて，日記数の統制は行わなかったため，妊婦や妊娠週齢によって日記の記述数が異なっている。とくに，胎動の感じ始めといわれる妊娠 16 〜 20 週（間崎・平川，1998）ごろの日記は少ない。しかし，それぞれの日記は協力者によって丁寧に書かれ，日常的な妊婦の語りが活き活きと現れていた。このデータは本研究の問いに対して多くの情報を含んでいるものと考えられた。一方，妊娠期における胎動への意味づけの過程については，妊娠のどの時期にどのように変化するかについての基礎的な資料すら，これまでほとんど提出されていない。このことを考えると，まずはデータを概観し，語りを読み解く視点を探り出す必要がある。そこで，本研究では，まず全データを週齢ごとに集計し，胎動への意味づけ過程の大筋を描き，分析の視点を得る。そのうえで，ケーススタディに耐えられる妊婦の胎動日記について，具体的な語りに触れながら記述的に分析を試みる。つまり，量的な記述統計で得られたデータを概観したうえで，そこから分析の視点を導き，質的な分析を行った。これは，従来の発達心理学において，質的分析によって仮説を生成し，仮説を検証するための量的分析を行うといった仮説生成のための質的分析ではなく，直感に頼らない質的分析を行うための，下位分析として量的分析を用いており，モデル構築型として分析する。

第2節　方法

(1) 胎動日記協力者

　東京近郊に在住する初産妊婦33名。33妊婦の年齢は，出産時点で平均30.06歳（25-39歳）であった。このうち，出産時まで骨盤位（逆子）だったのは6名，また，生まれた子どもは，男児18名，女児15名であった。母親の最終学歴は，専門学校卒4名，高校卒6名，短大卒10名，大学・大学院卒13名であった。妊娠期に中毒症などのトラブルがあったのは3名だが，全員無事に出産をした。平均出産週齢は，39.03週（37-42週）であった。

　これらの参加者は，妊娠期から幼児期までの縦断研究に参加の意思を表明し，胎動日記の依頼にも応じたものである。なお，縦断研究への参加依頼は，市区で開催された，初産婦を対象にする妊娠・出産の支援を目的とした母親学級において行った。

(2) 手続き

　上記の妊婦に胎動日記の記載を依頼した。どの胎動について記録するかは，協力者に任せることとした。これは，1日に胎動を感じる回数が多くそのうち1回を指定することが困難であることと，妊婦の胎動への主観的な思いを積極的に捉えるためには日記に記録すべき胎動の選定も協力者に任せることがよいだろうと判断したことによる。ただし，協力者には1日1回程度を目安に記録するよう教示した。

(3) 胎動日記の構成

　胎動日記は胎動1回分について，自由記述形式で"胎動について"，"胎動を感じた状況"，および"その胎動に対して"の3つの領域に記録するものである。また，"胎動について"の欄には腹の図を設け，図への記号的な記入によって胎動についてより想起しやすくなるようにし，さらに欄外には，記録日および時間，妊娠週齢を記入する欄をもうけた。胎動日記をFigure 5-1に示す。

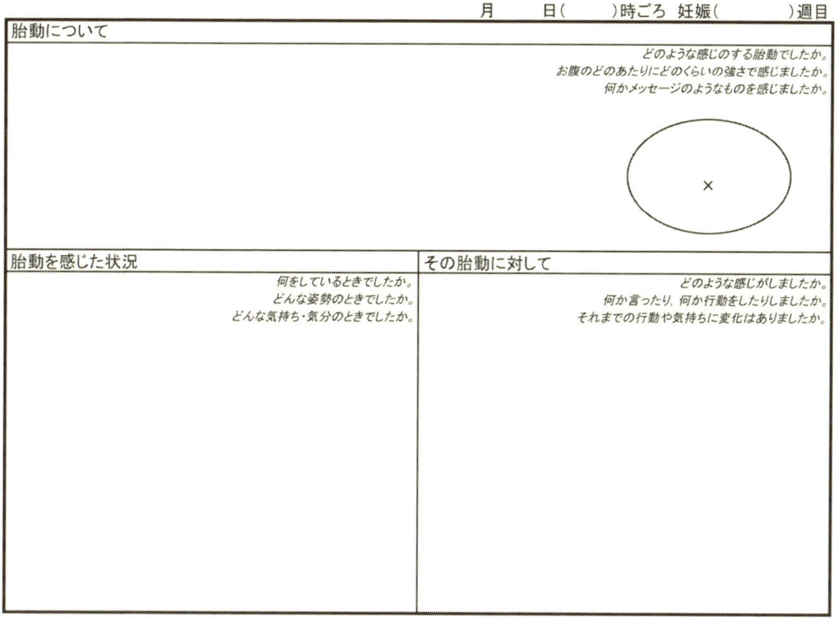

月　日(　)時ごろ　妊娠(　)週目

胎動について

どのような感じのする胎動でしたか。
お腹のどのあたりにどのくらいの強さで感じましたか。
何かメッセージのようなものを感じましたか。

×

胎動を感じた状況

何をしているときでしたか。
どんな姿勢のときでしたか。
どんな気持ち・気分のときでしたか。

その胎動に対して

どのような感じがしましたか。
何か言ったり，何か行動をしたりしましたか。
それまでの行動や気持ちに変化はありましたか。

Figure 5-1　胎動日記の用紙

(4) 分析単位

33名の参加者から回収された胎動日記882を分析の対象とした。胎動日記は3つの領域から構成されるが，分析においてはこの3領域をまとめて胎動1回分の記録として分析単位とした。これは，回収された日記のなかには，妊婦がこの3つの領域を区別していないと思われるものがあったためでもある。

(5) 期間

1997年5月～11月

(6) 日記の概要

得られた日記は882で，1名あたり平均26.73（range；1-145）で，それぞれの参加者が日記を記録した期間は，最初の日記が平均31.18週（range；16-37週），最後の日記が平均37.67週（range；30-40週）であった。2週齢ごとの日記数や，日記を書いた妊婦数などはTable 5-1のとおりである。協力者によっ

Table 5-1 日記数および協力者数

週齢	日記数	男児	女児	協力者数	可能者数	協力割合
<24	11	0	11	3	3	1
25-26	31	1	30	5	6	0.83
27-28	70	11	59	6	7	0.86
29-30	88	34	54	12	13	0.92
31-32	108	53	55	16	17	0.94
33-34	137	78	59	22	24	0.92
35-36	212	124	88	29	31	0.94
37-38	171	88	83	29	33	0.88
39-40	54	18	36	11	24	0.46
合計	882	407	475	33		

て日記を書き始める時期や，出産の時期のずれがあり，協力者が全期間を通して日記を書いたわけではなかった。そこで。Table 5-1 に協力者数，協力可能者数，および協力割合を示した。協力者数とはその週齢期間内に一度でも日記を書いた妊婦の人数であり，協力可能者数とは，日記を書き始めてから出産までの期間にいる妊婦の人数である。また，協力割合とは，日記を書くことが可能だった妊婦に対する日記を書いた妊婦の割合を算出したものである。協力割合をみると，39-40 週以外はどの時期もかなり高い。また，39-40 週において日記を書く妊婦の割合が低かったのは，出産が近づくと胎動そのものが減少する，出産が近づくにつれ，出産そのものや産後のことに関心が移り，胎動に関心が薄れる，さらに，出産に向けた里帰りや，出産の準備のため，日記を書く時間がなくなる，などの理由が考えられる。

(7) 分析

得られた 882 の胎動日記をもとに，胎動への意味づけの変化を検討するため，まず，胎児について語られた表現を拾い上げ整理した。胎児についての語りには，胎児の"からだ"，胎児の"内的状態"，さらに，胎児の"発話"や"性格"，胎児の行為として，妊婦や他の人やモノへの"応答"という語りがあった。なお，これ以外に，「蹴る」や「踊る」などの胎児の"行為"についての表現もあった。本研究では，胎児のからだの記述に対応することが予想されるので

分析からはずした。

　また、妊婦の主観的親子関係を見る視点として、Conrad（1998）によるダーウィンの日記の分析において、ダーウィンが生物学的観察として始めた我が子の記録において、我が子の表現を客観的に it と用いていたところから、徐々に he を用い出したという変化に示唆を得て、日記に登場する人物の"呼称"にも着目した。つまり、日記の記録者である妊婦や、日記に登場する第三者を、妊婦の視点から表現するか、児の視点から表現するかということである。それぞれのカテゴリーとその定義を Table 5-2 に示す。

　上位カテゴリーは、"児の表現"および"呼称の用い方"である。前者は、胎動日記において語られた胎児の身体や内的状態などの記述に関するカテゴリーで、後者は、日記上で語られる人物がどのような呼称を用いられているかに関するカテゴリーである。とくに、"児の表現"の下位カテゴリーである"からだの部位"は、語られる表現の差異を重視し、類似した部位を表現する記述であっても、同一でない限り別のカテゴリーとして扱った。これは、妊婦が胎児をイメージする際、胎児のからだの部位がどの程度精緻化しているかが指標となるだろうことを考慮したためで、たとえば、"足"と"足の裏"、"手"と"手の甲"などを区別する。それらをカテゴリーとして、当該週齢の総日記数に対する語られた日記数の割合を、2週齢ごとに集計した。また、妊婦によって日記数に差があることを考慮し、当該週齢に日記を一度でも書いた妊婦数に対する、当該カテゴリーについて一度でも語った妊婦数の割合も集計した（Appendix 5-1）。なお、集計を2週齢ごとにまとめたのは、妊娠について月を単位とすることが多いが、より詳細な変化をみたかったため、また、1週齢ごとでは時期によっては母数が確保できないことを懸念したためである。

　分析1では、882のすべての胎動日記について、Table 5-2 のカテゴリーの語られた割合の推移を検討する。そのうえで、胎動への意味づけ過程の大筋を描き、胎動日記の具体的な語りを質的に分析するための分析視点を探り出す。

　分析2では、分析1で描かれた、胎動への意味づけ過程の大筋を吟味し、さらに変化の詳細を検討するため、日記協力者のうち妊婦52の胎動日記を中心に、必要に応じてほかの妊婦の日記を引用しながら分析を行う。妊婦52は、日記協力期間が長く（26-39週）、日記数がもっとも多く（145）、かつ、1回の

Table 5-2 胎動日記のカテゴリー表

	カテゴリー		内容	例
児の表現	(1) からだの部位 ;胎児のからだの部位に記述のあったすべてをカテゴリーとして採用。	手	「手」のみをコーディング 「掌」「腕」などは含めない	「手」
		足	「足」のみをコーディング	「足」
		指	「指」のみをコーディング	「指」
		ひじ	「ひじ」のみをコーディング	「ひじ」
		げんこつ	「げんこつ」のみをコーディング	「げんこつ」
		腕	「腕」のみをコーディング	「腕」
		肩	「肩」のみをコーディング	「肩」
		手の甲	「手の甲」のみをコーディング	「手の甲」
		足の裏	「足の裏」のみをコーディング	「足の裏」
		ひざ	「ひざ」のみをコーディング	「ひざ」
		足先	「足先」のみをコーディング	「足先」
		かかと	「かかと」のみをコーディング	「かかと」
		頭	「頭」のみをコーディング	「頭」
		おしり	「おしり」のみをコーディング	「おしり」
		へその緒	「へその緒」のみをコーディング	「へその緒」
		背中	「背中」のみをコーディング	「背中」
		顔	「顔」のみをコーディング	「顔」
		首	「首」のみをコーディング	「首」
		全身	「全身」のみをコーディング	「全身」
		胴体	「胴体」のみをコーディング	「胴体」
		心臓	「心臓」のみをコーディング	「心臓」
		人間以外	人間のからだの部位ではないが, 胎児のことを表すもの	「虫」「モグラ」「水鉄砲」など
	(2) 内的状態	正の内的状態	胎児の正の感情・思考など	「喜んでいる」「気分がよさそう」など
		負の内的状態	胎児の負の感情・思考など	「心配している」「気分が悪い」など
		その他の内的状態	胎児の正・負以外の感情・思考など	「要求」「動きたい」「自己主張」など
	(3) 発話		直接話法(「 」)や代弁での表現	『そんなことじゃダメだぞー』と赤ちゃんに叱られた」など
	(4) 性格		胎児の性格や性別, 嗜好についての表現	「やはり電車好きなんだろうか」「元気だなぁ」「あばれんぼう」など
	(5) 応答	妊婦への応答	ターゲットの胎動が妊婦の先行行為への応答として捉えられている	「私(妊婦)が心配に思っていると元気だよ…」「声をかけたら返事をしたみたいに…」など
		妊婦以外への応答	ターゲットの胎動が妊婦以外の先行事項への応答として捉えられている	「音楽をかけていたらそれに合わせて…」「主人(父)がみるみるとまったら…」など
呼称の用い方	(6) 妊婦自身の表現	妊婦視点の妊婦	自分自身のことを「私」など自分からの呼び方で表現	「私が横になっているとき」など
		児視点の妊婦	自分自身のことを「ママ」「お母さん」など児からの呼び方で表現	「ママね, …」「お母さんに教えてね」など
	(7) 第三者の表現	妊婦視点の第三者	妊婦の夫や(義)母を「主人」「母」など自分からの呼び方で表現	「主人は…」「私の母が…」など
		児視点の第三者	妊婦の夫や(義)母を「パパ」「おばあちゃん」など児からの呼び方で表現	「パパが帰ってきたよ」「おばあちゃんも喜んでるよ」など

日記への記述が非常に厚く，記述的な分析に十分耐えられるものであった。

第3節　結果と考察

(1) 分析1

　胎動への意味づけの週齢変化を概観するため，得られた882の胎動日記を，Table 5-2のカテゴリーについてコーディングし，2週齢ごとに語られた日記数の割合を産出した。コーディングは，胎動日記に書かれた表現において，それぞれのカテゴリーに当てはまるものがあるかどうかを判断するというものである。著者を含む4人のコーダーが行った。コーディングの一致率は，任意の10名（日記数242）について求めた。平均すると.975で，もっとも一致率が高いものは"からだの部位"で.996，もっとも低いものは"内的状態"で.884であった。

胎児のからだのイメージ

　まず，胎動日記において語られた胎児の"からだの部位"について検討する。胎児の"からだの部位"として語られたものは，全部で22種類あった。ここには，人間の身体を表現することばではないが胎児そのものを表す"虫"，"モグラ"などをまとめたカテゴリーの"人間以外"を含む。この22種類の"からだの部位"を，それが胎動日記において語られた総頻度と初出の週齢をあわせてTable 5-3に示す。ここで興味深いのは，妊婦が"足"や"手"と語るだけでなく，それらの部位をさらに限定した"足の裏"や"手の甲"という語りも出てくることである。"足"の限定的な部位として語られたのは，"足の裏"，"ひざ"，"足先"，および"かかと"であった。"手"については，"げんこつ"，"ひじ"，"手の甲"，"指"，および"腕"であった。これらの限定的なからだの部位は，2事例を除いてすべて，"足"や"手"がその妊婦にとって先に語られていた。2事例とは，妊婦52の26週齢における"ゲンコツ"，および，妊婦43の32週の"ひざ"である（妊婦43は，日記を書き始めたのが30週なので，それ以前に"足"のイメージが構成されていた可能性はある）。このことから，こ

Table 5-3　日記において表現されたからだの部分

カテゴリー	頻度	初出（週）	カテゴリー	頻度	初出（週）
足	120	25	ひじ	2	39
手	53	28	手の甲	1	37
頭	32	27	指	1	36
全身	23	27	腕	1	31
おしり	20	29	足先	1	31
心臓	18	26	かかと	1	34
足の裏	6	28	顔	1	30
ひざ	6	26	首	1	33
へその緒	5	27	肩	1	36
げんこつ	4	26	胴体	1	36
背中	3	30	人間以外＊	41	>24

＊「人間以外」は，本データのもっとも週齢の浅い日記から見られた。

Table 5-4　"からだの部位"および"内的状態"を語らなかった妊婦

ID	総日記数	日記協力期間	
11	2	32w	"からだ""内的状態"なし
13	6	33-35w	"からだ"なし
31	10	35-38w	"内的状態"なし
32	1	37w	"からだ"なし
37	29	34-38w	"からだ"なし
39	9	31-37w	"内的状態"なし
62	7	37-39w	"内的状態"なし
71	4	36-37w	"からだ"なし

れらの限定的なからだの部位についての語りは，胎児のからだのイメージの精緻化といえるだろう。頻度としては少数であるが，胎動の微妙な違いをも感じ取ろうとする妊婦の胎児への積極性がうかがえる。

また，"からだ"の部位を一度も語らなかった妊婦は，33名中5名であった（Table 5-4）。Table 5-4 をみると，からだの部位を語らなかった妊婦の多くが，日記数が少なく，また妊娠週齢も後半であった。つまり，多くの妊婦が胎動から胎児の"からだの部位"を意味づけることができるといえるだろう。

頻度の多かった"足"，"手"，"人間以外"について，2週齢ごとの総日記数

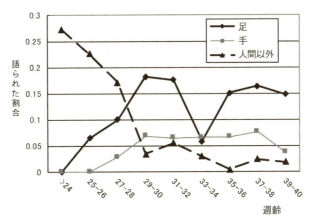

Figure 5-2　からだ（足・手・人間以外）

に対する割合を Figure 5-2 に示す。さらに，今回のデータは，妊婦1名あたりの日記数にかなり大きな差があるので，該当カテゴリーを一度でも語った妊婦の割合を Appendix 5-1 に示す。

　Figure 5-2 が示すように，週齢の浅い 28 週以前は"人間以外"がもっとも多く語られている[1]。妊娠週齢の浅いこの時期には，すでに日記を書き始めていた妊婦が少ないが，"足"については 24 週以前，"手"については 27 週以前の語りはひとつもなかった。28 週までに日記を書き始めた協力可能者 7 名中，"人間以外"の語りがみられたのは 3 名，全週齢においては，33 名中 8 名であった。つまり，胎動を感じ始めた最初期において，妊婦はお腹に感じる感覚を胎児のからだの部位と結びつけることができなかったことが示された。以下に，妊婦 42 の"人間以外"の語りの例を引用する。この語りから，胎動を我が子と結びつけておらず，自身の身体に感じる感覚を魚と結びつけて語っていることがわかる。なお，語りの例示は，括弧内に，日記の ID 番号および妊娠週齢を示し，斜字部分は日記における語りの抜粋，文末にカテゴリーを示す。ID 番号は，はじめの 2 桁が妊婦を示す番号であり，続く 3 桁は妊婦ごとの通し番

---

[1] Appendix 5-1 では，28 週以前も入れ替わりがあるが，この時期は，協力数も，1 人あたりの日記数も少ないので，不安定な結果がでやすいといえる。ここでは，これを念頭に置きつつ，日記の割合について論を進める。

号である．妊娠週齢は，wで示す．また，ここで示すカテゴリーは，本文に関わるカテゴリーのみ記載する．カテゴリーに関わりなく事例を示すときは，カテゴリーを記載しない．

(42003；27w)
グルグル．魚が泳いでいる感じ．：人間以外

この"人間以外"は本データのかなり最初の時期から現れるので，胎動の感じ始めに特徴的な語りであると考えられる[2]．"人間以外"は週齢が増すごとに語られる割合が激減する．

"足"は，胎動日記においてもっとも多く語られたカテゴリーであった．全部で882の日記のうち120で語られていた．初出週齢は25週と早い時期で，29-30週以降は33-34週で一度落ち込むが，28週以前と33-34週以外の時期では，身体部位の他のカテゴリーと比べて"足"がもっとも高い割合でみられた．胎動といえば足で蹴るものというイメージが社会的に流布していることも影響していると思われる．

(50040；40w)
上の方まで動くのは，これ，足かな？ 手で足の形を感じようと思ってつかもうとしてみるけど，フッと下に沈んじゃって…：足

29-30週において，語られる割合が増大した"足"と，逆に減少した"人間以外"が入れ替わる．また，33-34週において，"足"の語られる割合が一時的に減少する．これについては，分析2において検討することとする．

総頻度が"足"に次いで多かった"手"については，総頻度が，882の日記中54で，初出週齢は28週と"足"よりやや遅れる．

---

[2] ただし，本データは，協力者を母親学級で募集したが，母親学級には週齢がある程度増してから参加する母親が多く，そのため感じ始めのころのデータが非常に少ない．今後，さらに週齢の浅い時期についてもデータを収集していく必要があるだろう．

(48002：33w)
グーッと手で押し上げる感じで。けることは多いけど，手を伸ばすのは少ないからビックリ！：手

(33012：37w)
赤ちゃんの手の甲が盛り上がって…。触ってみたら手の形のようなものを触れているように感じた。とってもかわいい赤ちゃんの手でした。：手の甲

からだの部位について他に特徴的であったのは，"心臓"である。"心臓"という語りは，胎児の呼吸様運動に意味づけられたものと思われる。呼吸様運動とは，妊娠16週ごろ（胎動として感じられるのはもう少し遅れる）から始まる胎児の横隔膜の運動で（新井，1976），一定の間隔でしばらく続くピクッピクッピクッという動きである。これは他の胎動とはかなり異なって感じられるものであり，いつもの胎動とは違うという点から胎児や母親のネガティブな感情と関連づけて語られることが多かった。

(53006：32w)
しゃっくりをしているような，心臓の音のような定期的に繰り返される動きがあった。これって赤ちゃんがちょっと苦しいのかな。：心臓

ここまで，胎動日記で語られた胎児のからだの部位についてみてきた。ここでは，2つの時点に特徴があった。ひとつは，29-30週で，減少してきた"人間以外"と増加してきた"足"が入れ替わる時点である。もうひとつは，33-34週で，"足"が一時減少する時点である。

胎児の内的状態・発話・性格

胎動日記では，胎児の感情や思考，発話，胎児の性格や嗜好についても語られた。週齢ごとの語られた割合の変化をFigure 5-3に示す。なお，胎児の"内的状態"を語らなかった妊婦は，33名中4名であった（Table 5-4）。胎児の"からだ"と同様，"内的状態"についても，妊婦にイメージされやすいものとい

えるだろう。それぞれの例を以下に示す。

(57014；32w)
1歳の男の子を抱っこ…やきもちをやいているように思えた。：負の内的状態

(33006；36w)
「お母さん，がんばって！　そんなコトじゃダメだぞー！」と赤ちゃんに叱られた：発話

(36016；35w)
いつからこんなあばれんぼうになったのだろう。おとなしい子だったのに。：性格

　"胎児の発話"および"胎児の性格"は，"胎児の内的状態"に比べて，語られた割合も少なく，週齢ごとの割合の変化も小さかった。ただし，"胎児の発話"については，29-30週で語る妊婦の割合が一時高くなっている（Appendix 5-1）。つまり，この週齢で，胎児が発話しているような語りが，広くさまざまな妊婦にみられるが，ひとりの妊婦が何度も胎児の発話を語ることはないのである。
　全体を通して語られる割合が高かったのが"胎児の内的状態"であった。このカテゴリーも，29-30週を境に2つのピークをもつ。この同じ週齢で，胎児に対する内的状態の意味づけが一時落ち込むということは，その前後で質的に異なっている可能性がある。そこで，内的状態を正，負，および，その他の内的状態に分け，示したものがFigure 5-4である。
　これをみると，29-30週以前は，負の内的状態が正の内的状態を越えることはなく，並行して増減する。しかし，29-30週以降，正，負，および，その他の内的状態が週齢ごとに入れ替わり，胎児の内的状態の正負に差はなくなる。これは，語った妊婦の割合でも同様の結果である（Appendix 5-1）。

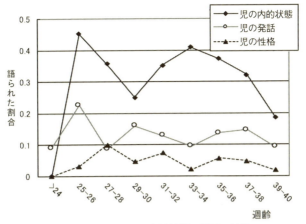

Figure 5-3　胎児の内的状態・発話・性格

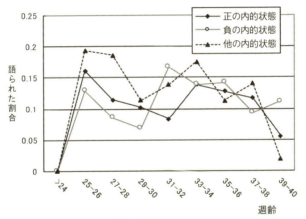

Figure 5-4　胎児の内的状態の内容

胎児の応答

　"母への応答"とは，胎児が母親に対して応答したとして胎動が語られたものであり，"他への応答"は，胎児が母親以外の夫や物音に反応したものとして胎動が語られていたものである。これらの週齢ごとの日記に語られた割合の変化を Figure 5-5 に，それぞれの例は以下に示す。

(53003；32w)
（2つの名前の候補をお腹にむかって）ひとつずつ言ってみた。でも，両方にお返事があった。：母への応答

(43005；31w)
体中でリキンで嫌がっている感じ。主人がアマチュアバンドをやっていた時のテープ…を聞いていた。：他への応答

"母への応答"は，25-26週以降減り続け，それとは逆に，"他への応答"は33-34週および35-36週でピークを迎えるように増減する。妊娠期の胎児が外からの刺激に対して反応することはよく知られている。胎児の聴性反応は24週ごろからと考えられており，外部の音に対する心拍数の変化や胎動の発生が少なくとも妊娠最後の2ヶ月には観察される（多田，1992）。また，触覚の発達はさらに早く，妊娠7週半ごろから反応が生じる（多田，1992）。つまり，胎児は母親や夫の声や外部の音，あるいは，お腹を軽く押すといった刺激に対して胎動として反応することが可能である。

しかし，この胎動日記の結果を，単純に胎児の聴覚や触覚の発達と考えるなら矛盾が生じる。"母への応答"は25-26週以降，"他への応答"は35-36週以降，語られる割合が減少する。さらに，33-34週以降は"他への応答"が"母への応答"より高い割合を示すようになる。胎児の聴覚や触覚の発達を反映するものであるなら成長にともなって減少するはずはなく，胎児にとって妊婦より近い存在はいないので，妊婦より遠くからの刺激への応答"他への応答"が，"母への応答"より多くなるはずもないのである。むしろ，この結果は，妊婦の関心や胎動への意味づけの変化と捉えた方がいいだろう。

呼称の用い方

胎動日記において，自分自身や第三者がどのくらい日記に現れるかについて週齢ごとの日記数の割合を表したものが，Figure 5-6である。25-26週齢を除いて，自分自身よりも第三者が語られることが多い。

では，これらの自分自身や第三者をどのような呼び方で語っていたのだろう

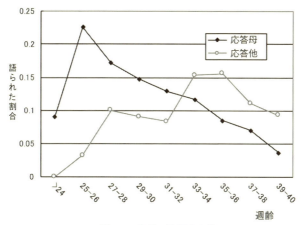

Figure 5-5　胎児の応答

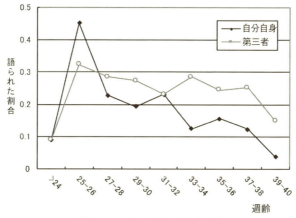

Figure 5-6　日記に現れた人物

か。自分自身と第三者について呼称に着目する。妊婦自身が自分のことを"私"など自分からの視点で表現したものを"妊婦視点の妊婦"として,"ママ"や"お母さん"と児からの視点で表現したものを"児視点の妊婦"として,それらの相対的な割合を週齢ごとに比較した。また,妊婦の夫や母親のことを"主人","母"など妊婦自身からの視点で表現したものを"妊婦視点の第三者"として,"パパ","おばあちゃん"など児からの視点で表現したものを"児視点の第三者"として同様に集計し（Figure 5-7）,それぞれの例を示す。

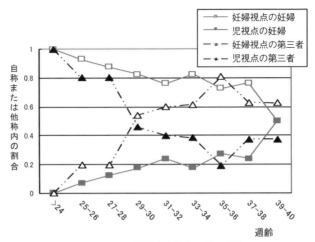

Figure 5-7　妊婦自身と第三者の呼称

（57030；37w）
ママのお腹はせまいけど，でもあともう少しだから，おりこうでいてネと声をかける。：児視点の妊婦

（59022；35w）
夫の写真を見ながら…。一緒に見てるよって知らせてくれた気がした。：妊婦視点の第三者

（36003；30w）
今日，パパがH市から来てくれて，おーちゃん（胎児の呼び名）もよく話しに参加していたよう：児視点の第三者

　妊婦自身の呼称については，週齢の浅いころは妊婦視点で"私"と表現され，週齢が増すごとに，児視点で"ママ"などと語られる割合が増加し，妊婦視点を超えることはないが，両者の割合が接近した。また，第三者については，これと逆で，週齢の浅いころは，児視点で"パパ"や"おばあちゃん"と表現していたものが，29-30週で"妊婦視点の第三者"が"児視点の第三者"の割合

を上回るようになる。

分析1のまとめ

　ここまで各カテゴリーを2週齢ごとに集計し，その割合の変化をみてきたが，分析1の結果をまとめ，具体的な語りを読み解く視点を整理する。まず，いくつかのカテゴリーの割合の変化に共通して現れた，ターニング・ポイントがあった。ひとつは29-30週齢で，もうひとつは33-34週齢である。

　まず，29-30週齢では，胎児のからだについての語りのうち，"人間以外"と"足"の語られる割合が入れ替わり，"内的状態"についての語りが一時的に減少した。妊婦は，それまで第三者のことを児視点で語る割合の方が高かったが，この時期，妊婦視点で語る割合の方が高くなった。この時期の妊婦は，胎児の内的状態より胎児の身体への関心が高い。この29-30週ころは，子宮底がへそとみぞおちの間くらいにまであがり（鈴木・久慈，1985），それにともなって胎児がより高い位置にあがってくる時期である。胎動は，それまでお腹全体で感じていた"かたまりの動き（蘭，1989）"だけでなく，お腹の一部に狭く強く圧迫される胎動も感じるようになってくる。このような局所的な胎動に対して，"足"と意味づけているのであろう。胎児のからだに関心が向くことで，内的状態への語りが減少するとしても，なぜ"人間以外"が減少したのだろうか。"人間以外"と"足"の増減は，どのような過程を経ているのだろうか。また，日記に現れる人物の呼称についても，自身については，児視点（"ママ"）が徐々に増加する一方で，第三者については，児視点だったものが妊婦視点へ，いわば逆行することは，どのように解釈できるだろうか。

　もうひとつのターニング・ポイントは33-34週であった。胎児の"足"を語る割合が一時的に減少し，"内的状態"を語る割合が増加していた。また，胎児の"応答"については，"母への応答"と"他への応答"の割合が入れ替わり，"他への応答"が増した。この時期は，もっとも胎児位置が高く，妊婦にとっては負担の大きな時期でもある（鈴木・久慈，1985）。胎児位置が高いということは，胎児の微妙な動きも感じやすい。胎動の微妙な違いや妊婦自身の身体への圧迫感と，胎児の"内的状態"を結びつけて意味づけているのだろう。では，この時期に，妊婦自身に向かうものとして語られた胎児の応答が，第三者に向

かうものとして語られる割合が増したことを,どのように解釈すればいいだろうか。

分析1では,量的な推移はわかるが,それが妊婦の親への移行プロセスとして捉えられるかどうかまではわからない。分析2では,これらの問いを分析の視点として,もっとも多くの日記を書いた妊婦52の具体的な語りを中心に,他の妊婦の日記も参照しながら検討する。

(2) 分析2

分析2では,妊婦52の胎動日記を中心に記述的に検討する。その際の分析の視点として,29-30週の前後における"人間以外"と"足"の増減がどのような過程を経ているのか,あるいは,33-34週の前後で,胎児の"母への応答"と"他への応答"の増減をどのように解釈できるかである。そこから,妊娠期の胎動への意味づけの過程についてモデルを描くことを試みる。さらに,主観的母子関係を捉えるべく,呼称の用い方の変化が,このモデルのうえで解釈可能かどうかを検討する。

第一のターニング・ポイント── 29-30週齢

週齢のもっとも浅い時期から29-30週に向けての変化を検討する。妊婦18は,本データでは唯一,はじめて感じた胎動から日記が確保されている妊婦で,日記数は15と少ないが,週の浅い時期についてデータが充実している。

(18001 ; 16w)
もしかしてそうかしらと疑う程度の弱い小さな感触。虫とか,腸が一瞬ピクッと動いたような。：人間以外

さらに,週齢が進んでも,

(18003 ; 23w)
小さな生き物がごそごそ…。きもちわるいと思うのはかわいそうだけど,きもちわるい。：人間以外

と語っており，お腹のなかの我が子を，まだ"人間の赤ちゃん"としてイメージしていないことがうかがえる。ところで，(18003) では，胎動を「きもちわるい」と語っているが，これを胎動に対する単なるネガティブな感情と捉えていいだろうか。妊婦 18 は，はじめての胎動（18001）について，胎動かどうか「疑う程度の」と語っていた。その表現と比較するなら，(18003) の胎動に対する一見，ネガティブな感情表現は，胎動であることそれ自体の確信の表れと解釈できる。自分の身体に感じるかすかな感触を胎動として確信することそのものが，最初のプロセスなのだろう。

(18005；25w)
ポコッポコッポコッ。3cm くらいのものがけとばしているような。…「これは足かなー？」と言いながらお腹のなかを探った。：足

(18006；26w)
おさまりのいい場所を探してるのかな？…ひざを曲げ伸ばししてるみたいと想像できるくらいの強さ。：ひざ

(18007；31w)
ゴーンとけとばす感じ。…「足を触れるのはうれしい，かわいい足だ」と思うんだけど，痛いのはつらい。：足

(18005) は，妊婦 18 がはじめて"足"を語ったものである。「3cm くらいのもの」という語りが局所的な胎動を示している。また，この妊婦は，「足かなー？」とクエスチョン・マーク付きで記述しており，"足"という意味づけの不確定さが表れている。さらに，その翌週（18006）には，「ひざを曲げ伸ばしして～」と，"足"から"ひざ"に胎児の身体のイメージが精緻化している。その一方で，「～みたいと想像できるくらい～」と婉曲的な表現を用いているが，妊婦は，"ひざ"についても確信には至っていないのではないだろうか。ところが，31 週の (18007) では，胎児の"足"を疑う様子がなくなっている。

"足"というイメージも即座に得られるものでなく，懐疑的な"足"から徐々に明確な"足"のイメージの獲得へと変化するのだろう。

　妊婦52は，26週から日記が得られている。"人間以外"は最初の日記から，"足"もその週のうちに現れる。そして，第一のターニング・ポイントに向けて，"人間以外"と"足"が交互に語られている。

（52002；26w）
モグラが土の下を通ると土が盛り上がるように…。：人間以外

（52032；27w）
横向きになった時。お腹が圧迫されて苦しかったのかな？…おふとんと私の間によしべぇ（胎児の呼び名）の足をはさんじゃったのかと思うほどのバタつかせようだった…手でわき腹をおさえると，足の動きがすごく感じられた。：足

（52045；27w）
モグラの動き。モコモコッとお腹が盛り上がる。：人間以外

（52058；28w）
多分，足と思われるものが子宮の内側をコソコソと動く。…"私とは別の生命体だ"というのがよくわかる。もう1人の人間なんだなぁー。

（52065；28w）
人間らしくなった！　本当に本当の赤ちゃんだ!!　と実感しちゃった。

　妊婦52も，"人間以外"が先行し，その後"足"が語られている。そして，(52058) や (52065) で，胎動を生じさせている存在に対して"人間の赤ちゃんの実感"を語っている。もちろん，お腹のなかの胎児が"人間の赤ちゃん"であることを知らない妊婦はいない。ところが，日記では「「もう」1人の人間なんだなぁー」と，まるで人間へと変化したかのように語っている。胎動につ

いて人間以外の"モグラ"や"虫"を語ることが週齢の浅い時期の特徴である。これは，妊婦が感じる胎動が，単に"虫"や"モグラ"に似ているというだけではないだろう。むしろ，妊婦は胎動を"人間の赤ちゃん"と（おそらく，そう信じたいのに）実感できない，そのできなさを抱えているのではないだろうか。人間以外の"虫"や"モグラ"という語りは，胎動の動きをなんとか捉えようとする妊婦の積極性と解釈できないだろうか。

(54001；24w)
「赤ちゃん」という感じはあまりない。

(54004；28w)
両手をあててみる。赤ちゃんという実感はない。

このように実感のなさを繰り返し語る妊婦もいた。これらの日記は，妊婦が自分が人間の赤ちゃんを妊娠していることを知っており，その"知識としての胎児の存在"と自身の"感覚としての胎児の存在"を比較しているプロセスといえるだろう。つまり，妊婦があえて日記に顕在化する"実感のなさ"も，胎児の存在を実感しようとする妊婦の胎児への積極性の表れといえるだろう。

では，妊婦52のように，"人間の赤ちゃんの実感"を語った妊婦は，どのような過程でこの実感を得たのだろうか。胎動に対して，人間（の赤ちゃん）を実感したという語りが，29-30週以前に日記を書き始めた妊婦13名中4名にみられた。そして，4名とも"人間だと実感"するより前に，すでに"足"を語っている。たとえば，妊婦16は以下のとおりである。なお，(16002) は，妊婦16について，はじめて"足"が語られた日記であるが，ここでも，"足（?）"とクエスチョンマークが付いているとおり，意味づけの不完全さの現れとして，興味深い。

(16002；29w)
お腹の中で，足（?）で押されている感じ。：足

(16005；33w)
人間がこのお腹のなかにいるんだ…と改めて思う。

　胎児のからだの部位が一部であってもイメージできつつあることによって，28週以前の"虫"や"モグラ"などを含む"人間以外"が減少するのだろう。つまり，29-30週前後の具体的な"足"というイメージは，"足"の付いたからだ全体のイメージを導く（もちろん，足以外の部位は漠然としたものだろうが）。これが，からだをもつ人間の赤ちゃんという意味づけへと変化するきっかけとなっているものと思われる。
　では，人間以外のものから人間の赤ちゃんへの意味づけの変化は，一方向的で，一度人間の赤ちゃんとしてのイメージを獲得すると逆戻りはしないものなのだろうか。妊婦18のように，23週以降"人間以外"の語りは出てこない妊婦もいるが，31週以降も7名の妊婦が"人間以外"を語っており，低い割合であるが40週まで1名以上が"人間以外"を語っている。たとえば，妊婦52について，"人間以外"の語りは日記開始の26週から34週まで，"足"という語りは27週から36週まで，さらに，"人間の赤ちゃんという実感"に関する語りが28週から32週まで交互に現れる。この妊婦について，28週以前と29週以後にわけて，"人間以外"と"足"の語られた頻度を比較すると，28週以前（日記数70）では，"人間以外"："足"が18：8で，29週以降（日記数75）では，4：16であった。おそらく，胎児が誕生するまで，"人間の赤ちゃん"という確信は完全なものとはならないだろう。たとえば，妊婦が胎児について想像しようとしたとき，まずその顔を連想しそうなものであるが，胎動日記において，胎児の顔を具体的に語ったものはなかった（"どんな顔だろう"などの疑問形式の語りはあるが）。妊婦は，お腹のなかの胎児に，"人間以外"のイメージも保持しつつ，"足"など具体的なからだの部位，さらに"人間の赤ちゃん"という意味づけを重層的に構成していくのではないだろうか。それゆえ，妊娠期間に何度も"人間だ！"という実感が生じるのだろう。
　ところで，この29-30週は，"内的状態"の語りが一時的に減少する時期でもあった。そして，この時期以前は，負の内的状態が正の内的状態を越えることはなく，並行して増減する。しかし，29-30週以降，正，負，および，その

他の内的状態が週齢ごとに入れ替わり，内的状態の正負の差はなくなる。たとえば，日記開始が28週以前で31週以降も日記を書き続けた妊婦6人中3人は，週齢の浅い時期に胎児の内的状態の語りそのものがなかった。これらの妊婦による，胎児の"内的状態"の語りは，それぞれ，31週と32週，35週に初出する。これは，"人間以外"のものには内的状態を意味づけにくいということではないだろうか。また，31-32週において，はじめて負の内的状態が正の内的状態を超える。人間の赤ちゃんとしてのイメージを構築したあとに，胎児に"負"の内的状態を意味づけられるように変化することは，まさに"人間以外"の生き物にはない豊かな感性を胎児に意味づけていたといえるだろう。つまり，29-30週以降，"人間以外"のイメージに，人間の赤ちゃんとしての意味づけが加わり重層的に再構成されていくというモデルのうえで考えれば，29-30週以降，"内的状態"が多様化したと捉えられるだろう。

一方，"足"との意味づけが"人間"としての実感を導き，それによって"内的状態"も重層化するという，この解釈に対して，25-26週の"内的状態"の増加をきっかけとしつつ，時間差をもって"人間の赤ちゃん"のイメージを構成するという解釈も検討する必要がある。しかし，"内的状態"の意味づけが構成されたなら，そこから導かれやすい"からだの部位"は，"顔"のように胎児の内的状態を表しやすい部位ではないだろうか。少なくとも"足"ではないだろう。25週～28週ごろの"内的状態"は，"人間以外"の生き物への意味づけであり，その後，"人間"への意味づけが重層化すると考えるほうが，本データには当てはまるといえる。

第二のターニング・ポイント── 33-34週齢

33-34週齢前後の変化について，特徴的だった"応答"に着目し検討する。妊婦52は，32週以前（日記数112）は，"母への応答"："他への応答"が22：8，33週以降（日記数33）は，1：7であった。たとえば，妊婦17も，25週から33週まで"母への応答"のみを語り（日記数28中4），34週から36週まで，"母への応答"と"他への応答"をほぼ交互に語り（日記数16中3：2），36週以降は"他への応答"のみを語った（日記数19中2）。では，"母への応答"から"他への応答"への移行をどのように捉えればいいだろう。

(52105；32w)
「もう,いいかげん名前を決めておかにゃならんな」と,よしべぇに話しかけていた。…「*そのとおり。早く名前を一!!*」と思ったよしべぇが返事をしたのでしょう。：母への応答

(52136；36w)
パパがお腹に手をのせると動く。私がソファに座っていると…パパは,すぐお腹に手をのせてくる。パパも…楽しくてしょうがないらしい。私も嬉しい!!：他への応答

（52105）では,お腹に話しかけたことに同期して生じた胎動について,お腹に話しかける妊婦と,それに応じた胎動との"やりとり"として語られている。一方,（52136）では,何もしなければ妊婦にしか感じられない胎動を,妊婦のお腹に触れることで夫と共有している様子が語られている。妊婦の意味づけが,いわば（52105）から（52136）へと変化することは,母親が独占している胎動を,第三者へ開く過程とも捉えられる。自分自身に対する応答のように感じられる胎動への関心が,週齢が増すにつれて,自分自身以外の夫や母親(胎児の祖母)の声,雷や花火の大きな音に対する反応であろうと思われる胎動への関心へと移行する。胎動を自分と胎児のやりとりとして捉えた対面的関係から,胎児と第三者とのやりとりをみる,あるいは,胎児と同じ音を聞くといった三項関係や並列的関係へと変化する。もちろん,本データは妊婦の主観を書き記した日記を元にしており,実際の胎児－妊婦の相互作用について述べているのではない。妊婦自身の主観的な関係の捉え方が,二者関係に第三項を介入させるように変化したのである。このような変化は,子育てを子別れの過程と捉え直した立場（根ヶ山,1995）に立てば,胎児をお腹の外の世界と結びつけることで,三項関係を捉えている点で興味深い。つまり,出産という物理的な子別れを目前に,胎児を外の世界の広がりのなかに指定することは,妊婦－胎児の心理的な疎隔化を進めているとも捉えられる。

ここまで述べてきた妊娠期の胎動への意味づけ過程をまとめると,Figure

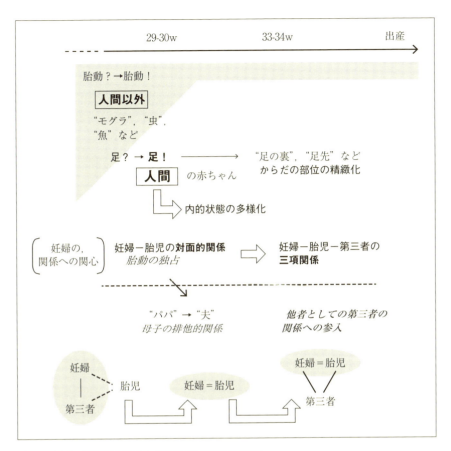

Figure 5-8　妊娠期の胎動への意味づけ過程のモデル

5-8 の点線より上部のようになる。

呼称の変化

　なぜ妊婦の呼称は妊婦自身の視点から児の視点へ変化するのに，第三者の呼称は児の視点が先行し妊婦自身の視点へと変化するのだろうか。上で述べた Figure 5-8 のモデルのうえで，呼称の変化の解釈を試みる（点線の下部）。
　29-30 週以前は，胎動を感じても人間の赤ちゃんとしての実感を得ていない時期と捉えてきた。人間の赤ちゃんの実感がなければ，自分自身のことをまだ母親として認識できず，自身を"ママ"と語れないのも当然だろう。週齢が増

すにつれて，胎動を人間の赤ちゃんとして感じられるようになり，それにともなって，自分自身も母親になるのだという実感がわいてくる。一方，第三者についてはこれと異なった過程が考えられる。妊娠という事実を知っていることから，第三者のことなら児視点で"パパ"や"おばあちゃん"と語ることができる。しかし，自分のこととしては，まだ語ることができない。人間の赤ちゃんがお腹にいるのだという実感と共に，自身のことを母親として自覚できるようになる。自覚が強まるにつれ，一時的に排他的な母子関係がイメージされるのだろう。おそらく，妊婦自身が直接人間の赤ちゃんとしての動きを感じられるようになればなるほど，第三者がその動きを感じることができないという事実に直面するのではないだろうか。

ところで，胎動への意味づけ過程のモデル（Figure 5-8）のうえでは，33-34週を境に，二者の対面的関係から三項関係への変化を指摘した。これは，"呼称"についての考察における，29-30週以降の，排他的な母子関係への移行と，一見矛盾する。これらを整合して考えると，以下のようなモデルが仮定できる。

妊娠週齢が浅く，胎児を"人間"と捉えられない時期は，妊婦自身は夫など第三者を胎児に比してより具体的に捉えることができ，三項関係は，妊婦と夫に対峙した胎児という関係になる。次に，胎児を"人間"と捉えられるようになることによって，妊婦は，いったん，排他的な母子関係を構成し，そのうえで，他者としての第三者を母子の関係に受け入れるようになるのではないだろうか。"呼称の用い方"については，自発的に妊婦が書き記した日記数が限られており，今後検討の余地がある。

第4節　総合的考察

本研究では，妊婦に胎動についての日記の記載を依頼し，それを胎動に対する語りとして検討し，妊婦の胎動への意味づけの過程をモデル化することを試みた。そして，29-30週および33-34週をターニング・ポイントとしたモデルを Figure 5-8 に示した。

ここで，胎動への意味づけについて，母子のやりとりという観点から考察を

試みる。まず，胎動が，母親の意図とは関わりなく生じるということに立ち返りたい。

（20006；29w）
私が眠れないでいても，赤ちゃんは寝たり起きたり。赤ちゃんは赤ちゃんのペースで生きてるみたいで，うれしい感じ。

（30005；35w）
ハムスターと遊んでいるとき。…ハムスターがかわいくてそのことしか頭になかった。赤ちゃんのことを忘れていたので，何かハッとさせられた。

（33010；37w）
検査中だというのにおかまいなしに動く。…静かにして欲しかった。そう思うほど，激しく動くのでそれがおかしくて笑いを必死にこらえてました。

当然のことではあるが，妊婦と胎児は別個体であり，胎児の動きは母親にコントロールできるものではない。妊婦は自らの身体に，自分の意図とは別に生じる胎動を感じることで，胎児の存在そのものを知らされるのではないだろうか。そして，自分とは別の存在だからこそ，そこにやりとりの可能性が生じるといえるだろう。

本研究で述べてきたとおり，妊婦は，胎動から胎児の"足"をイメージできるようになると，それをきっかけに"人間の赤ちゃん"と思えるように変化する。さらに妊婦は，胎動に対して人間の赤ちゃんにふさわしい複雑な感情や胎児の発話を意味づける。また，母親や他の人に反応したり応答したりするとも意味づける。これは，まさに，妊婦が胎動を胎児の主体的行動として捉え，やりとりの相手として位置づけていることを示しているだろう。たとえば，胎児の発話として語られたものは，まさに胎児の代弁である。母子にみられる代弁は，本来の代弁でみられる発信者，代弁者，および，聞き手の三者関係を前提としない点で特徴的である（岡本，2000, 2001）。胎動日記における胎児の代弁も，これと同様の特徴がみられた。つまり，代弁のメッセージが妊婦に向け

られたものとして語られることが多く（先にあげた（33006）や（36003）など），これは，妊婦と胎児の二者関係を前提としているものである。このように，妊婦は胎児をやりとりの相手として意味づけることにより，妊娠中から，主観的ではあるが母子関係を築き始めるのだろう。妊婦にとっては，我が子は出生前であり，授乳やおむつ替えといった具体的な子育て実践は始まっていない。しかし，妊娠期においてすでに，妊婦の親への移行のプロセスがあるように考えられる。なお，胎動とのやりとりを，主観的な母子関係と捉えたが，一方で，この関係は全く仮想のものではない。あくまで，母親にコントロールできない胎動を契機にしている。胎動のもつ他者性が，母親にコミュニケーションの必要性を迫っていたといえる。

　なお，本研究では，日記における語りの背景にあるはずの，胎動そのものの変化については，扱えなかった。もちろん，胎動日記を用いて，胎児そのものの変化を扱うことは難しい。しかし，胎動日記には動きの感覚を語ろうとする多くの表現がみられた。とくに，その感覚を表すオノマトペは，胎動の変化を表しているかもしれない。今後は，母親が胎動日記に記したオノマトペはどのように変化するかについて検討し，本研究の時系列的な変化と照らし合わせることで，胎動の変化と母親の意味づけの変化の関係に迫りたい。

Appendix 5-1　語った妊婦の割合

週齢	からだの部位			内的状態					発話	性格	胎児の応答		日記に現れた人物	
	手	足	人間以外	(	正	負	その他	)			母へ	他へ	妊婦	第三者
<24	0	0	0.33	0	(0	0	0	)	0.33	0	0.33	0	0.33	0.33
25-26	0	0.4	0.2	0.6	(0.4	0.2	0.4	)	0.4	0.2	0.8	0.2	0.8	0.8
27-28	0.17	0.17	0.33	0.67	(0.5	0.33	0.5	)	0.17	0.33	0.17	0.5	0.5	0.5
29-30	0.17	0.58	0.17	0.58	(0.33	0.33	0.42	)	0.58	0.25	0.42	0.33	0.92	0.92
31-32	0.31	0.63	0.19	0.81	(0.31	0.63	0.63	)	0.5	0.38	0.5	0.38	0.69	0.75
33-34	0.27	0.23	0.18	0.77	(0.45	0.45	0.59	)	0.41	0.14	0.41	0.45	0.55	0.73
35-36	0.24	0.48	0.03	0.79	(0.52	0.62	0.45	)	0.38	0.28	0.38	0.48	0.66	0.83
37-38	0.31	0.48	0.14	0.69	(0.38	0.38	0.45	)	0.38	0.21	0.31	0.45	0.41	0.66
39-40	0.18	0.36	0.09	0.55	(0.27	0.36	0.09	)	0.36	0.09	0.18	0.36	0.18	0.45

第6章
【研究2】
妊婦が捉える胎動という感覚：
胎動日記における胎動を表すオノマトペの分析から

第1節　目的

　妊娠期の女性にとって胎動とはどのような意味をもちうるのだろうか。岡本・菅野・根ヶ山（2003）や岡本（2008b）および研究1は，妊婦の胎動日記の分析を通して，妊娠期間を通して，胎動をどのように意味づけるかに変化がみられることを見いだした。それは，胎動が妊婦自身にコントロールできない自発的な動きであることを契機としており，妊婦の親としての意識に反映されていた。妊娠週齢が進むにつれて，胎動への意味づけが豊かになり，自身の身体に感じる胎動感覚を赤ちゃんや我が子として捉えられるようになる変化は，親への移行を示すものと考えられる。しかし，その変化の背景には胎動そのものの変化があったはずである。妊婦は，自らの身体感覚による胎動をどのように捉えていたのだろうか。本研究では，胎動の感覚を言語化しようとした試みの表れとした，妊婦が胎動日記において用いたオノマトペに着目する。

　さて，胎動とは，まだ見たり抱いたりできない我が子を身体的に感じることのできる唯一の刺激である。それは，妊婦の腹部を通して感じる皮膚感覚である。親子の皮膚感覚は，スキンシップという和製英語で表現されることが多いが，とくに幼少期のスキンシップについてその重要性が一般的に広く認められており，あらゆる角度から接触の効果について検証がなされている。日本の育児においても，伝統的にスキンシップを重視する傾向があったといえるだろう。ある程度の年齢に達した子どもに何か問題があると感じたとき（指しゃぶりや夜尿，あるいは，非行などについても），親や周囲の大人の「小さいころのスキンシップが足らなかったのではないか」といった，スキンシップの不足（しかも幼少期の）と現前の問題を関連づけた言説に出会うことが少なくない。こういった言説が正しいかどうかということではなく，一般的には，スキンシッ

プの重要性が当然のこととされ，子育てのなかで重視されてきた表れといえるだろう。

　もちろん，親子の接触の機会が減っているのではないかという意見もある。乳幼児を連れての外出に，ベビーカーが使われることが増え，車を運転する女性が増えたことから母親の車使用も増えた。だっこやおんぶで肌を触れあわせて外出するという機会は，確かに減ったかもしれない。しかし，乳幼児の調査で家庭に訪問すると，「こうしてると泣きやむから」と，おんぶ紐で乳児を自分の背中に負い家事をこなす母親も，「子どもをずっとだっこしていたら，腱鞘炎になってしまった」と語る母親も少なくない。また，各地域でベビーマッサージの教室や講座が増え，参加者も多いという。現代の子育てにあった形で，接触のあり方が変容しているのかもしれない。

　このように，少なくとも日本の子育てにおいて接触の重要性は疑いの余地のないものといえる。しかし一方で，接触の重要性が語られるのは，ほとんどが子どもの出生後のことといっていいだろう（低体重出生児などのカンガルーケアも出生後のことである）。本研究では，これまでほとんど議論されることのなかった妊娠期の接触について考えてみたい。

　確かに，接触という皮膚を通した感覚は，非接触から接触への変化に際して意識化されるものである。妊娠期については，子どもが母親の胎内にいる状態であり，非接触の状況が考えづらい。そのため，わざわざ妊娠期の親子の接触として取り上げる必要もなかったのだろう。あるいは，子どもの存在が胎内であるため，他者との接触の感覚というより，より自己身体の感覚に近いものとして感じられるため，接触として捉えづらいのかもしれない。しかし，妊婦にとって，胎児との接触であると感じられることはないかというと，そうではない。すでに研究1において述べたように，妊婦は，胎動を他者としての胎児の動きとして身体的な感覚として感じていた。

　さらに，胎動による身体的な感覚は，妊婦が直接我が子を感じることのできる唯一の感覚でもある。近年，超音波検査（エコー検査）による診断が普及し，ほとんどの妊婦が，胎内にいる我が子の超音波映像を目にする機会をもつ。妊婦にとって，超音波映像は，胎内の我が子をイメージするきっかけとなったり（蘭，1989），妊婦の気持ちに（おもに，ポジティブな）影響を与えたり（三澤・

片桐・小松・藤澤，2004）する。しかし，我が子を直接見たり，我が子の声を直接聞いたり，我が子を直接抱いたりするのとは，根本的に異なる体験といえるだろう。その意味でも，妊婦にとって胎動がどのような意味をもつ感覚であるかを検討する必要があるといえる。

　ところで，すでに述べたように，胎動には妊娠7週ごろから胎芽（胎児）のうごめくような蠕動運動が始まり，9週までに頭部，躯幹部，上下肢などが連続して動く集合運動，10週には体の位置や向きなどを同時に変化させる連合運動へと発達する（多田，1992）。16週までに運動反射がほぼ完成し，32週以降は体全体として調和のとれた運動となる。そして，33週以降は，胎児が大きくなるため羊水腔が狭くなり，全身運動は活発でなくなる。また，胎動が生じる割合は，妊娠初期から週齢が増すごとに増加し，妊娠末期に向けて漸減する（上妻・岡井・水野，1983）。

　一方，母親が胎動を感じることができるのは，妊娠16～20週ごろである（間崎・平川，1998）。胎動を感じる時期については個人差が大きく，また，初産婦よりも経産婦の方がより早期に胎動を感じるといわれている（鈴木・久慈，1985）。妊婦にとっては，妊娠初期に赤ちゃんの存在を信じることが難しい（Lumley, 1982）だけでなく，胎動を感じ始めてからも，「赤ちゃん」が動いているという実感はほとんどない。本研究における胎動日記においても，胎動の感じ始めについて「もしかしてと疑う程度の弱い小さな感触。虫とか，腸が一瞬ピクッと（16週）」と語られていた。

　胎動に着目し，妊婦の心理的な変化を詳細に捉えようとする研究は，多くはない。しかし，すでに述べたように，妊娠期における妊婦の心理的変化の契機として，胎動をあげる研究はある（たとえば，Condon, 1985；川井・大橋・野尻・恒次・庄司，1990；川井・庄司・恒次・二木，1983；上妻ほか，1983；本島，2007など）。胎動をはじめて経験したあと，妊婦の胎児への愛着が急激に増大すること（Condon, 1985），胎動が妊娠期の母性的行動をもっとも触発していること（川井ほか，1990；川井ほか，1983），または，胎動によって，妊婦の気持ちをポジティブに維持されることを示している。

　しかし，これらの研究は胎動の重要性を訴えているが，一方で，胎動が妊婦にとって，どのような意味をもっているか，さらに，妊娠期の間にそれがどの

ように変化するかを検討した研究は少ない。そこで,岡本ほか（2003）は,妊婦が胎動について語ること（「足で蹴る」など胎児の身体の部位や,「赤ちゃんが喜んでいる」など胎児の内的状態など）を,胎動への意味づけと捉え直し,妊婦から見た母子関係の変化を検討した。妊婦が胎動について記した胎動日記を収集し分析した結果,2つのターニング・ポイントを見いだした。第1のターニング・ポイントは,妊娠29-30週であった。この時期,胎動を,胎児の足と捉えた語りが急増し,それまで胎動から,「モグラ」や「虫」といった人間以外のものを想起した記述が激減する。そして,妊婦がお腹の存在を「人間の赤ちゃん」として意味づけるようになることが示唆された。第2のターニング・ポイントは,妊娠33-34週で,胎児の足についての語りが一時減少する時期である。ここでは,胎児の母親に対する応答としての語りから,母親以外の夫の声や外の音に対する応答としての語りへと変化しており,妊婦－胎児の対面的関係としての捉え方が第三者に開かれた並列的関係としての捉え方に変化した。このように,妊婦は,胎動の感じ始めの時期には,自身の身体に得られる感覚を胎児の動きと結びつけられず,「虫」や「腸」の動きとしてしか想起できなかったが,妊娠週齢が増すにつれて,胎動を胎児の動きや内的状態の表れとして意味づけるようになったのである。このような胎動の意味づけの変化は,まさに,出産に向けた親への移行のプロセスといえるだろう。

　ところで,妊婦が,胎動という身体的感覚を「赤ちゃん」の動きと意味づけられるようになったのは,なぜだろう。医師から告げられた出産予定日を逆算しながら,いわゆる心の準備を行っているのだろうか。もちろん,妊婦にとって出産予定日は,強く意識されるものであり,胎児の意味づけに影響を与えるだろう。岡本ほか（2003）においても,妊娠後期に,出産を目前に胎児を外の世界に措定するような語りもみられた。しかし,胎動そのものの変化なくしては,妊婦の胎児への意味づけの変化もないのではないだろうか。つまり,妊婦の胎動に対する意味づけの背景に,胎動そのものの変化があったのではないだろうか。

　そこで本研究では,妊婦が胎動をどのような感覚として捉えているか,また,妊娠期を通して,胎動そのものの変化に対して,妊婦がどのような感受性を示すのかを検討する。妊婦が胎動そのものをどのように感じているかの指標とし

て，胎動日記において用いられた胎動を表現するオノマトペに着目する。オノマトペとは，動物の鳴き声や人間の声を模写してつくられた擬声語，自然界の物音を真似てつくられた擬音語，および，事物の状態・動作・痛みの感覚・人間の心理状態などを象徴的に表した擬態語の総称である（田守，2002）。オノマトペは，たとえば雨に対しては，「しとしと」「ザーザー」，歩く行為については「テクテク」「とぼとぼ」といったように，事態とオノマトペがある程度結びついて慣習的に用いられることが多い。擬音語・擬態語についての辞書が出版されている（たとえば，講談社『日本語擬態語辞典』，小学館『日本語オノマトペ辞典』，講談社『暮らしのことば擬音・擬態語辞典』など）ことからも，オノマトペは特定の意味をもつ言語として一般的には用いられている。また，このような慣用的なオノマトペに対して，一般的な使用ではないオノマトペを臨時のオノマトペという（田守，2002）。田守（2002）は，臨時のオノマトペは宮沢賢治作品に顕著であると述べ，たとえば，「青くペカペカ光ったり（銀河鉄道の夜）」は，慣用的には"ピカピカ"を用いるだろうとして"ペカペカ"を臨時のオノマトペの例として挙げている。

　本研究における胎動日記から例を挙げると，「ものすごく強くドンドン！と蹴ってきた（20週）」の「ドンドン」や，「ごろんとお腹のなかででんぐり返しをしている（35週）」の「ごろん」のように，胎動そのものを象徴的に表現したオノマトペである。オノマトペは，簡潔な形式でありながら，物事を写実的にありありと細かく，主観的感覚を感情込めて言い表すことができるという特徴をもっている（青木，2003）。妊婦は，胎動を感じたとき，それをどのような感覚として受け止め，どのようなオノマトペを使って日記に記したのだろうか。胎動が物理的な音をもたないことを鑑みると，妊婦が日記に記すオノマトペは擬態語であり，妊婦の感覚への主体性を反映した表現ともいえる。日記において妊婦が用いるオノマトペの変化を，胎動の感覚の変化として捉えられないだろうか。本研究では，胎動を表現するオノマトペを形態的側面から整理し，その週齢変化を検討する。また，岡本ほか（2003）では，妊婦が胎動から，胎児のからだの部位（「足」や「手」など），胎児の内的状態（「よろこんでいる」など），胎児の性格，胎児の反応（「○○に反応して蹴った」など）などを想起し，胎児のイメージを確立するプロセスを示したが，今回はさらに，胎動の感覚が，

このような胎児への意味づけの変化とどのように関連するかも検討したい。

第2節　方法

(1) 胎動日記協力者

東京近郊に在住する初産妊婦38名。妊婦の年齢は，出産時点で平均30.16歳（25-39歳）であった。このうち，出産時まで骨盤位（逆子）だったのは7名，また，生まれた子どもは，男児20名，女児18名であった，第一子が36名，第二子が2名であった。母親の最終学歴は，専門学校卒4名，高校卒6名，短大卒10名，大学・大学院卒18名であった。妊娠期に中毒症や切迫流産，切迫早産などのトラブルがあったのは5名であった。協力者は，妊娠・出産を目的とした母親学級において募集を行い，それに応じたもの，および，研究者の知り合いや協力者の紹介などで募った。

(2) 倫理的配慮

倫理的配慮として，協力者には，研究の目的，内容，プライバシーの保護や厳重なデータ管理について，また，研究への参加は協力者の自由意思に基づくものであり，理由にかかわらず研究協力の中断ができることを説明した。そのうえで，承諾を得られた妊婦に胎動日記を依頼した。

(3) 胎動日記の構成

胎動日記は胎動1回分について，自由記述形式で"胎動について"，"胎動を感じた状況"，および"その胎動に対して"の3つの領域に記録するものである。また，胎動日記には，記録日および時間，妊娠週齢を記入する欄をもうけた。

(4) 手続き

上記の妊婦に胎動日記の記載を依頼した。どの胎動について記録するかは，協力者に任せることとした。これは，1日に胎動を感じる回数が多くそのう

ち1回を指定することが困難であることと，妊婦の胎動への主観的な思いを積極的に捉えるためには胎動の選定も協力者に任せることがよいだろうと判断したことによる。ただし，協力者には1日1回程度を目安に記録するよう教示した。協力者38名から収集された日記は1032で，1名あたり平均27.16（range；1-145）の胎動日記を記したことになる。日記の開始週は，平均29.95週（range；16-37）で，終了週は平均37.13週（range；19-40）であった。

(5) 分析単位

胎動日記は3つの領域から構成されるが，分析においてはこの3領域をとくに区別せず胎動1回分の記録を分析単位とした。

(6) 期間

1997年5月～2005年6月

(7) 分析

得られた1032の胎動日記をもとに，妊婦が感じる胎動の感覚の変化を検討する。胎動感覚の変化を表すものとして，本研究では，妊婦が胎動日記において，胎動の感覚を表現するために用いたオノマトペに着目する。どのような種類のオノマトペが用いられているかについて検討する。さらに，胎動を表現するオノマトペと，胎動への意味づけに関わる語りが，妊娠週齢とともに変化するかどうかを検討する。

分析1では，1032のすべての胎動日記を，Table 6-1の"胎動を表現するオノマトペ"17カテゴリーについてコーディングし，妊娠期間を通して，妊婦が胎動の感覚をどのようなオノマトペを用いて表現しているかを検討する。具体的には，胎動を表すオノマトペの第一音がどのような音か，清音・濁音・半濁音の別，語基のモーラ数，語基の変形や反復はどうかについて割合を求めた。

分析2では，胎動を表すオノマトペと胎動への意味づけとの関連をみるため，分析1の17カテゴリーへのコーディングに，Table 6-1の"胎動への意味づけ"8カテゴリーへのコーディングを加えた25カテゴリーについて，2週齢ごとに集計し，カテゴリー間の類似性を明らかにするためコレスポンデンス分

Table 6-1 胎動を表現するオノマトペのカテゴリー

カテゴリー			定義	例	Figure6-7の表記
胎動を表現するオノマトペ	第一音	カ行	カ行・ガ行に属する音から始まるオノマトペ	「クルッと」「ゴリゴリ」など	カ
		タ行	タ行・ダ行に属する音から始まるオノマトペ	「ツーッと」「ドンドン」など	タ
		ハ行	ハ・バ・パ行に属する音から始まるオノマトペ	「ヒュルル」「バタバタ」など	ハ
		マ行	マ行に属する音から始まるオノマトペ	「モニョモニョ」など	マ
		清音	第一音が清音	「くねくね」「モコモコ」など	清音
		濁音	第一音が濁音	「グイグイ」「ボコボコ」など	濁音
		半濁音	第一音が半濁音	「ピクッ」「ポコポコ」など	半濁音
	語基の種類	1モーラ	語基が1モーラ	「ムムムム」「ビューッと」など	1モーラ
		2モーラ	語基が2モーラ	「グリッグリッ」「モソモソ」など	2モーラ
	変形の種類	語基のみ	語基のみのオノマトペ	「グルグル」「ぐにゅ」など	語基のみ
		長音	語基に長音が付加されたオノマトペ	「ぐにゅー」「ぐー」など	長音
		撥音	語基に撥音が付加されたオノマトペ	「グルングルン」「コロン」など	撥音
		促音	語基に促音が付加されたオノマトペ	「グルッ」「ヒクッヒクッ」など	促音
		り	語基に「り」が付加されたオノマトペ	「ぐるり」「ピクリ」など	り
	反復	1回	反復しないオノマトペ	「クルッと」など	1回
		2回	2回反復するオノマトペ	「クルクル」など	2回
		3回以上	3回以上の反復をするオノマトペ	「クルクルクルクル」など	3回以上
胎動への意味づけ	胎児の身体の部位	手	胎児の手という表現	「(赤ちゃんの)手」	手
		足	胎児の足という表現	「(赤ちゃんの)足」	足
		人間以外	胎児を人間以外で表現	「モグラ」「虫」など	人間以外
	胎児の内的状態		胎児の気持ちや思考など内的状態の表現	「(赤ちゃんが)喜んでいる」「いやがっている」など	内的状態
	胎児の発話		胎児の発話としての表現	「『そんなことじゃダメだぞー』と赤ちゃんに叱られた」など	発話
	胎児の性格		胎児の性格についての表現	「あばれんぼう」「くいしんぼ」など	性格
	胎児応答	母への応答	胎児が母親に反応したという表現	「声をかけたら返事をしたみたいに…」など	応答母
		他への応答	胎児が母親以外のものに反応したという表現	「主人(父)がおなかをさすったら…」など	応答他

析を用いて検討した（SPSS ver.12）。

　なお，本研究で用いたカテゴリーのうち，"胎動を表現するオノマトペ" 17カテゴリーは，田守・スコウラップ（1999）および田守（2002）のオノマトペの分類を参考に，音韻形態にもとづいて作成した。日本語オノマトペの音韻形態は，1モーラおよび2モーラの語基をもつものに大別できる。モーラとは，音韻論上の単位で，一般的には，1モーラは1つの子音と1つの母音からなる。第一音がどのような音であるか，また，清音・濁音・半濁音のいずれであるかによって，オノマトペのニュアンスが異なってくる。さらに，これらの語基に，促音，撥音，長音，あるいは，「り」をともなった変化形としてのオノマトペや，反復形として用いることでも，ニュアンスが異なってくる。このような知見を考慮して，作成したものである。一方，Table 6-1の"胎動への意味づけ"8カテゴリーは，岡本ほか（2003）（研究1）において，特徴的で，かつ解釈可能であったカテゴリーのみを抽出した。具体的には，胎児のからだの部位（「足」や「手」など），胎児の内的状態（「よろこんでいる」など），胎児の性格，胎児の反応（「○○に反応して蹴った」など）である。本研究で追加されたデータについてはコーディングを行ったが，研究1と同じデータについては研究1のコーディングを用いた。

第3節　結果と考察

(1) 分析1
胎動を表現するオノマトペの概要

　1032の胎動日記において，妊婦が用いた胎動を表現するオノマトペの総頻度は，687であった。妊娠週齢の浅い時期には，ほとんどすべての日記でオノマトペが用いられており，1回の日記において2種類以上のオノマトペが用いられることもあった。週齢が進むにつれ，オノマトペの使用が減り，出産直前には総日記数に対するオノマトペ使用の割合が，約50％となった（Figure 6-1）。

　次に，胎動を表現するオノマトペについて，第一音，語基，変形，および，

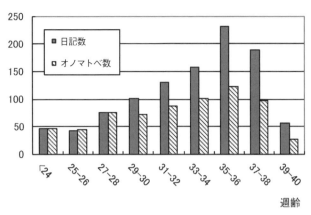

Figure 6-1　週齢ごとの日記数とオノマトペ数

反復について妊娠期間を通しての特徴を検討した。第一音については，ハ行（「ぽんぽん」「ポコポコ」など）やカ行（「グルグル」「コロン」など）が多く用いられた（Figure 6-2）。一方で，32種類の音を使い分けていたことがわかった（Figure 6-3）。これらの多様なオノマトペのなかには，「グルグル」や「ポコポコ」のように慣用的なオノマトペの他に，「ビューッ（26週）」，「ぎくぎく（30週）」，「デロン（33週）」「ボワ～ンボワ～ン（33週）」「ウネウネ（35週）」「クックッ（36週）」「キュウキュウ（38週）」など，妊婦が創造したと思われる臨時のオノマトペも多くみられた。妊婦が胎動をさまざまな音で表現していたことや，現実の音や動作（本研究の場合，胎動の感覚）をできるだけありのままに近い形で表そうとする臨時のオノマトペ（田守，2002）の使用は，妊婦が胎動の相違に対しそれだけ敏感であり，また，敏感であろうとしたことの表れではないだろうか。

　濁音（「グルングルン」「ボコボコ」など）の使用が多いことも特徴的であった（Figure 6-4）。日本語オノマトペにおいて，清音に対し濁音の使用（たとえば，「コロコロ」に対して「ゴロゴロ」）は，関わっている音や物が大きいこと，関わっている動作が活発であり，強い力が加えられていることを表すとされている（田守，2002）。妊婦が，胎動の感覚の大きさや活発さ，力強さに注目しやすいことを表しているのかもしれない。

　語基のモーラ数については，1モーラ（「ドドドド」など）19％，2モーラ（「グ

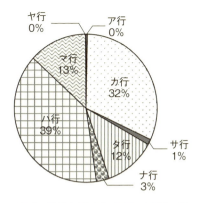

Figure 6-2　胎動を表すオノマトペの第一音

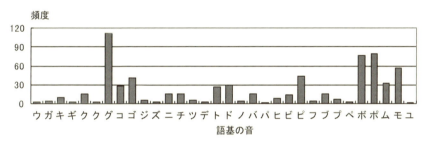

Figure 6-3　胎動を表すオノマトペの第一音

ルグル」など）81％であった。そもそも，日本語オノマトペにおいて1モーラを語基とするものは希である（田守・スコウラップ，1999）ので，そのためであると考えられる。

　語基の反復については，反復しないオノマトペが28％，2回または3回以上の反復で表現されたものが，72％であった（Figure 6-5）。オノマトペの反復は，関わる音や動作の連続や繰り返しを表すものとされている（田守，2002）ので，妊婦が感じた胎動について単発的であったか，連続的であったかを表したものと考えられる。

　語基の変形については，胎動を表すオノマトペにも，「ゴロゴロ」などの，語基のみ以外に，「ゴーロゴーロ」のような長音化，「ゴロンゴロン」のような撥音化，「ゴロッゴロッ」のような促音化，「ゴロリゴロリ」のような「り」の付加がみられた。妊娠期間を通しての割合は，Figure 6-6のとおりであるが，

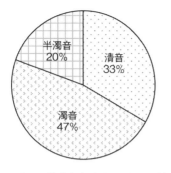

Figure 6-4　胎動を表すオノマトペの第一音
（清音・濁音・半濁音）

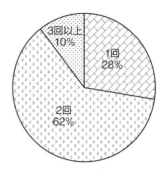

Figure 6-5　語基の反復

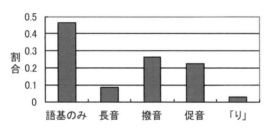

Figure 6-6　語基のみと語基の変形

「共鳴」を表す撥音化と「瞬時性」を表す促音化が特徴的であったといえる。

(2) 分析 2
胎動を表現するオノマトペの過齢変化

　Table 6-1 における胎動を表すオノマトペに関する 17 カテゴリーと，胎動への意味づけに関する 8 カテゴリーについてコーディングしたものを 2 週齢ごとにまとめ，25 カテゴリー（オノマトペ 17 カテゴリー，および，胎動 8 カテゴリー）× 9 期間のマトリックスを作成し，コレスポンデンス分析を用いた（SPSS ver.12）。得られた結果を図化し，行列カテゴリーを同時付置したものが Figure 6-7 である。

　まず，オノマトペについて，語基の変形である"り"の布置が，次元 1 においても次元 2 においても，大きく離れて布置を示した。ローデータを確認した

ところ，"り"を付加したオノマトペは頻度が全体的に低いものの，27-28週に増加するという特徴があった。27-28週の布置が，大きく次元2上，正方向へ偏っているのは，このカテゴリーに起因しているものと考えられる。また，この"り"の布置は偏っているものの，これを外して計算したところ解釈不能になった。"り"が"変形の種類"内の他のカテゴリーと背反関係にあるため，全体の統制を失うためと考えられ，"り"を外さない布置を用いて，以下の分析を行うこととした。

次に，週齢の変化をみるために，図上に矢印を示した。矢印の向きの変わる時点を変化点と捉えると，〜24週→25-26週→27-28週が次元2正方向への変化，29-30週→31-32週→33-34週が次元2負方向への変化，および，35-36週→37-38週→39-40週は互いに近く布置という，3つの時期に分けて考えることができるだろう。それぞれ，第一期，第二期，および，第三期とする。

第一期から第二期，第三期と，次元1上で正から負方向へ移行している。この週齢変化に沿って胎動のオノマトペに関するカテゴリーをみると，第一音については「ハ行」→「カ行」・「タ行」→「マ行」と変化，および，「半濁音」→「濁音」・「清音」と変化（濁音と清音は次元2上で変化がみられるが）している。変形の種類については，「促音」→「撥音」・「長音」と変化する。反復については，「1回」「3回以上」→「2回」と変化する。

以上をまとめると，まず，週齢の浅い第一期（〜28週）には，他の時期に比べて，ハ行の半濁音の音で促音化した単発またはしばらく連続するオノマトペが特徴的であったことがわかる。これに該当する胎動を表すオノマトペを，日記から例を挙げると，「ピクッ（16週）」「ポンッ（20週）」，「ペコッ（26週）」，あるいは，「ポコッポコッポコッ（24週）」，「ピクッピクッピクッ（26週）」などがある。いずれのオノマトペも，小さく弱い動きや何かが小さく湧いてくるような感覚を表すものといえるだろう。

つぎに，第二期（29〜34週）については，他の時期に比べて，カ行またはタ行で，濁音または清音，語基のみまたは撥音化や長音化したオノマトペが特徴的であった。これに該当する胎動を表すオノマトペを，日記から例を挙げると，「ドカドカ（29週）」，「グリングリン（30週）」，「グイグイ（31週）」，「ギュー

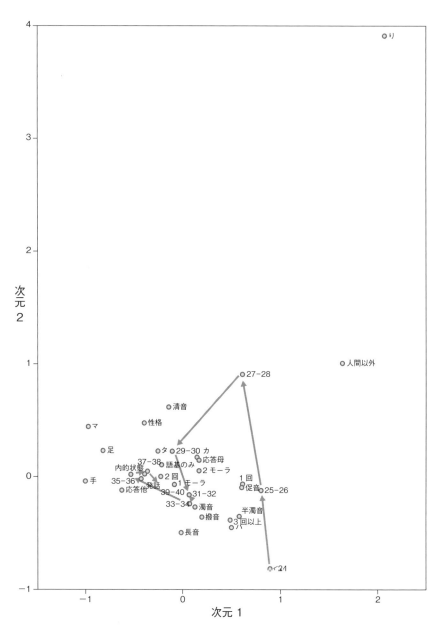

Figure 6-7　胎動を表すオノマトペと胎動への意味づけ

(注) 図中のプロットは，Table6-1に示したカテゴリーに対応する。図中の矢印は，妊娠週齢の流れを示す。

ギュー（31週）」,「グニュグニュ（32週）」,「チクチク（32週）」,「グルグル（32週）」,「クニョ〜ンクニョ〜ン（33週）」,「コリコリ（33週）」などがある。第一期に比べ，押される感覚や回転の動きを表したオノマトペが用いられ，動きが個体性を帯びたといえるだろう。

　第三期（35〜40週）については，マ行の音が胎動の感覚を表すために用いられている。日記から例を挙げると，「モゾモゾ（35週）」,「ムニュムニュ（36週）」,「モコモコ（36週）」,「モニョモニョ（36週）」,「ムズムズ（38週）」などがある。緩慢な動きや，ものが盛り上がったりうごめいたりする様子を表すオノマトペが用いられている。お腹のなかで，胎児が大きくなり，動ける範囲が小さくなった状態での動きといえるだろう。

胎動への意味づけとの関連

　ここまで，第一期から第三期までの，胎動を表すオノマトペの特徴をみてきた。これらの胎動感覚の変化は，妊婦の胎動への意味づけとどのように関連するだろうか。

　まず，胎児の身体の部位については，次元1正方向に大きく偏って，「モグラ」や「虫」を表す「人間以外」が布置し，負方向に「足」と「手」が布置している。次元1の正方向は，週齢の浅い時期の胎動オノマトペが布置していた。胎動が小さく弱い動きや何かが湧いてくるような感覚として感じられる時期には，妊婦は胎動を赤ちゃんと意味づけられず，「人間以外」と意味づけていることがわかる。

　「胎児の内的状態」,「胎児の発話」,「胎児の性格」については，いずれも次元1負方向に偏っている。妊娠週齢を重ねながら，第二期の個体性の感覚を得る時期には，胎児の人らしい特徴を意味づけられるようになるのだろう。また，2つの「胎児の応答」カテゴリーについては，第二期の周辺に「母への応答」が布置し，第三期周辺に「他への応答」が布置している。第一期に比べて，胎動の感覚が個体性を帯び，明確に感じられるようになると，妊婦はそれをまずは，自分への応答と意味づけ，さらに，緩慢な動きの感覚から胎児が大きくなっていることを感じると，出産を意識してか，胎児を外の世界へ意味づけるようになる（詳細な解釈については岡本ほか（2003）を参照）。

また，妊娠期を通して，第一期は胎動のオノマトペが多様性を帯び，第三期に向けて，オノマトペの多様性より，胎動への意味づけの多様性が増す。妊婦は，胎動を感じ始めたころには胎動の感じ方の変化に敏感で，いろいろな表現のオノマトペを用いていたが，徐々に，胎動の感覚より胎児そのものへと関心が移り，胎児の身体や内的状態についてさまざまな意味づけを行うように変化したのだろう。

第4節　総合的考察

　本研究では，妊婦が胎動をどのような感覚として捉えているか。また，妊娠期を通して，胎動そのものの変化に対して，妊婦がどのような胎動への感受性を示すのかを検討した。妊婦の胎動への身体感覚の指標として，胎動日記において用いられた胎動を表現するオノマトペに着目し，オノマトペの第一音や清音・濁音の違い，語基の変形や反復などを吟味した。さらに，オノマトペとして表現された胎動の感覚と，胎動への意味づけの関連も検討した。

　得られた1032の胎動日記を分析した結果，妊娠期には，実にさまざまなオノマトペが用いられていることがわかった。オノマトペは，事態とオノマトペがある程度結びついて慣用的に用いられることが多い。また，ひとつの事態に複数の慣用的なオノマトペがあったとしても，多くの人は限られたオノマトペを言語的に用いることが多いのではないだろうか。つまり，あの人は，弱い雨には「しとしと」を決まって用い，強い雨には「ザーザー」を用いるというように，日常生活において言語として用いるときにはその人の用いやすいオノマトペへと固定化していくことが予想される。一方，胎動日記において用いられたオノマトペは，どうだっただろうか。

　胎動日記ではオノマトペに用いる音が豊富であり，語基の変形だけでなく，臨時のオノマトペの使用も認められた。また，胎動を表すオノマトペと胎動への意味づけとの関連について週齢変化を検討した結果，3つの時期に整理することができた。そして，第一期（〜28週）は胎動のオノマトペが多様性を帯び，第三期（35〜40週）に向けて，オノマトペの多様性より，胎動への意味づけ

の多様性が増すように変化することを見いだした。

　妊婦が胎動日記において用いた胎動を表現するオノマトペが多様性に富んでいたのはなぜだろうか。胎動とは，多くの人にとって人生の一時期しか経験することがないものであり，胎動の感覚について語られる機会も限られている。とくに，本研究の協力者は第一子出産予定者が多く，つまり，妊娠や胎動をはじめて経験する妊婦が多いと考えられる。はじめての身体内部から得られる感覚の経験といえるだろう。したがって，胎動を表現しようとするとき，語彙としてある程度定着した慣用的なオノマトペが数多くあったとは考えにくい。にもかかわらず，妊婦は多様なオノマトペを用いていた。これは，胎動への感受性の表れといえないだろうか。慣用的なオノマトペだけでなく，臨時のオノマトペも多く用いられていたことからも，自分自身の腹部の感覚に意識を集中させ，できるだけ忠実に感覚を言語化しようとしたものと考えられる。臨時のオノマトペは，細やかな弁別性を求めて用いられる。既存の表現にはまりきらない感覚を，細かに弁別して，その動きを余すところなく感じ取ろうとする，妊婦の心理の表れといえるだろう。胎動日記においても「不思議な感覚」といった表現が複数の妊婦からみられた。オノマトペを創作しつつも，まだ表しきれない感覚なのかもしれない。

　妊娠期間，胎児が見えるわけでも，抱けるわけでもない。その分だけ，妊婦はより感覚をとぎすませて，胎動を積極的に感じ取ろうとしていたのだろう。妊婦の胎動への積極性の結果として，まだ見ることのできない胎児の大きさや動きの変化にも敏感であり，妊娠期を通して，胎動を表すオノマトペが変化したと考えられる。そして，胎動への敏感性から胎動への意味づけも変化したのではないだろうか。

　つまり，胎動は，初期の親子関係の基盤としての身体接触であるといえるだろう。身体的な感覚は，他の視覚や聴覚に比べて焦点化されにくく，また鈍化も早い。しかし，胎児自身の自発的な動きを契機とする胎動と，さらに，妊婦自身の胎動を感じ取ろうとする能動性，および，胎児の発達による胎動そのものの変化によって，妊婦はひとつひとつの胎動に弁別的なオノマトペを与え，胎動を胎児として意味づけてゆく。妊娠期という我が子についての情報が限られている時期に，妊婦は，胎動を感じ，その胎動に意識を集中させながら，胎

動を生じさせている胎児について想像をふくらませるのではないだろうか。そして，そのきっかけを作っているのは，胎児自身である。胎児が自分の身体を動かすことが，結果的に，妊婦に胎児の命の存在を伝えることとなっているのである。胎動は，胎児がただ動くということに意味があるのではない。胎児の動きに，妊婦が応じること，また，妊婦の声かけや妊婦の体勢の変化，外の音に胎児が反応して動くことといった原初的なやりとりを媒介しているものといえるだろう。

第7章
【研究3】
授乳スタイルの選択・定着のプロセス：
授乳についての語りにみられる母乳プレッシャーの受け入れ／拒否

第1節　目的

　すでに述べたように，母乳で育てるか，あるいはその代用品である人工乳で育てるかは，時代や社会，階級や世代などによって異なってきた（恒吉・ブーコック・ジョリヴェ・大和田，1997）。しかし，1989年，WHOとユニセフの共同宣言により母乳育児の推進・実践が呼びかけられたのをきっかけに，母乳を推奨する気運が広がった。恒吉ほか（1997）は，アメリカ，フランス，日本およびイギリスの育児書の比較から，母乳を奨励する理由について各国の基本的な議論に差がないこと，内容的には次の4つにまとめられることを示した。すなわち，(1) 免疫効果，栄養的優位性，さらに，乳児の身体面への効果，(2) 母親の身体面への効果，(3) 母乳育児によるスキンシップ，そこからくる乳児の安定感など心理面での利点，および，(4) 便利である，安価であるなど経済的利点である。これらの利点についての信念は，日本ではある程度普及しているようで，おそらくその結果として母乳志向の母親は多い（川野・高崎・岡本・菅野，2003；山内，1996）。根ヶ山（2002）では，母親に対して，母乳，人工乳，ベビーフード，および，手作り離乳食について，そのイメージを尋ねた結果，人工乳のイメージは，母乳よりもベビーフードに近かった。人工乳は母乳に近いように作られているにもかかわらず，母親の認識は異なっていたのである。それが適切であれ不適切であれ，母乳が良いとする考え方が授乳スタイルに与える影響は少なくない。本研究では，母乳で育てることを過剰に良いとする信念を母乳プレッシャーとよぶこととする。
　ところで，母乳か人工乳かについての選択は，必ずしも母親の意志によるものだけではなく，母乳育児を希望しつつも母乳分泌の不足などからそれを断念したり，職業復帰のため断念したりすることもある。有職の母親は，無職の母

親に比べて，有意に母乳哺育の割合が低いという結果もある（前田・池沢・佐野，1987）。その一方，子どもが誕生後，授乳など子どもの世話に翻弄されることによって，女性のジェンダーロールに関する態度や行動がより伝統的になるといわれている（Katz-Wise, Priess, & Hyde, 2010）。出産前に母乳育児を志向していた女性が，出産後，育児に翻弄されることで，伝統的な育児として捉えられる母乳育児をより強く求めるようになるとしたら，もし母乳育児が定着しない場合，なかには育児不安や育児ストレス（Deater-Deckard, 1998；牧野，1982, 1985 など）に陥る母親も出てくるだろう。また，母乳は，人工乳と異なり，児が直接乳房から摂取するため児に与えた母乳量が容易に測定できず，これが母親のさらなる不安やストレスをあおる場合もある。

　このように，母乳育児を希望する母親のなかには，授乳という最初期にもっとも重要な育児において，挫折や困難を経験する人もいる。しかし，そもそも育児とは，親が思い描いたとおりには進まないものである。親になる前には，自分の心身は自分だけのものであり，ある程度自分が思ったようにコントロールできたが，妊娠すると自分の身体が変化し，また，出産によって子どもを中心とした生活へと変化する。たとえば，ある母親は，食の進まない子どもを前に，「自分の口なら開けて，食べ物を口に含み，かんで飲み込むことができるが，子どもの口を自分では動かせない。開けてくれるまで，のせたり，おだてたりしなくてはいけない。」と語った。まさに，子育ては他者性とのぶつかりあいといえるだろう。親への移行は，最大のライフイベントのひとつといわれるのは，この他者性との葛藤によるところが大きいのではないだろうか。

　菅野ほか（2002）は，育児や子どもの発達が予想通りにいかない場合，それを受け入れることで，自身の育児について，修正の方向性を見いだそうとする母親の心理的機能を，"納得"あるいは"わりきり"という概念で説明する。"納得"とは，何らかの理由を積極的に見いだし，自身を納得させていくプロセスであり，"わりきり"とは，理由を言語的あるいは自覚的には表明しないが，消極的に多くの可能性のひとつとして受け入れていくプロセスといえる。母乳が順調に分泌されず，人工乳で補う必要がある場合，母親は事態を"納得"あるいは"わりきる"必要が生じる。母親は，自身の抱える母乳プレッシャーをどのように受け入れ，あるいは，どのように反発するのだろうか。

本研究では，妊娠中に母乳育児を希望し，出産後実際に母乳育児を試みた母親を対象として，授乳に関する日記を依頼した。そして，日記から出産後の育児のなかで，母乳か人工乳かの選択を含めた授乳スタイルがどのように定着していくか，とくに，母乳の分泌がうまくいかない場合の人工乳への"わりきり"と"わりきれなさ"の変化を検討する。

　なお，分析において前提となる授乳についての考え方を先に述べておく。母乳育児を希望する母親の授乳方法は一般的に，母乳を先に与え，児が飲み足らない様子があれば，人工乳を追加するという方法がとられ，本研究の協力者も，日記の時間表（後述）などからその原則にしたがっていた。また，母乳は，上でも述べたとおり容易に測定できないが，人工乳は測定して調乳し児が飲み残した分量を差し引きすることで，児が飲んだ量がわかる。分析においては，児に与えられた人工乳の量が母乳の不足分とある程度近似するものとし，母乳の不足の指標とした。さらに，本研究においては，授乳スタイルを母乳か人工乳かの二者択一のみでなく，授乳間隔や授乳時間，授乳の手順など，さまざまな選択肢を含めた授乳のやりかた全般と捉える。授乳スタイルの選択は，母乳および人工乳を含めた授乳についての母親の授乳評価に依存し，授乳スタイルの変更／固執の背景に，なんらかの"わりきり（わりきれなさ）"が生じているものと考えられる。母親の授乳評価については，日記における"出る・出ない"あるいは"足りる・足りない"という語り口に着目する。相反する"出る（足りる）"および"出ない（足りない）"をまとめて語り口の視点と捉えるが，これは，授乳を単に量で捉え問題にするのではなく，母乳に焦点化した"出る・出ない"という視点か，あるいは，児が摂取する乳の過不足に焦点化した"足りる・足りない"という視点かという，母親の授乳評価の視点で検討したいためである。たとえば，"出ているかどうかわからない"，あるいは，"足りているのかな？"といったような日記における実際の語り口は，母親が乳量を見積もろうとするときの視点を用いていることの現れといえるだろう。つまり，本研究では，母乳育児がうまくいったかどうかに焦点化するのではなく，母親自身の評価の視点（日記における語り口）がどのように定着してゆく／しないかについて，まず検討する。そのうえで，視点が定着しなかった母親に焦点化し，授乳スタイルの変更の多さと，その背景について検討する。

第2節　方法

(1) 日記協力者

　2004年4月から5月に出産をした女性5名。これらの対象者は，妊娠期に全国の保健センターおよび東京近郊の病院にて子育てに関する質問紙が配布され，その際，授乳に関する日記への協力依頼に承諾した母親のなかから，質問紙において母乳志向について尋ねた5件法において3（どちらとも）から5（高い）であった5名である（Table 7-1参照）。母親の出産時の年齢は，25-34歳（平均年齢：28.6歳）で，初産婦が3名，経産婦が2名（第2子目が1名，第3子目が1名）であった。また，母親の最終学歴は，大卒1名，専門学校卒1名，短大卒1名，高卒2名であった。日記の対象となっている児は，男児4名，女児1名であった。用意した日記は自由記述形式のシートで（後述），児への授乳（母乳，人工乳を問わない）やその他の栄養摂取について記録を求めた。依頼にあたっては，母乳育児を誘導しないため，「授乳の記録」などの表現を用いた。また，1日1回の記載を目安としつつ，記載しない日があってもよいことを伝え，子育ての記録として自由に記述するように求めた。

Table 7-1　児の月齢ごとの日記数

ID	(児の性別, 出生順位)	母乳志向	0日目〜半月	半月〜1ヶ月	1ヶ月〜1ヶ月半	1ヶ月半〜2ヶ月	2ヶ月〜2ヶ月半	2ヶ月半〜3ヶ月	3ヶ月〜3ヶ月半	3ヶ月半〜4ヶ月
001	(男児, 第1子)	高	15	15	13	13	15			
009	(男児, 第1子)	高	5	10	7	15	10	12	4	5
016	(男児, 第3子)	高	16	15	15	15	16	16		
020	(男児, 第2子)	どちらとも	16	15	16	14	16	15		
033	(女児, 第1子)	高	15	15	15	15	16	15	8	

(注) 妊娠中の母乳志向については，もっとも母乳志向が高い5を「高」とした。

(2) 日記の構成

　日記は,「授乳の様子」,「どのように感じたのか」, そして,「授乳について そのほかなんでも」という3部構成の自由記述欄を設けた (Figure 7-1)。また,「授乳の様子」の欄には, その日の授乳スケジュールを把握するために, 日記上部に時間表を用意し, そこへ授乳の頻度と, 母乳であれば, おおよその与えたと推測できる量を◎○△×の記号で, 人工乳やそれ以外の飲料についてはその量（たとえば, 50cc など）を記録することを求めた。なお, 授乳の時間表において, 母乳量の評価を求めることが規範を与えることにならないかという懸念があったが, 親として児の発育を守るためには母乳量を見積もることが必要不可欠な育児行為である。したがって, 研究によってさらなる規範を与える可能性は低いと判断した。その一方, 時間表において「足りている」などの文字での記入を求めることを避けるため, 記入例において「母乳が十分足りている」～「まったく出ていない様子」など記号の目安は示したが, 日々の日記においては, 直感的に記載できる記号を用いることとした。また, ミルクの授乳の記載と同時に記入できるような記入欄を設けた。本研究では, 自由記述欄に自発的に記載された表現を分析対象とした。

(3) 得られた日記の概要

　得られた日記の概要は, Table 7-1 のとおりである。しかし, いずれの母親も児の月齢が増すごとに, 1日あたりの記述量が減少していた。ただし, 時間表への記入はほとんど漏れがなかったので, 日記そのもののことを忘れていたせいで記述が減ったというより, 授乳についてとくに書き留めるべきことが減少したためと考えられる。

(4) 分析

　得られた日記について, 1日分の日記を分析単位として, 日記協力者ごとに分析した。分析1では, 児に与えた人工乳の量と, 母親が自身の母乳あるいは人工乳に対する評価の語り口との関連について, 児の月齢半月ごとに集計しその推移を検討する。なお, 集計を半月ごととしたのは, 乳児の授乳や食事は1ヶ月単位で目安が示されることが一般的であるが, 本研究ではさらに詳細な

（　）年（　）月（　）日（　）　　　　　　　（　）ヶ月（　）日目

今日の授乳はどのような感じでしたか。できるだけ詳しくお書きください。

時間	母乳	ミルク	その他
	（◎○△×）	（□cc）	（白湯，果汁など）

(前夜)22
(今日)0
2
4
6
8
10
12
14
16
18
20
22

どうしてそのように感じたのですか。
また，それについて，あなたはどう思いますか。赤ちゃんはどうでしたか。

授乳について，そのほかなんでもお書きください。

Figure 7-1　日記の用紙

Table 7-2 母親による授乳の評価についてのカテゴリー

カテゴリー		定義	日記例
足りる・足りない	足りる	母乳または人工乳が児にとって「足りる」、「足りている」などという記述	尿便ともよく出ているので足りていると思う
	足りない	母乳または人工乳が児にとって「足りない」、「足りていない」などという記述	口をパクパクまだ飲みたいというジェスチャーをするので足りてないと思う
	足りているかどうかわからない	母乳または人工乳が児にとって「足りているか足りないかわからない」などの記述	足りているかどうか不安になります
出る・出ない	出ている	母乳が「出ている」などの記述	乳を飲むときゴクゴクとのどを鳴らして飲んでいるのでよく出ていると思う
	出ない	母乳が「出ない」などの記述	左の乳の出がいまいち
	出ているのかわからない	母乳が「出ているのか出ていないのかわからない」などの記述	母乳が何分くらいでどのくらい出ているのかが分からず心配です

変化を捉えたかったためである。

人工乳の量については、母乳の不足分の指標とするため、時間表に記入された人工乳量を半月ごとに1日あたりの平均を求めた。授乳に対する母親の評価としては、母親の自由記述欄での記述のなかで、母乳が"出る・出ない"という母乳の出の評価に関する視点と、母乳や人工乳が"足りる・足りない"という児にとっての乳量の過不足に関する視点に着目する。Table 7-2にもとづいてコーディングを行い、カテゴリーの"出る""出ない""出ているか出ていないかわからない"を"出る・出ない"として、"足りる""足りない""足りているかどうかわからない"を"足りる・足りない"として該当期間の総日記数に対する割合を集計した。

分析2では、授乳スタイルの定着の過程を検討するため、上記5名の母親のうち、分析1の結果から語り口の安定しなかった009の母親について質的に分析した。ここでは、授乳スタイルについての語りを書き出し整理を行ったうえで、授乳スタイルの変更点を特定し、変更または継続のきっかけ、母乳の評価の根拠、あるいは、母親自身の心情に結びつけて頻繁に語られていたテーマに焦点化して、質的に検討した。

第3節 結果と考察

(1) 分析1

5名の母親の授乳に関する日記について，人工乳の量の推移と母親の授乳への評価との推移を検討した。半月ごとに集計した結果を，協力者ごとにFigure 7-2～Figure 7-6 に示す。それぞれの Figure では，日記における"出る・出ない"の語り口，および，"足りる・足りない"の語り口は棒グラフ（左軸），人工乳の推移を折れ線グラフ（右軸）で表示した。児に与えた人工乳の量の変化をみると，それぞれの授乳スタイルの一部である母乳／人工乳の割合が定着する過程がみられる。人工乳の量については，5名の協力者それぞれのパターンがある。001 の母親は，日記の期間中，人工乳を一度も与えておらず，母乳だけの育児を行っている。016 の母親も，出産後1ヶ月以内は人工乳を少量与えているが，1ヶ月以降は母乳だけの育児である。009 および 033 については，出産後1ヶ月ごろに人工乳の量が増加するが，その後，徐々に減るパターンである。日記期間中は人工乳を部分的に与える混合授乳が行われている。020 については，人工乳が増加しつづけている。日記を確認すると，母乳の直接授乳が生後 12 日目まで，その後搾乳した母乳を授乳しており，それは生後 25 日目まで与えている。それ以降，人工乳のみの育児を行っている。以下では，授乳の評価について述べるが，その際，日記を引用するときには，母親の記述を斜体字で示し，資料整理のために用いた ID 番号と，児の日月齢を月：日を併記する。なお，本文中で示すときは，「　」で日記を示す。

授乳の評価については，"出る・出ない"という語りと，"足りる・足りない"という語りの割合を検討する。まず，授乳評価の語りの変化の割合が，類似している 020 および 033 について述べる。両母親とも，最初の1ヶ月以内は，"出る・出ない"および"足りる・足りない"の両視点での語りがみられるが，それ以降"足りる・足りない"という視点のみで語られるようになる。020 の母親は，生後1ヶ月以内に完全人工乳に移行するが，第2子の出産であり，ある程度自身の母乳の分泌量には予測がついていたのではないだろうか。妊娠中の母乳志向についても，回答は「どちらでもない」と中立的であっ

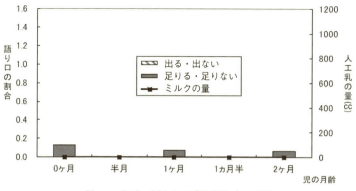

Figure 7-2　001の母乳評価と人工乳量

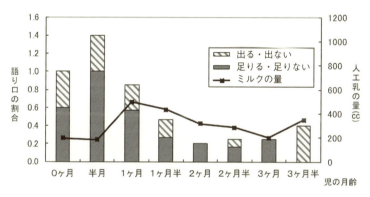

Figure 7-3　009の母乳評価と人工乳量

た。母乳を直接含ませている時期には，「母乳が満足する程度出ていないので～（020004/0:03）」など"出る・出ない"に関わる語りがみられたが，人工乳授乳へ移行してからは，児の睡眠や機嫌などを考慮しながら"足りる・足りない"の視点で語るようになる。また，020の母親が母乳プレッシャーを感じているかどうかについては，妊娠中の調査では，母乳志向については高くなかったためか，人工乳を与えることについての否定的感情はほとんど語られていない。母乳を与えないことについても，児への影響についての語りはなく，母体への影響という観点から以下のような語りが2例のみあった。

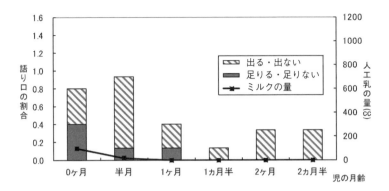

Figure 7-4 016の母乳評価と人工乳量

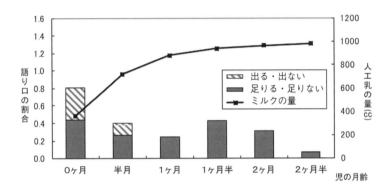

Figure 7-5 020の母乳評価と人工乳量

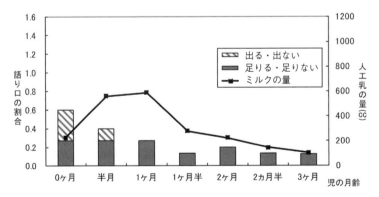

Figure 7-6 033の母乳評価と人工乳量

（020028/0:27）
子供に母乳をあげてないためか（吸わせてない），私の子宮の収縮があまり…。

033の母親の日記も，最初の1ヶ月は"出る・出ない"についての記述があったが，1ヶ月以降，"足りる・足りない"の記述のみとなる。まず，生後1ヶ月以内の"出る・出ない"については，「まったく出ない（033001/0:02）」「にじみもしない（033002/0:03）」など母乳が出ないことを強調した語りがみられる。ところが，生後1ヶ月ごろ以下のような語りがみられるようになる。

（033032/1:02）
このごろ，乳がイガイガと痛くなることがある。（乳が）作られていると思える。

この「イガイガ（033032/1:02）」という表現は，乳が乳房に蓄えられてきたときの張りの感覚を語ったものと思われる。また，この母親は，生後8日目から搾乳（母乳を自分で搾ること）も行っている。搾乳として目で見えるかたちで乳量が増えることや，自身の身体感覚として張りを経験することから，"出る・出ない"という視点での関心が低減し，乳量についての"足りる・足りない"の視点での語りへ移行したものと考えられる。

一方，016の日記の語りは，上の2名の母親とは対照的である。はじめの時期には，"出る・出ない"および"足りる・足りない"の両方の視点での語りがみられたが，生後1ヶ月半以降，"出る・出ない"のみの語りとなる。この母親は，生後1ヶ月以内に母乳量が確保され，児に人工乳を与えることがなくなる。また，乳量が豊富でもあり，他の混合授乳を行っている母親が語るような「母乳が足りない」という記述も，人工乳を与えるときのように乳量を児の成長に併せて調節する必要もない。むしろ，児にとって十分足りていることを確信しているため，"足りる・足りない"の代わりに，以下のように母乳がよく出ていることを再認識する記述が多くなる。

(016061/1:30)
「大きな子やな。2ヶ月に見えん」って言われました。ほんまに大きい。母乳がよくでてる証拠？　なのでホッとする。

つぎに，001の日記について述べる。この母親は，以下のような日記から母乳志向が強いことがわかる。

(001001/0:01)
産後一番最初に乳首を吸わせるということが子どもにとっても母乳のその後の出方にも大きな意味をもつと聞いていたので，医者の先生に産後1時間以内の授乳を強く希望していた。

(001002/0:02)
私自身のこだわりとして，母乳以外は何も飲ませない。～良く出るとほめてもらう。妊娠中の乳首の手入れ，マッサージが効いたのか？

これは，出産当日と翌日の日記からの引用であるが，この母親は，母乳育児を希望するだけでなく，日記における「乳首の手入れ，マッサージ」という表現から，妊娠期から母乳育児の準備をしていたことがわかる。この母親は，母乳も順調に出るようになり，他の母親にみられる"出る・出ない"という視点での記述がない。"足りる・足りない"という記述についても，2ヶ月半にわたる日記（計71）のなかで3例のみの記述である。うち，2例は足りていることを確認する記述であり，1例は，「朝4時の授乳が足りなかったのか～。(001043/1:15)」と母乳そのものの出の不足というより，このときの授乳に限定しての不足として語っている。この母親については，むしろ母乳が出過ぎる傾向にあったようで，飲ませすぎない工夫について，日記に記録することもあった。以上から，001の母親は，妊娠中からの母乳志向があり，その準備もしており，また，実際に母乳がよく出ていたため，母乳についての評価そのものがほとんどなかったものと考えられる。

つぎに，009の母親については，妊娠期から母乳育児を希望しており，日記

の期間中，母乳中心で不足分を人工乳で補うという混合授乳を行っていた。ほぼ人工乳の増減にともなって，"出る・出ない"および"足りる・足りない"という母乳評価も増減している。しかし，他の母親たちが，1ヶ月半から2ヶ月以降，母乳や人工乳について一定の語り口を獲得し，"出る・出ない"あるいは"足りる・足りない"の語りに安定していくのに対し，009の母親は，日記の期間中を通して，両方の視点での語りがみられる。この母親の日記を検討すると，母乳不足を補うため人工乳を与えているが，人工乳を与えることが"わりきり"に達しない様子が語られていた。授乳スタイルの変更の頻度も高い。このような理由から，授乳に対する語り口が安定しないのではないかと考えられる。009の日記については，さらに詳細に質的な検討を分析2で行いたい。

(2) 分析2

009の母親の日記から，まず，左右の乳を与える順序や人工乳の頻度，授乳時間の調整など，授乳スタイルについての語りの書き出し，これらになんらかの変更があった時点を授乳スタイルの変更とした。そして，変更あるいは継続に関わるきっかけ，その背景となる母乳の評価の根拠，さらに，それらの語りにともなう母親自身の心情に関わる語りを抽出すると，そこから頻繁に語られていたテーマが3つあった。すなわち，第一が"左の乳量の不足"，第二が"第三者の意見"，および，第三が"児の排便"である。以下では，この3つのテーマに即して，授乳スタイル定着の鍵となる人工乳を与えることの"わりきり"の観点から分析を試みた。

授乳スタイルの変更

授乳スタイル変更の有無から，10の時期にまとめることができた（Table 7-3）。授乳スタイルの変更についてみると，厳密に時期が特定できない変更もあるが，生後0〜1ヶ月の間で6回の変更，生後1〜2ヶ月ではほぼ2回，生後2〜3ヶ月においてもほぼ2回の変更がみられ，ここから，とくに出産後最初の1ヶ月は，授乳スタイルが定着せず，不安定であることが見いだされた。一方，ほかの4名の協力者については，最初の1ヶ月までの期間，他の時期よ

りも授乳スタイルが安定しにくい傾向はあったが，009の母親のような高頻度での変更はみられなかった。これは，009の母親が，妊娠中から母乳志向が高い（Table 7-1参照）にもかかわらず，十分な母乳量を確保できなかったためと考えられる。

母乳不足の象徴としての「左の乳量の不足」

　009の母親の日記には，分析対象となった全期間を通して，左の乳についての語りが多くみられた。これは，全68日（記述のなかった21日分を含む）の日記のうち19日分で左の乳に関する記述がみられた。以下，Table 7-3a，およびTable 7-3b内の語りの例を参照しながら述べる。なお，事例番号の後ろに（　）で日月齢を示す。

　事例1（0:11），事例6（0:15），事例11（0:19），事例20（1:21）などの語りにみられるように，右の乳に比べて左の乳の出の悪さが繰り返し語られ，この母親にとって，左の乳は母乳の不足の第一要因として捉えられていることがうかがえる。右の乳がある程度出ている分，左の乳の出の悪さ，さらには，全体としての乳量不足を受け入れることに困難を示しているようである。事例6の「これ（左の乳）が出ると，ミルクは必要ないかも！」という語りからも，人工乳を足しつつも，"わりきれなさ"を強く感じていることが受け取れる。その意味で，左の乳量の不足は，母乳不足の象徴として語られており，出ている右の乳との比較によって，左の乳が出ればという思いが強められ，人工乳への"わりきり"の抵抗としてはたらいている。

　また，この母親は，妊娠中から母乳志向が高かったため，母乳不足を否定的に捉えていることが事例5（0:13）や事例18（1:10）の日記からわかる。これら2つの日記は，両方とも母親が精神的（あるいは身体的）に楽になったことを語りながらも，「出の悪い母」や「乳の出の悪い私」という自虐的な表現で自身を形容しており，母乳を志向しつつもわりきろうとするアンビバレントな母親の葛藤状態を表しているものと考えられる。また，自身のラベル付けのしかたから，この母親は，母乳不足を母親自身の評価としても捉えており，それを否定する表現を用いることは，現状を受け入れようとする試みとして解釈できる。しかし，母乳不足の原因を左の乳に限定して位置づけることによって，自

身の母乳機能全体あるいは母親としての評価全体の否定を避け，部分否定を可能にする。そのため，"わりきり"への抵抗として，左の乳が象徴的に語られていたのだろう。

ところが，1ヶ月の終わりごろから2ヶ月の終わりごろまで，日記には母親と児双方の変化が語られるようになる。

事例21（1:27）では，「右からポタポタと…身体の反応ってすごい!!」と非常に素朴に自身の身体の変化についての感動を語っている。それまで，母乳については「出ない」あるいは「足りない」ことにばかり焦点化されてきたが，ここではじめて自身の母乳について，率直な驚きとして肯定的に語っている。また，事例24（1:30）および事例26（2:12）では，それまでずっと出ないことの象徴として語られてきた左の乳の乳量の増加について語っており，この母親にとって，ひとつの目標が達成されたといってもいいかもしれない。一方，児についての変化もみられる。事例23（1:29）にみられるように，人工乳を拒否するようになるのである。ある程度，乳量が確保されはじめたこの時期，児自身が人工乳を拒否することは，母親の母乳志向との一致であり，むしろ肯定的に受け止められているようである。

左の乳量が増え始めたものの，2ヶ月の終わりごろから，再び，左の乳の出の悪さを語るようになる（たとえば，事例27（2:27））。

この時期は，時間表以外への記述のない日記が増えてきており，左の乳の出の改善について，はじめて語られた生後1ヶ月30日目以降記述のあった12日分の日記のうち，上記の事例以外に2例の類似の語りがみられた。しかし，その際の語り方に変化がみられる。ほ乳中の児の様子についての記述が詳細になる。はじめの時期には，左の乳の出の悪さの根拠として，児が「ぐずる」あるいは「寝ない」という表現にとどまることが多く，具体的にどのようにぐずったかについては，生後19日目（上述の事例11）に1度語られた以外は，みられなかったことである。これは，児の成長にともなって，ほ乳中の児が表現豊かになったということも考えられるが，母親が児を深く観察する余裕がでてきたこともあるだろう。

事例25（2:01）の日記のように，「いっしょうけんめい口をあけて乳首をさがすしぐさは，ジーンときます。がんばってのんでと思う。かわいい！」と，

Table 7-3a　009の母親の日記の要約

日記ID	日月齢	授乳スタイル	授乳スタイル変更にかかわる語り	主な語りの例
009001	0:11	左→右→少しのミルク両方で40分	乳を合計〔左右で〕40分。ミルクを少しずつ足している。	【事例1】右の乳の出方はまずまず。左の乳の出が悪い。本人満足していない様子。 【事例2】私の母は,…おしっこが出るたびにうんちがでるのが普通!というが…本当だろうか?
009002	0:12			【事例3】義理の母が,ミルクはぜったいあげてはダメ。アトピーになる,病気になりやすいと言い,…実の母は,ミルクも足せと言う。…私はどうしたらいいのか?イライラ。 【事例4】本当にミルクだと病気になるのか?私は,そんなことはないと思うが…。
009003	0:13	母乳ごとにミルクを足す	〔母乳のたびに〕ミルクを足してみると,~ほとんどミルクをのむ	【事例5】ミルクを足せば,母親は楽!出の悪い母にとって
009005	0:15			【事例6】右の乳の出は良~。左ははるが,…たれることもない。…左の乳の出が悪い。これが出ると,ミルクは必要ないかも! 【事例7】うんちも2~3回/日,出ているので良しとする。
009006	0:16	ミルクを足さずに,寝ることも	左→右をあげて疲れたのか満足したのか,クテーと寝ることがある	【事例8】実の母にミルク…飲ませなさいとせめられるが,義理の母は飲ませるなという…。イライラ。どうしたらいいのか…。 【事例9】今日はまだ便が出ず。実の母にミルクが足りてない,飲ませなさいとせめられるが…。なるべく母乳でがんばっていたが…。足りないのか?イライラ。どうしたらいいのか…。と,思っているうちに,夕方,多量のうんちあり。足りているのだろう!
009007	0:17	ミルク1回/日	ミルクを足さずにキゲン良くなってきた〔ミルク1回〕	【事例10】義理の母から,ミルクはぜったいだめだとTELまでかかり,ノイローゼ気味。病院へ行き,おっぱいをみてもらい,…"足りなかったらミルク足しなさい""〔義〕母の言うことは,ハイハイきいておきなさい"~と言われ,元気出た!どうして母は母乳を押しつけるのか?出れば,母乳をあげたいし,ミルクより母乳が一番なの,知っている!
009009	0:19			【事例11】相変わらず,左乳の出がいまいち!吸い方も弱い。左乳を飲む時は,…何度もぐずり,乳を離す。まるで,"でないョー"と訴えているように!…左もそれだけ(右乳と同じくらい)出ると,ミルクを足さなくてもよいと思うんだが…。 【事例12】ミルクを足した後,大うんちをいつもする。…おっぱいの後はうんちがまだない!
009010	0:20	(ミルク2回)		【事例13】(前日から)まだ1度も(便が)出てないので(母)乳は足りていないかも…。夫母がうんちは日に何回も出ないといけないと言う!個人差があると思うが,やっぱり1回/日うんちがでないと不安!
009011	0:21	夜だけ+ミルク昼は母乳のみ	今度から,夜だけでもミルクを足そう!	

Table 7-3b　009の母親の日記の要約（つづき）

ID	時刻			
009013	0:23	授乳ごとにミルク	〔授乳のたびに〕ミルクを足す	【事例14】ミルクを足し、便が3〜4回/日出るようになった。これっていいことかな！？…便がきちんと出ていると安心する。
009015	0:30	（ミルク2回）		【事例15】1ヶ月健診…体重増加ができていないとDrから言われた。ショック！ミルクをもっと足そうと思う。
009016	1:01	授乳時間を5〜10分へ	ミルクを必ず足すように。5-10分に授乳時間をかえてみよう	【事例16】看護婦さんに、乳児は5分で9割がた母乳を吸っていると言われた。私（のやり方）は、…疲れてしまうと言われた。5〜10分に授乳時間をかえてみよう。
009017	1:02			【事例17】ミルクをたすと、うんちがその都度あり。おむつかぶれあり。どうしたらいいものか。
009018	1:10			【事例18】母乳のたびにミルクをたすようになって、Babyも眠るようになったし、乳の出の悪い私も、精神的に楽になった。
009019	1:11		母乳各5分にして、ミルク	【事例19】ミルクを足すと、うんちをたびたびする。→と、おむつかぶれがひどくなる。
009023	1:16	（ミルク3回）		
009028	1:21			【事例20】左の乳は、いまだに出が悪い。
009029	1:22	（ほぼ授乳ごとミルク）		
009034	1:27	なるべく母乳（ミルク3-4回/日）	なるべくおっぱいにしている〜	【事例21】いつも左から吸わせるのですが、…右からポタポタと乳がたれてくる…身体の反応ってすごい！！
009035	1:28		今日は母乳でがんばってみた	【事例22】今日はうんちがまだない！！…ほしがらなくても、ミルクは足した方がいいのか？母は、その都度、ミルクをあげるように言う！
009036	1:29		ミルクを足したが、泣いてのまない。乳を出すと吸いついてのむ！	【事例23】ミルクを足したが、泣いてのまない。…ミルクをイヤになった？
009037	1:30			【事例24】左の乳から自然に乳がたれた。分泌が良くなったのか。
009038	2:01			【事例25】母乳をあげるとき、いっしょうけんめい口をあけて乳首をさがすしぐさは、ジーンときます。がんばってんでと思う。かわいい！
009044	2:12	ミルクを児がいやがる（ミルク2-4回/日）	母乳〜足りないときミルクを足すが、その後、6時間くらいあけないとミルクはいやがってのまない	【事例26】左の乳がだいぶん出が良くなったように思うが、右の乳の方が飲み方は力強い。
009047	2:15		母乳離さない。ミルクを足してものまない	
009053	2:25		最近ミルクを嫌がる	
009055	2:27			【事例27】左の母乳は出が悪いのか、キゲン悪そうに、のみながらウーウー言ったり、身体をゆさぶったりと、おちつきがない
009068	3:29	児のミルク受容	ミルクを足すと、次の授乳まで時間があく。平均3回/日。	

ほ乳中の様子について，肯定的な面だけをはじめて語ったのも同時期である。また，同時期に，急激に日記への記述そのものが減少した。1ヵ月30日以降，時間表のみの日記が20日に対して，記述もあったものが，上述のとおり12日分であり，それ以前では，36日分の日記のうち，時間表だけの記録が2日しかなかった。これは，育児などで忙しくなったことも考えられるが，ある程度精神的に安定したことの表れかもしれない。

内面的葛藤の表れとしての「第三者の意見」

　009の母親の日記で全期間を通して語られる第三者は，分析対象となった68日分の日記において，「実の母」について5例，「義理の母」について4例，助産婦，医師など「専門家」について3例，「友人や経験者」について3例であった。これらの第三者が語られるエピソードをまとめると，3パターンのエピソードがあった。すなわち，①母乳不足に対して人工乳を与えることについての「実の母」と「義理の母」の意見の相違，②「義理の母」からの母乳プレッシャー，および，③母乳不足や人工乳を与えることに対する「専門家」のアドバイスであった。まず，①の，「実母」と「義理の母」の意見の相違については，そのことに直接触れているのは，事例3（0:12）および8（0:16）の2回であり，両日記とも，「私はどうしたらいいのか？　イライラ。」や「イライラ。どうしたらいいのか…。」といった母親の強い苛立ちや不安とともに記述されている。

　ここでは，母乳が思うように出ていないという現状を抱え，児にミルクを与えるべきかどうかについて，2つの全く異なる意見に，母親が不安になり，苛立ちを生じていることが語られている。この母親は，妊娠中から母乳志向が高く，母乳が不足していることそのものに対する不安や苛立ちがすでにあったものと考えられる。そこに，第三者からの異なる意見は，母親にとって，母乳で育てたいという気持ちからくる人工乳を足すことの罪悪感と，不足しているのだから人工乳を与えるのはしかたがないという"わりきり"との間で生じる葛藤とまさに重なっているといえる。

　意見の相違に直接触れて語られているのは，出産後すぐの時期の2回だけであるが，それ以降も，これらの意見の取り込みからくると考えられる記述が随所にみられる。「義理の母」の母乳志向の要請は，上の②母乳プレッシャーと

して再構造化され,「実の母」については,母乳不足の根拠として便の不足を指摘するが,それは母親に取り込まれて,母乳や人工乳の乳量評価の根拠へと変化していく(後述)。

②の「義理の母」からの母乳プレッシャーについては,生後1ヶ月以内の事例4(0:12)や事例10(0:17)において顕著である。「本当にミルクだと病気になるのか? 私は,そんなことはないと思うが…。」や「ノイローゼ気味。…どうして母は母乳を押しつけるのか? 出れば,母乳をあげたいし,ミルクより母乳が一番なの,知っている!」のように葛藤が語られていた。

この母親は,もともとの母乳志向にもかかわらず,出産後思うように母乳量が確保できなかった。そこに,「義理の母」からの母乳の要請は,逆に反発を生じさせることとなる。とくに,事例10の日記では,「専門家」の発言を反発の根拠としており,後述するが,「専門家」の発言をアドバイスとして抵抗なく受け入れ,"わりきり"の契機としていることがうかがえる。これに対して,「義理の母」の発言は,この母親にとって,わりきらなくてはならない状態での"わりきり"への抵抗としてはたらいている。

③の助産婦や医師など「専門家」について語られた日記について述べる。事例15(0:30)および事例16(1:01),さらに,事例10の日記のように,この母親は,「専門家」の発言には疑問も抵抗も示さず,母親に"わりきり"を促進し,即日からの授乳スタイルの変更を導いていた。母親にとって,「専門家」の発言は人工乳への"わりきり"をもっとも強く助けるものとして機能している。

乳量評価の根拠としての「児の排便」

009の母親の日記には,生後すぐの時期から生後2ヶ月までの間に,児の排便に関する記述が12日分の日記でみられた。生後11日目の最初の日記(事例2)において,すでに,授乳に関わる日記で排便について語っている。母親は,上で述べたように,最初から母乳不足を訴えている。それをふまえると,この語りは,排便が十分ではないということを語っていると考えられる。実母の発言のとおりに,児が排便をしていないことについて,実母の発言を取り込むべきかどうかの疑問あるいは不安が語られている。しかし,実際に,母乳量は測

定できないうえに，児からのサインの少なさを考えると，児にとっての必要量に足りているかどうかも判断の根拠になるものが少ない。母親は，疑問をもちつつも，それ以外の根拠を見いだせず，児の排便の有無や量を，母乳の評価の根拠として断続的に語っている（たとえば，事例7（0:15），事例9（0:16），事例12（0:19），事例13（0:20）など）。なかでも，事例9や事例13のように，児の排便がないとき，実母の発言について語られ，そのとおりにいかない母親の不安が語られていることも特徴的である。

とくに生後1ヶ月までの期間，15日の日記を書いているが，そのうち8日分の日記において，乳の過不足の根拠として，排便について語られている。たとえば，事例14（0:23）のように，児の排便を確認して安堵することを見いだし，人工乳を与えたことの"わりきり"を試みているようである。

排便が少ないと不安になる一方で，ミルクを足してまで十分な量の排便を確認することへの疑問もわずかに抱いている。これは，人工乳を与えることをわりきっている一方で，わりきれなさも同時に抱えていることを意味する。また，事例17（1:02）や事例19（1:11）の日記のようにうんちが多量にあることへのアンビバレントな感情も語りとして表れてくる。これらの日記では，便とおむつかぶれの関係を捉え，うんちが出過ぎることのデメリットを語りながら，実母の排便についての発言や，人工乳を与えることへ消極的に反発しているものと考えられる。

009の母親は，ときに，事例22（1:28）のように実母への疑問を再燃させつつも，排便を乳量評価の根拠として取り込み，十分な排便を確認することを，人工乳を与えることの"わりきり"の契機としている。

ところが，この事例22を最後に，日記期間中は，排便についての語りがなくなる。上述のように，この時期以降，左の乳の出が良くなること，児がミルクを拒否することなどの変化があった。また，児を詳細に観察した語りもみられるようになった。それまで，排便のみを乳量評価の根拠としてきたが，それ以外の児の行動などにも目がいくようになったものと考えられる。換言すると，生後1ヶ月ごろまでは，排便のみを母乳量の根拠として，「ぐずる」「ねない」と語りつつも，そのことと母乳不足を直接結びつけまいとしていたのかもしれない。この母親は，母乳志向が高く，また出産後には母乳量の不足を非常

に否定的に捉えており，自己評価とも関連させている傾向があった。さらに，義母からの母乳プレッシャーもあり，母乳量不足の受け入れ拒否があったものと考えられる。

第4節　総合的考察

　本研究では，5名の母親に授乳についての日記を依頼し，出産直後の数カ月のうちに，母乳か人工乳かを含めた授乳のやり方全般についての授乳スタイルが，どのように定着していくかを検討した。分析1では，日記から，母乳が"出る・出ない"の視点からの語り口と，母乳または人工乳が"足りる・足りない"の語り口がみられた割合を半月ごと集計し，その変化を検討した。その結果，5名中4名の母親は，生後1ヶ月半から2ヶ月以内に，授乳に関して"出る・出ない"あるいは"足りる・足りない"というどちらかの語り口に安定していくことが見いだされた。ところが，1名の母親については，児の日月齢が増しても，語り口が安定しなかった。そこで，分析2において，授乳スタイルの変化の背景として考えられる人工乳への"わりきり"について，質的に検討した。この母親は，日記の期間である生後3ヶ月ごろまでに，たびたび授乳スタイルが変更すること，とくに，生後1ヶ月以内には6回変更することが確認された。このように授乳スタイルが安定しない背景には，母乳の出方についての"わりきれなさ"，第三者の意見の取り込みと反発，および，乳量評価の根拠の受け入れ拒否などがあった。この母親は，日記の期間中，母乳不足の再認識を何度もくり返す。そして，母乳の不足分を人工乳で補うが，日々，児に人工乳を与えながらも，"わりきり"を達成できず，葛藤をくり返していた。そして，生後2ヶ月ごろから，左の乳の出がよくなり，乳量評価についても児の観察が多様化するという変化が見いだされた。

　授乳スタイルは，授乳を主体的に担っている母親の判断によるものと捉えられがちであるが，実際には，母乳を与えたいにもかかわらず，母乳がうまく分泌されず，混合乳や人工乳で育児を行うこともある。また，母乳か人工乳かだけの選択で，授乳スタイルが確立しているわけではなく，授乳間隔や授乳時

間，授乳の手順など，さまざまな選択肢のなかで授乳を行っている。その多くの選択肢から，どのスタイルに安定していくかは，児のほ乳量，吸てつ（児が乳を吸うこと）のしかた，排便，睡眠や機嫌の状態，さらには，ほ乳中の手足の動きや表情を母親が捉え，試行錯誤で新しい授乳スタイルを試すという過程があった。つまり，そのときどきの授乳スタイルは，母子のやりとりの結果であるといえる。さらに，授乳について，第三者の意見の影響も小さくなかった。授乳スタイルは，母子やさらには第三者も含めた関係性のなかで，安定へと向かうものと考えられる。授乳は，主体的な母親が受動的な児に乳を与えるという一方向的な行為ではなく，さらに，母子の閉じた相互交渉でもなく，その外に開かれた文化的な営みであるといえる。

このように考えると，授乳スタイルは，母親以外の児や第三者の影響を非常に受けやすいものと捉えられる。それは，おそらく母乳の量が測定困難であることが，理由のひとつであろう。多くの母親は，出産直後の入院期間中，授乳前後に児の体重を測り，その増加分を母乳量として理解するよう，病院から指導される。ところが，退院後は，母乳を測定することができなくなる。母乳量が豊富で乳房に強い張りがある場合や吸てつ時以外の自発的な分泌がある場合以外は，母乳が児にとって十分かどうか，児の様子を根拠とする以外なくなるのである。自身の身体で起こっていることであるにもかかわらず，乳量についての情報として利用可能な身体的感覚は非常に乏しいのである。さらに，児の日月齢が浅いころは，乳量の根拠としての児の行動は非常に未分化で，とくに初産の母親にとっては，その見極めが難しく手がかりが少ない。それゆえ，母乳の出についての評価は非常に難しくなり，母乳量に確信がもてず，母乳志向が高い場合には母親に強い葛藤が生じるものと考えられる。

しかし，母乳の量が測定できず，母親が児を詳細に観察する必要に迫られることは，母親が児とのやりとりのなかで，自らも母親として発達する契機となっているものと考えられる。大日向（1988）が述べたように，女性は妊娠や出産を経れば，自動的に親になれるわけではない。たとえば母乳育児といったような，文化－社会的なプレッシャーを無防備な状態で受けることもあり（氏家，1996），ゆるやかに親への移行（Katz-Wise et al., 2010；Koivunen, Rothaupt, & Wolfgram, 2009；Mitnick, Heyman, & Smith Slep, 2009；大日向，1988；氏家，1996

など）を果たすのである。

　とくに，出産後の乳児は，未分化な状態で自ら明確に意図表示をすることが少ない時期である。このような時期に，母親は児の生命維持のため，児を観察する目を養っているともいえる。もちろん，母乳育児に対してのみ該当するわけではなく，人工乳を与える母親にとっても同じプロセスが生じうる。本研究では，1名だけであったが，完全人工乳に移行した母親がいた。その母親の日記では，人工乳を与える際，平均的な乳量を測って与えるものの，その一方で，平均的な量が，我が子にとって足りているかどうかという視点での語りが，日記の期間中断続的にあった。母乳であれ人工乳であれ，平均として捉えることのできない我が子にとっての乳量の過不足評価は，児を観察する契機となっているといえるだろう。つまり，出産後の親への移行プロセスにおいて，育児経験のない親が児を観察することによって，自身の育児の方向性を模索する重要な時期といえるかもしれない。

　また，児の観察だけでなく，妊婦の自身の身体の変化への感受性が高まっていたことも，特徴といえるだろう。日記には，自身の乳の状態を表現した語りも多くみられ，自身の身体の変化を実感することも，ある意味生物学的な摂理として親である自分を感じる契機となっているといえるだろう。児を観察し，自身の身体をも観察することによって，発達の最初期の親への移行が進められているものと考えられる。

第8章
【研究4】
親はどのように乳児とコミュニケートするか：
前言語期の親子コミュニケーションにみられる代弁

第1節　目的

　親は，まだおしゃべりのできない乳児とどのようにやりとりができるのだろうか。大人同士のコミュニケーションでは，それまでの人生において習得してきたことばや文化的な非言語的手段，つまり身振りや表情といったコミュニケーション・スキルを用いて，やりとりがなされている。もちろん，このようなコミュニケーション・スキルをもってしても，相互理解が完全に達成されることは難しく，伝え合うための相互の努力が必要である。しかし，コミュニケーションの相手が，ことばも文化的な非言語手段も未習得である前言語期の乳児であればどうだろう。つまり，前言語期の乳児と親とのコミュニケーションは，圧倒的に非対称な関係（Adamson, Bakeman, Smith, & Walters, 1987）のうえに成り立っているといえ，新しいコミュニケーションのスタイルへの適応を検討することは，親への移行プロセスの一端を明らかにすることになるだろう。

　また，親への移行という点から前言語期のコミュニケーションをみるとき，乳幼児との接触体験がないまま親になった母親が増加しており，育児が始まる乳児期初期に，育児や乳児の経験不足から，わからなさや不安を感じやすいことが指摘されている（厚生労働省, 2003）ことも，考慮する必要があるだろう。つまり，乳児の身体的な世話のみならず，非対称なコミュニケーションそのものも経験がないまま，親になるケースが多いということがいえるだろう。子育て初心者といえるはじめて子どもをもった親は，乳児との非対称な関係におけるコミュニケーションに対して，どのように向き合っているのだろうか。本研究では，前言語期の親子コミュニケーションを通してみる親への移行について探ることを目的とする。

　ところで，乳児と親とのコミュニケーション・スキルには大きな相違がある

ものの，そのことは乳児がコミュニケーションに参加できないことを意味するわけではない。実際に，前言語期の乳児に関するコミュニケーション能力を示す研究は数多く示されている。たとえば，乳児がおとなの話しかけに身体的に反応するという相互同期性（Condon & Sander, 1974）や，おとなの口の開閉を模倣することができるという新生児模倣（Field, Woodson, Greenberg, & Cohen, 1982；Meltzoff & Moore, 1977）は，岡本（1982）も発達初期のコミュニケーションを支える重要な要素と捉えている。また，乳児が顔のような刺激への選好性を示すこと（Fantz, 1961；Simion, Cassia, Turati, & Valenza, 2003），さらに，乳児の主体性を他者に合わせることができるという相互主体性（Newson, 1977；Trevarthen, 1979）のような研究は，乳児が自分と対面する大人に注意を向け，それに応じることができるということを示すものであり，乳児がもつ人への指向性といえる。つまり，乳児は本来的に人に向かう性質をもっており，このことは，大人に保護されて育つことを前提とした子宮外胎児期（Portmann, 1951/1961）としての乳児期の意味を，乳児の積極性を認めたかたちで追補し，強化するものといえるだろう。コミュニケーション・スキルにおいて親と子は非対称な関係であったとしても，乳児は人に興味をもち，そのことはコミュニケーション参加へのきっかけを作ることだろう。もちろん，このような乳児のコミュニケーションを可能にする行為は，実際にはとても未成熟かつ未分化なものである。乳児の能力を捉える研究とともに，乳児の未分化な行為をおとなが意味あるものとして解釈することの重要性を訴える研究もある（たとえば，Adamson et al., 1987；加藤・紅林・結城，1992；Kaye, 1979；Marcos, Ryckebusch, & Rabain Jamin, 2003；増山，1991）。

　以上のように，前言語期の親子コミュニケーションは相互の貢献によって成り立っているわけだが，乳児のことばの未習得はどのように補われているのだろうか。そのような観点で，親子のやりとりを見直すと，以下の例（例1）のように親が乳児のことばを言語化しながらコミュニケーションを進めていることがわかる。

　例1における発話の流れをみると，ID570036の確認に対するID570037の応諾，また，ID570038および570039の主張に対してのID570040で確認の質問をしているようにみえる。つまり，発話同士の隣接ペア（Schegloff & Sacks,

例1）0ヶ月男児と母のやりとり		
Y児がベビーベッドで目覚めた場面		
ID	発話	行為や状況
570035	おはようだね，Yくん	Y児を抱き上げながら
570036	Yくん，まだ眠いねぇ	
570037	まだ眠たい	
570038	もっと寝るの	
570039	もっと寝るの	
570040	ん？ Yくん，もっと寝るの？	
570041	うん，じゃあ，まだ（おっぱいを）飲みたくないね	Y児をのぞき込みながら

1973）が成り立ち，会話であるように捉えられる。隣接ペアとは，会話分析における重要な概念とされ，挨拶‐挨拶，質問‐返答などの定型化された会話のペアのことである（伝，2007；Schegloff & Sacks, 1973；薄井，2007）。このように一見会話のようにみえるが，これらひとつひとつの発話はすべて親の発話であることを考えると，親はひとり二役しながら，乳児に話しかけていることがわかる。つまり，自らを発話主体として発話するだけでなく，その発話の合間に，乳児を発話主体として乳児の代わりに言語化するような発話，すなわち，代弁を行っていることがわかる。

　本研究では，このような親が用いる乳児の代弁を，前言語期の乳児とのコミュニケーションの特徴と捉え焦点化し，親への移行初期において，親がどのようにしゃべらない乳児と向き合っているかを検討する。以下，本研究において代弁とは，たとえば，ごはんを食べている乳児に「おいしいねぇ」と言ったり，おむつ替えをしながら「ああ，さっぱりした」と言ったりするように，乳児の考えや感情を，乳児を発話主体として，大人が言語化することとする。

　このように代弁を捉えるなら，代弁とは親が乳児の代わりに声を出すことであり，乳児の声を語ることである。声とは，音声物理学的なものにとどまらず，バフチンに由来する概念で，社会文化的人格としての声を意味する（Holquist & Emerson, 1981；Wertsch, 1991）。このような声は，はじめは社会から借りてきたもので，声にあらわれる個人の精神機能は社会的なコミュニケーション過程のなかにその起源があるとされている（Wertsch, 1991）。さらに，Hermansら（Hermans, 2001；Hermans & Hermans-Jansen, 2003）は，このような声をともなう複数の異なった立場の"Iポジション"が対話を繰り返すことで対話的自己

を形成するとしている。代弁という発話形式は乳児にとって内化しやすいと考えられ、乳児の内的対話を支えるものと思われる。しかし、乳児自身はまだ声を発しておらず、親がどのように乳児の声を準備できたのかという視点で検討する必要があるだろう。

さらに、Wertsch (1991) は、声の特徴として、宛名 (address) について述べている。つまり、声は必ず実在、あるいは、仮想の誰かに向かって発話されるというのである。親による乳児の代弁の宛名はどこに向かっているのだろうか。本来、代弁といった場合には、代弁のメッセージを送る送り手と、それを受け取る受け手がおり、その二者を取りもつ代弁者がメッセージを運ぶ役割を担う（Figure 8-1 における網掛け部分）。ところが、親子コミュニケーションにおける代弁は、二者場面でも生じている（Figure 8-1 における親子の部分）。親が代弁者であるとするなら、乳児はメッセージの送り手といえよう。では、受け手は親自身なのだろうか。それとも乳児なのだろうか。もし、親が乳児からのメッセージを受け取るだけなら、代弁のように声に出す必要はなかっただろう。あるいは、乳児からのメッセージをなぜ乳児に伝えようとしているのだろうか。つまり、代弁とは誰のものなのだろうか。

親は、それまでのことばに大きく依存したコミュニケーションに慣れていたが、乳児が生まれたことによって、ことばをもたない相手とのコミュニケーションが始まる。新しいコミュニケーションの様式を身につけながら、親への移行を推し進めるのだろう。ことばをもたない相手とのコミュニケーションにおいて、ことばを用いようとする親の試行錯誤を丁寧に吟味することで、みえてくる親への移行があるのではないだろうか。

本研究で扱う代弁のように親から乳児へのことばかけについては、乳児に向けられた発話（infant-directed speech；以下 IDS とする）研究（Bryant & Barrett, 2007；Fernald et al., 1989；Jacobson, Boersma, Fields, & Olson, 1983；Kitamura & Burnham, 2003）として、心理言語学的研究にも位置づけられる。おとなは、しばしば乳児に向けて特有の発話を用いるが、これを IDS といい、ピッチの高さや抑揚の大きさ、特徴的なイントネーション、発話の短さ、頻繁な間合い、繰り返しの多さ（Kitamura & Lam, 2009）など、音声学的な特徴に着目した研究が多く、マザリーズともいわれる。しかし、最近の研究では、IDS の機能面に

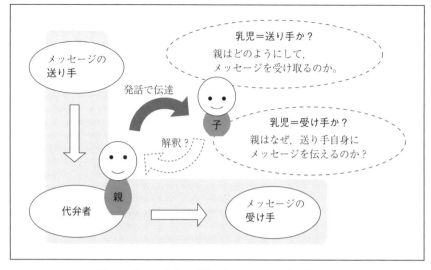

Figure 8-1 本来の「代弁」のメッセージの流れと，親子コミュニケーションにおける「代弁」

着目した研究もなされるようになってきた（たとえば，Fernald, 1985；Fernald & Mazzie, 1991；Kaplan, Goldstein, Huckeby, Owren, & Cooper, 1995；Kitamura & Lam, 2009；Thiessen, Hill, & Saffran, 2005；Trainor, Austin, & Desjardins, 2000；Werker et al., 2006）。IDS 研究は，子どもの言語環境として親の発話を入力刺激と捉える傾向がある。しかし，親の視点から親がどのように乳児に対して発話するかを検討することが必要である。本研究は，親の発話という分析単位を用いることでコミュニケーション発達の質的分析における分析単位の不明瞭さの克服と同時に，IDS 研究で扱ってこなかった中長期的スパンの発達的変化，すなわち，文化的な意味を親子が共有する過程について検討を試みる。

以上を踏まえ，本研究では，乳児がことばを話し出す前の生後 0, 3, および，6 ヶ月時点での 2 組の母子のやりとりを対象とし，親の発話ひとつひとつについて，誰の声であったかという視点で質的に分析を行い，代弁とはどのような発話であるのか，代弁を支える親子の関係性とはどのようなものかについて検討する。またさらに，代弁の発達的変遷を追うことは親への移行の具体的プロセスに迫ることでもあるので，続く分析のための代弁カテゴリーについての定義として整理する。

第 2 節　方法

(1) 調査協力者

　今回分析の対象となるのは，妊娠期からの縦断研究プロジェクト（岡本, 2001, 2008b, c；岡本・菅野・東海林ほか, 2014）に参加した東京近郊に在住する母子 2 組。生後 0, 3, および 6 ヶ月の観察データを対象とする。出産時の母親の年齢は，31 歳および 28 歳であり，対象児はいずれも第一子（男児 1 名，女児 1 名）であった。なお，妊娠期からの縦断研究プロジェクト開始にあたっての協力者募集は，母親学級または両親学級で行い，書面および観察の様子を示したパネルにて調査の説明を行い，そのうえで了解を得られた親子を本研究の対象としている。

(2) 調査時期

　1997 年 7 月～1998 年 1 月

(3) 手続き

　それぞれの協力者の家庭を訪問し，観察を行った。本研究においては，0, 3, および，6 ヶ月時点の計 3 回を分析対象とする。観察は，15～20 分間で，普段通りに親子で遊んでもらうよう教示し，大きな音で分析に影響がでるおもちゃ以外はおもちゃの規制は行わなかった。全行程は，親の承諾を得て録画撮影した。観察者は，親子の場面に関わらないように努めたが，乳児や親が緊張している様子があるときや観察者に働きかけがあったときには，その場が不自然にならない程度に応答した（詳細は，岡本, 2008a）。観察者が応じている部分については分析からは除外した。

(4) 分析

　録画された観察場面について，親子の発話および発声，状況についてトランスクリプトを作成した。聞き取り可能だったすべての母親の発話に ID 番号をふり，それぞれの観察場面において，観察開始から 50 発話を分析の対象とし

た。なお，ID番号は，親子のペア番号，月齢，通し番号の順で6桁で表示されている。観察開始とは，録画開始後，それまで観察者に向けられていた注意が親子の遊びに移行した時点とした。観察開始場面を分析の対象とした理由は，とくに低月齢の乳児は，観察時間の経過とともに機嫌の維持が難しくなることがあり，乳児が安定している時間帯に観察を開始しているので，その部分を分析対象とした。2組の3時点の観察それぞれにつき50発話が対象である。なお，発話単位は，統語的切れ目，あるいは，1秒以上の沈黙とした。

　まず，親の発話ひとつひとつについて，誰の視点から発話されたものか，誰を発話主体とする発話形式をもつかという視点から，分類を行った。このとき，はじめから，代弁か代弁でないかという二分法で分類を行うのではなく，ある発話にどのような発話主体が含まれていたか，誰の声として親が発話していたかという視点で検討した。発話の分類にあたっては，発話のトランスクリプトだけでなく，状況が参照できるようにビデオを観ながら行った。また，発話を分析する際には，発話のある内容をどのような発話形式で生じたかということに焦点化した。つまり，本研究では，代弁という発話内容に着目しているのではなく，ある内容をどのような発話の形式で二者場面に顕在化するかという点で分析を行った。

第3節　結果と考察

　生後0，3，および，6ヶ月における2組の親子のコミュニケーションにおける母親の発話について，誰を発話主体としているか，あるいは，誰の声として発しているかという視点から質的に分析した。その結果，親の発話は，子どもを発話主体とした代弁か，あるいは，自身を発話主体とした非代弁かに二分されるのではなく，代弁のなかにも，子どものみを発話主体とするもの，親子両方を発話主体とするものなど，発話形式上異なった発話主体をもつ代弁があった。本研究では，親がどのように子どもの声を語るのかに焦点化し，子どもを発話主体に含む親の発話を広く代弁と捉えることとした。具体的には，少なくとも子どもを発話主体に含む4タイプの代弁と，子どもを発話主体に含まない

非代弁に分類できた。代弁4タイプは，(1) 子ども視点型，(2) 親子視点型，(3) あいまい型，および (4) 移行型代弁であった。以下に例を挙げながらそれぞれの代弁について述べる。

(1) 子ども視点型代弁

まず，親から見ると，やりとりの相手である乳児のみを発話主体とした発話があった。これを，子ども視点型代弁とした（例2〜4）。

例2) 0ヶ月女児と母のやりとり
授乳が中断し，母が乳児にさらに飲むか尋ねる場面

ID		発話	行為や状況
300013	M.	もうおなかいっぱい（↑）*	
300014	M.	もっかい，いく（↑）	
300015	M.	N, はい	乳児の口元に乳首を近づける
-	I.		乳児は乳首を口に含もうとしない
300016	M.	**もういらない**	
300017	M.	もういらない（↑）	
300018	M.	よーし	授乳終了の片付けをはじめる

＊語尾の上がり下がりのような調子を矢印の向きで表す

例2のように，親は乳児の内的状態や行為について，乳児の視点からの発話を行うことがある。この例は，授乳中に乳児が乳首を口から離したため，親は授乳を再開できそうか，それともこのまま終了にするか決めなくてはいけない場面である。親はまず乳児に，乳児の乳首を離したという行為を確認するように，「もうおなかいっぱい（↑）(ID300013)」「もっかい，いく（↑）(ID300014)」と発話している。これらの発話は，親から乳児への質問であり，親自身を発話主体とする発話形式であるため代弁ではない。次に親は，乳児が質問に答えることはできないので，「N（児の名前），はい (ID300015)」と言いながら（これも親自身を発話主体としており代弁ではない），乳首をもう一度乳児の口に近づけて，行為として乳児が答えられるようにする。乳児がそれを口に含もうとしないのを，のぞき込みながら，親は小さな声で「もういらない (ID300016)」と語尾を下げてつぶやいている。乳児が乳を含まなかった行為から，「いらない」という乳児の意図表示であると解釈し，語尾を上げずに乳児の代わりに言語化して発話している。このように，この発話は，乳児を発話主体とした発話形式

をもつので，子ども視点型代弁とした。

次に示す例3，および，4も，例2同様に，親は乳児の内的状態や行為について，乳児の視点からの発話を行っているので，子ども視点型代弁と分類できる。しかし，例2とは異なる状況がある。

例3) 3ヶ月女児と母のやりとり			
おむつ替えの途中で，乳児がぐずり始めた場面			
ID		発話	行為や状況
	I.	んん…	（ぐずり声を出す）
300318	M.	**勝てる, 勝てる** *	乳児の足をさすり始める
	I.	んん…	（ぐずり声を出す）
300319	M.	**勝てる, 勝てる**	ぐずり声を遮り，乳児の足をさすりながら
	I.	んん…	（ぐずり声を出す）
300320	M.	**勝てる, 勝てる**	再度ぐずり声を遮り，乳児の足をさすりながら
	I.	んん…	（ぐずり声が大きくなる）
300321	M.	はいはい, はいはい	ぐずり声を遮って

＊この母親は，ぐずりたい気持ちに打ち勝つという意味で「勝てる」と使っている

例4) 6ヶ月男児と母のやりとり			
乳児を膝の上に抱き，脇をかけてジャンプさせる場面			
ID		発話	行為や状況
310630	M.	ぴょんぴょんしないの（↑）	乳児をジャンプさせながら
310631	M.	**ぴょーん, ぴょーん, ぴょん**	乳児をジャンプさせながら

例3は，おむつ替え中に，乳児の機嫌がゆっくりと悪くなり，断続的なぐずり声を上げ始める。乳児は激しく泣いているわけではなく，親からすると，対応次第で乳児の機嫌を持ち直させることができそうな場面である。親は乳児の断続的なぐずり声にその都度応じるように，おむつ替えの手を少し休めて，乳児の足をさすりながら「勝てる, 勝てる（ID300318, 300319, 300320）」と発話する。「勝てる」とは，この親が，乳児が機嫌の悪さに勝てる，機嫌を持ち直すことができる，という意味で使っている。機嫌の悪さに勝つ－勝たないは乳児自身の意図に関わることであり，それを「勝てる（↑）」と質問したり，「勝ちなさい」や「勝ってちょうだい」と命令や懇願したりしているのではなく，乳児を発話主体として「勝てる」と発話しているので，子ども視点型代弁といえる。しかし，乳児のぐずり声が機嫌の崩れていく様子を示しており，実際の乳児の内的状態としては，むしろ「勝つことができそうにない」という状況であ

る。この親自身も，乳児のぐずり声に対して，おむつ替えを中断して足をさするなどの行為をしていることから，乳児の内的状態を把握しているものと思われる。誰かの代理で話をするという辞書的な意味での代弁で，この乳児の状況を子ども視点型で代弁するなら，「勝てない」や「負けそう」となることだろう。しかし，親は乳児の実際の内的状態とは反対の意味の「勝てる」と発話している。つまり，乳児の内的状態をそのままに代弁するのではなく，親が乳児に望む内的状態を代弁することで，乳児を誘導しようとしているように思われる。

　また，例4のID310631においても，直前の「ぴょんぴょんしないの（↑）（ID310630）」という親から乳児への質問に対して，「ぴょーん，ぴょーん，ぴょん（ID310631）」と返答するような発話形式を生成しており，また，「ぴょーん」で表す跳ねる行為が乳児のものであることから，これを子ども視点型代弁とした。しかし，この例の乳児は，乳児によく見られる足を踏ん張って跳ねるような行為をしていなかった。この例において，親が乳児の「ぴょんぴょん」を言語化しているのではなく，普段から乳児が好んでいる「ぴょんぴょん」の遊びを誘導しようと，このように発話しているように思われる。

　例2にみられるように，親は乳児の内的状態や行為を解釈しながら，子どもの視点から代弁することがある。その一方，例3および4にみられるように，発話形式としては，子ども視点型の代弁であるものの，発話内容は乳児の内的状態と反対のものであったり，行為が生じる前のものであったりと，乳児の内的状態や行為を誘導しようと代弁が用いられることもあった。

(2) 親子視点型代弁

　上で述べた子ども視点型代弁は，子どものみを発話主体とする代弁であったが，親が，自身と子どもの両方を「私たち」と位置づけて代弁する親子視点型代弁もみられた。

例5）3ヶ月男児と母のやりとり 授乳後，乳児に排気（げっぷ）をさせる場面		
ID　　発話		行為や状況
I.		げっぷをする
310327　M.	おー，出た，出た，出た，出た	
310328　M.	**おいしかったねぇ**	
310329　M.	**おいしかったねぇ**	

例5は，授乳後のげっぷをさせながらの親の発話である。乳児が大きなげっぷをしたことを受け，まず親は，「おー，出た，出た，出た，出た（ID310327）」と子ども視点型の代弁を行い，その後，乳児の背中をさすりながら，「おいしかったねぇ（ID310328，310329）」と2回繰り返している。この「おいしかったねぇ」は，たとえばおとな同士で用いる際には，「あなた」と「私」の両方が何かを食べたときに，「私たち」両方がおいしかったと感じているだろうときに用いられる発話形式である。これが，子ども視点であれば，「ああ，おいしかった」などとなるだろうし，親視点（非代弁）であれば，「おいしかった（↑）」となったことだろう。しかし，この場面において，親は乳を味わってはいない。親は，乳児の心地よいげっぷの音を乳児の乳への満足感と捉え，おいしかったと感じているだろうと解釈したのだろう。その解釈を，「私たち」共有の経験であるかのように，親子視点型の代弁を用いていたと考えられる。このように，親は乳児に起こっていることでさえも，親子「私たち」の共有体験であるかのような代弁を用いることがあった。

例6）0ヶ月女児と母のやりとり
　　　授乳後乳児に排気（げっぷ）をさせる場面

ID		発話	行為や状況
300042	M.	**げっぷしようか**	
300043	M.	げっぷする（↑）	
300044	M.	**持ち上げようね，ちょっと**	
300045	M.	よいしょ	乳児を抱き上げながら

　例6も親子視点型代弁の例である。「～しようか」や「～ようね」などの発話形式は，おとな同士の会話であれば，「私たち」が一緒に何かをしようとするときに用いられ，「げっぷしようか（ID300042）」や「持ち上げようね，ちょっと（ID300044）」は親子視点型代弁といえる。ID300042は，例5のように，子どもの行為（げっぷ）を，親は行っていないにもかかわらず親子の共有体験であるかのように発話している。一方，ID300044は，乳児を持ち上げる（抱き上げる）という親自身の行為に対しても，乳児は行っていない行為であるにもかかわらず，親子の共有体験であるかのように親子視点型代弁が用いられている。このように，親は子どもの行為や内的状態だけでなく，親自身の行為など

も,「私たち」親子の視点から発話することがあることがわかった。

(3) あいまい型代弁

　親の発話には,想定される発話主体が子どもであるか,親であるか,特定できないものもあった。とくに,日本語の話しことばは発話主体が明示的でない場合も多く,親の発話も例外ではない。

例7) 6ヶ月女児と母のやりとり			
児がビデオカメラを凝視する場面			
ID		発話	行為や状況
300606	M.	不思議だねぇ	児の視線を確認するように,児を見る
300607	M.	**何,あれ(↑)**	小さい声で
300608	M.	**何,何(↑)**	小さい声で
300609	M.	**ビデオ,ビデオ**	小さい声で

　例7は,乳児が,観察者の持つビデオカメラを凝視して動かなくなったことに親が気づき,この場面が展開した。親は,乳児の視線がビデオカメラにあり,また動かないことから,乳児はビデオカメラに関心をもちつつ,それが何かわからず,考えているのだと解釈したのだろうことが,一連の発話の内容から捉えられる。まず,ID300606の「不思議だねぇ」と,親子の視点から発話した親子視点型代弁といえる。ここで着目したいのは,このあとの発話の流れである。「何,あれ(↑)(ID300607)」および「何,何(↑)(ID300608)」という質問と,「ビデオ,ビデオ(ID300609)」という返答という隣接ペア(Schegloff & Sacks, 1973)を形成した一連の発話は,それぞれの発話主体が,質問と返答のうちの一方が乳児であるなら,他方が親ということになる。つまり,一方が代弁であるなら,他方が非代弁となるはずである。「何,あれ(↑)(ID300607)」「何,何(↑)(ID300608)」は,乳児が不思議に思っている気持ち(ID300606より)を言語化した乳児視点からの発話とも捉えられるが,それが何であるかわからないだろう乳児に対しての親からの質問とも捉えることもできる。同様に,「ビデオ,ビデオ(ID300609)」も,乳児の質問を言語化したID300607および300608に対して,親視点から返答をしているともとれるが,親からの質問に対して乳児が返答したようにもとれる。いずれの発話も親は声を小さくし

て，少し乳児に顔を寄せて発話しており，乳児の注意する対象に親が注意を向けることで注意を共有しようとする場面である。

つまり，これらの発話は発話主体が乳児とも親ともつかず，あいまいであるわけだが，このあいまいさを分析の誤差と捉えていいだろうか。そもそも微視発生的かつ状況依存的に生成される会話において，発話が発せられるその瞬間すでに，発話主体が一義的に特定されているわけではない。親自身のあいまいな視点がそのまま発話に反映されていると考えられないだろうか。どちらの声でもある未分化な発話と捉えることによって，あいまいさの積極的意味が見いだせるかもしれない。このような立場に立って，今一度，例7をみると，親は乳児の気持ちに共感しつつ，乳児からの率直な疑問の言語化と，それを受け親が疑問を明示化する質問という両義的な意味をもった発話だったと捉えられる。さらに，返答部分を含めて考えるなら，どちらの発話ともいえる質問に対して乳児の反応があれば，質問の発話が結果的に親の発話だったのだと後付け的に場を意味づけることができ，逆に，上記の例のように，乳児からの明確な反応がなかった場合，質問は乳児からの問いであったように，親からの答えとして発話の流れを維持することができる。発話主体をあいまいにしておくことで，乳児に対して一方的に代弁を押しつけることを避け，乳児がいつでも対話に参入できる隙間を残しながら，該当発話がどちらの声であってもいいような流動的な対話を構成していたといえるだろう。このような積極的な意味を踏まえて，子ども視点型代弁か非代弁かの中間として，あいまい型代弁とした。

(4) 移行型代弁

親の発話のなかには，想定される発話主体が発話の途中で変化する移行型の代弁も見いだされた。

例8) 3ヶ月男児と母のやりとり			
児を抱き上げ観察者の方に顔が向くようにする場面			
ID		発話	行為や状況
310332	M.	はい, お客さまですよ	
310333	M.	こんにちは	
310334	M.	**こんにちは, って**	
310335	M.	こんにちは	

例8のID310333および310335の「こんにちは」は，観察者にむけた子ども視点型代弁である。乳児を観察者の方に向けて，乳児が観察者にあいさつをしているという場面を代弁によって構成している。ここで着目したいのは，「こんにちは，って（ID310334）」である。これは，「こんにちはと言ってごらん」という意味の発話を簡略化したものであるが，「こんにちは」という子ども視点からの発話に，話法を示す「って」を付加することによって，親の視点からの発話に引き戻して発話を終えている。このように，ひとつの発話の途中で子ども視点から親視点，あるいは，親視点から子ども視点へと移行する発話があり，これらを移行型代弁とした。

　例8においては，親は，「って」を付加することによって，先に発した「こんにちは」が親の声ととれるかもしれない可能性を否定し，子どもの声であったことを明確に示しているといえるだろう。あいまい型代弁が，発話主体の不明瞭化であるとすると，移行型代弁には発話主体の明示化があるのかもしれない。

(5) 代弁と非代弁

　以上のように，親の発話のなかには親自身の視点から発話されたものだけでなく，子どもの視点から，つまり，子どもの代弁として発話されたものがあることが見いだされた。また，これらの代弁は，4つのタイプ——子ども視点型代弁，親子視点型代弁，あいまい型代弁，および，移行型代弁——に整理できることもわかった。

　ところで，ここまで代弁を分析するにあたって，親の発話がもつ発話形式に着目してきた。すなわち，親の発話の内容が乳児の行為や内的状態について正確に言及していたか否かではなく，ある内容をどのような形式で発話してきたかという分析視点である。つまり，乳児の行為や内的状態に言及する発話であったとしても，代弁という発話形式をもたない親の発話もあった。

例9) 3ヶ月男児と母のやりとり			
授乳中,児がほ乳瓶から口を離す場面			
ID		発話	行為や状況
	I.	(ぶふぶふ…)	ほ乳瓶と口で音を鳴らす
310317	M.	もういいかな(↑)	ほ乳瓶を外す
310318	M.	もういいですか(↑)	
310319	M.	もう満足しましたか(↑)	
310320	M.	はいはいはいはいはい	児の口を拭きながら

　例9は,児がほ乳瓶から音を立てながら口を離し,授乳の終了に至る場面である。乳児の様子から乳児が乳に満足しただろうと解釈した親は,「もういいかな(↑)(ID310317)」と確認し,「もういいですか(↑)(ID310318)」「もう満足しましたか(↑)(ID310319)」と続けて質問をしたあと,授乳終了を決めて,乳児の口を拭いた。いずれの発話も,親視点からの確認や質問であり,代弁ではない。もし,代弁形式で発話するとしたら,「もういい／もう満足だぁ(↓)」(子ども視点型),あるいは,「もういいねぇ／もう満足だねぇ」(親子視点型)などとなっていただろう。ここでは,代弁に対して,乳児の視点を含まない親の発話をひとまとめに非代弁とよぶこととする(非代弁には,おもちゃの代弁なども含まれるがここでは触れない)。

　これら非代弁は,通常のおとな同士の言語的コミュニケーションにおいて用いられる発話といえるが,代弁とはコミュニケーションの前提となる親子の関係性が異なってくる。非代弁でやりとりをするとき,コミュニケーションの相手は独立した他者としての相手である。一方,代弁を用いることは,他者の声を借りて発話することであり,一時的に親が子どもの主体に寄り添った未分化な状態を作り出しているといえるだろう。もし,コミュニケーションの相手が,自分の意図や行為をことばで伝えることのできる大人であれば,代弁を用いるまでもなく,コミュニケーションが成立するだろう。しかし,相手がことばを話さない乳児だった場合,対等で独立した相手として「もう満足しましたか(↑)」と質問したところで,ことばや身振りで返答があるわけではない。親は,自分の視点からの発話だけでなく,乳児視点の代弁を用いることで,話さない相手ともコミュニケーションを成立させているのだろう。それは結果的に,乳児が話せるようになる以前から,乳児をコミュニケーションに巻き込むこと

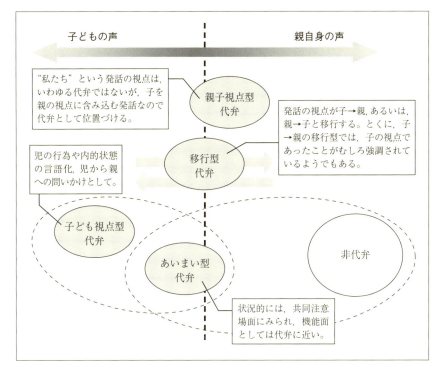

Figure 8-2　代弁の4形式と非代弁の関連

なる。乳児は，ことばを教えられるよりずっと早い時期から，このやりとりに巻き込まれる体験をすることになる。

　ここまで，4タイプの代弁と非代弁について質的に検討してきた。これらの代弁と非代弁の相互の位置づけについて，親の発話が子どもの声をどのくらい帯びていたか，親自身の声をどのくらい帯びていたかという視点で整理すると，Figure 8-2のようになる。
　Figure 8-2のように，子ども視点型代弁は，子どものみの声を色濃く反映しており，一方，親のみの声を反映したものが非代弁ということができる。親子視点型代弁は，「私たち」視点からの発話であり，これは辞書的な意味での代弁にはあたらない。しかし，乳児の視点を親の視点に巻き込んでいることから，親自身の声に寄った代弁と位置づけた。一方，あいまい型代弁は，乳児の

Table 8-1　4つのタイプの代弁と非代弁についての定義

カテゴリー		定　義	事　例
代弁	子ども視点型代弁	子どもを発話主体として，子どもの視点から発話された親による代弁。	【0ヶ月女児と母】授乳中断時，母が子にさらに飲むか尋ねる。「もうおなか，いっぱい？」など尋ねながら，子に乳房を近づけるが，子は口へ含まない。それを見て，「**もういらない**」と子視点型代弁。「もういらない？」と確認して，授乳終了を決める。(3000-16)
			【3ヶ月男児と母親】子の両手を母親が打たせながら，「**しゃんしゃんしゃん**」と数回繰り返す。(3403-1,2,3)
	親子視点型代弁	親子を"私たち"として，"私たち"を発話主体とし，親子の視点から発話された親による代弁。「～ねぇ」など，親子を"私たち"と捉え，子の主体を巻き込んだ発話。	【3ヶ月男児と母】子が授乳後の排気（げっぷ）をしたのを受けて，「おー，（げっぷが）出た，出た，出た，出た」と子視点型代弁に続けて，「**おいしかったねぇ**」と親子視点型代弁で話しかけながら，子の背中をさする。(3103-28,29)
			【0ヶ月女児と母】授乳後，子に排気をさせようと，子の身体を抱き上げながら，「**持ち上げようね，ちょっと**」と親の行為についても親子視点型代弁を用いた。(3000-44)
	あいまい型代弁	子どもや親子を発話主体として発話されたのか，親の発話として発話されたのかあいまいな発話。代弁か非代弁かあいまいな発話。	【6ヶ月女児と母】子が観察者を凝視。親は，子と観察者を交互に見て，声を潜めながら「不思議だねぇ」と，子の内的状態を親子視点型で代弁。子が親に視線を移したのを受けて，「**何，あれ**」「**何，何**」→「**ビデオ，ビデオ**」と自問自答する。問いと答の形からどちらかが代弁でどちらかが非代弁であるが，明確に分類できないので。(3006-7,8,9)
	移行型代弁	発話主体が子どもから親へ，あるいは，親から子どもへと発話内で移行する発話。「～って」「～は？」などの語尾が用いられることも。	【3ヶ月男児と母】親が子を抱き，観察者の方に向かせて，「はい，お客さまですよ」と非代弁で声をかけ，「こんにちは」という子視点型代弁に続き，「**こんにちは，って**」という移行型代弁を用いた。"こんにちは"という代弁から，"って（言ってごらん）"という非代弁に移行するので。(3103-34)
非代弁		子どもの視点を含まない親の発話。おもちゃや第三者の代弁も。	

注意に親が寄り添っていく共同注意場面にみられ，発話形式としては親とも子どもともつかないが，子どもに寄り添った子どもの声をより強く反映しているものと考えた。また，移行型代弁は発話の途中で発話主体が変化するので，声の重みとしては中間とした。

また，今後さらなる代弁についての多角的な分析を行うために，今回の結果から代弁の定義表を整理した（Table 8-1）。

第4節　総合的考察

本研究では，親への移行の初期の親子の関係性に迫るため，前言語期の親子コミュニケーションにおける親の代弁に焦点化し分析を行った。その結果，親はまだことばを話さない乳児を相手に，親視点からの発話だけでなく，子どもの声を借り子どもの視点を含めて発話を行っていた。このような発話形式を代弁とし，4タイプの代弁，および，非代弁について整理し，定義表を作成した。

ところで，本研究が対象とした前言語期のコミュニケーションは，言語的なコミュニケーション・スキルはもちろん，非言語的な文化的スキルについても非対称な関係のうえに構築されるものである。親にとっては，それまで慣れ親しんだおとな同士のコミュニケーション・スキルが通じなくなり，非対称な相手との新しいコミュニケーションを模索する時期であり，まさに，親への移行の初期段階といえる。未確立な親役割や親アイデンティティとは，どのような状態といえるだろう。ここでは，親子のコミュニケーションに映し出される未確立な親の姿について，代弁を通して論じたい。

(1) 半解釈

分析から，親が代弁を行う際，親は乳児の未分化な行為や表情から乳児の意図や内的状態を解釈していることが示唆された。一方，意図や内的状態が不明確で未分化な乳児の半行為を親はどのくらい的確に解釈できるのだろうか。実際には，非対称な関係にある相手の意図を的確に把握することは大変難しいのではないだろうか。かりに，親が乳児について十二分に解釈できているなら，

乳児の意図や内的状態である代弁を，わざわざ声に出す必要はなかったはずである。言い換えるなら，親は解釈があいまいであるから，発話として声（この声は物理的声）に出し，親子の場に顕在化する必要があったのではないだろうか。また，代弁の分類では，はっきりと子どもの声と親の声に二分できなかった。実際には，母親の声であるのか，子どもの声であるのか区別のつかないあいまい型や，声の主（ぬし）が移行する移行型の代弁も観察された。親は，あいまいな解釈を押しつけるのではなく，"試しに"親子の場に提示し，相互の調整ができる可能性を残しているのかもしれない。そう考えるなら，親の解釈は，むしろ半解釈といっていいだろう。十分な解釈に至らず，確信がもてない半解釈であっても，母親は代弁を試すことによって，乳児の意図や内的状態を知ろうとしているのかもしれない。親子は通じ合っているという言説があるが，実は，通じ合っているのではなく通じ合おうとしているといえるだろう。

そもそも，親と乳児のコミュニケーションは，乳児の未成熟な行為を，おとなが意味あるものとして解釈することによって成り立つのである（たとえば，Adamson et al., 1987；加藤ほか，1992；Kaye, 1979；Marcos et al., 2003；増山，1991）。未分化な乳児の動きでさえ，"まるで"乳児に伝えたい意味があるかのように親が応答することは，乳児の意識の発生をささえ（増山，1991），おとなの解釈によって乳児の発達的な変化がうながされる（Adamson et al., 1987）。親による半解釈とは，Valsiner (2007) が述べるところの，当該状況を推論し，意味あるものとして組織化するときのある種の飛躍としての"まるで (as-if)"であるといえる。

代弁はまさに，この親子の"まるで"，あるいは，半解釈のうえに成り立つといえるだろう。つまり，親が乳児の考えや感情を"まるで"知っているかのように，乳児の代わりに発話するのが代弁である。

そして，親は，まだ聞いたことのない乳児の声を過不足なく推論することはできないが，親自身が当該文化において生きてきた経験的歴史をもとに，乳児の未成熟な行為を補って声を生成するのだろう。つまり，"まるで"構造における飛躍は偶然の方向で生じるのではなく，親自身の文化歴史的産物といえる。

(2) 文化的な声

　すでに述べたように，親の発話を誰の声かという視点で見直すことから，今回の分析を始めた。そして，親がときに子どもの声を語ることがわかり，それを代弁として検討してきた。しかし，考えてみれば，子どもはまだ話をしない。子どもの声は，どこから来るのだろうか。親は，どのようにして，自身の発話に子どもの声を宿らせるのだろうか。

　親は，前言語期の乳児とやりとりをしようとするとき，親自身の視点からの発話だけでなく，子どもの声を宿した発話，すなわち代弁を行っていた。親は，乳児が話せるようになる前から言語的なコミュニケーションに巻き込むだけでなく，多声的な対話を内化できるよう支えていた。声にあらわれる個人の精神機能は社会的なコミュニケーション過程のなかにその起源があり（Wertsch, 1991），誰かの声を語るときには，声が向かう宛名（address）や，その宛名に向けられた情緒をともなった文化的意味も同時に引き受けることになる。たとえば，ある女児は，弟が生まれたとき，弟に対して「私がお姉ちゃんだよぉ〜」とやや高めの優しい声で，話しかけたという。それを見た親は，女児の"お姉さんらしい口ぶり"に驚いたそうだ。女児は，この"お姉さんらしい口ぶり"をいつ身につけたのだろうか。おそらく異年齢の子どもとの経験や絵本や物語，テレビ番組などから，実際に自分がお姉さんになる前から徐々に身につけていたものと考えられる。親が子どもの声を語るときも同様のことがいえるだろう。親は，これまでの体験から，「子どもらしさ」がどのようなものであるのかについて，イメージがもてるようになっている。この子どもらしさのイメージは，意識して学ぶというより，むしろ生活のなかでいつのまにか身についてしまうものだろう。言い換えると，このイメージは親が個人史的に構築してきた文化であり，親が所属するコミュニティの歴史的構築物としての文化といえる。そして，子どもが生まれ，いざ我が子と対面し，やりとりをしようとするなかで，我が子にこのイメージを重ねるのではないだろうか。つまり，代弁には，子どもに期待する子どもの声（子どもらしさ）が含まれているといっていいだろう。

　さらに，代弁のもつやりとりに巻き込むはたらきを考え合わせると，代弁が多少とも子どもの発達を導いているといえるかもしれない。もちろん，親が与

えた声をそのまま子どもが継承するのではなく（後述），親子間やコミュニティ内での試行錯誤が発達のプロセスのなかで展開されるはずである。しかし，親が子どもを解釈するときには，母親がこれまでの人生で築いてきた文化の影響を受ける。親にとって，「ふつう」「適当」と思われる文化的に妥当な方向へと解釈を導いてしまうものである。つまり，親は無自覚に子どもの代弁を行うなかで，子どもに文化的なイメージを引き継ぐ結果となる。その意味で，親子コミュニケーションにおける代弁を検討することは，子どもの文化化，すなわち，文化になじみ，新しい文化を創造する力をつけるプロセスとして子どもの発達を捉え直すこととも言えるだろう。

また，ここで強調したいことは，乳児が親からの単独の声にさらされていたのではなく，乳児は相対する声と声の対話にさらされていたのである。つまり，乳児は，そこからコミュニケーション・スキルを習得するという以前に，対話的自己を構成する道具としての初期の声を専有することができたのである。声による対話は人生を通して自己の発達に浸透する。親による代弁は，乳児が発達初期に巻き込まれる対話のひとつであり，それは，乳児にとって内化しやすい形式のひとつであり，ダイナミックな対話的自己（Hermans, 2001；Hermans & Hermans-Jansen, 2003；Hermans & Hermans-Konopka, 2010；Hermans & Kempen, 1993）の発達を導きうる。

たとえば，Wertsch（1991）は，Tharp & Gallimore（1988）が例示した6歳男児と彼の父親の会話を引用し，精神内平面における共同想起について述べている。おもちゃをなくした男児が，父親の「子ども部屋？」，「外？」，「隣の家に持って行った？」，あるいは，「車の中？」といったような質問で助けてもらいながら，おもちゃの場所を思い出すというものである。精神内平面において，外的な対話を内化することによって，子どもは彼自身のもうひとつの声として父親の声を獲得することができたのである。親による代弁とは，子どもが参加する外的な対話が内化される以前から，子どもがすでに外的な対話にさらされていることを意味する。

ところで，親による代弁において発話主体の多様性があった。すなわち，子ども視点では子どもにとっての「私」，親子視点からは「私たち」，さらに，「私」と「あなた（すなわち親視点）」があいまいであったり，それらが移行したりす

る発話主体が見いだされた。乳児にとっての「私」の声というものは，Iポジションを構築するだろうが，同時に，内化された「私たち」や「あなた」の声もまた，さまざまなIポジションの構築に寄与することになるだろう。その意味で，乳児は，親とのやりとりによって，発達初期から多様で変化するダイナミックな対話を内化する場が与えられているといえる。

さらに，対話における声のダイナミクスは，他の声に比べてより強い／弱い声というような，声の相対的な優位性がある。Cabell & Valsiner（2014）は触媒という観点から対話的自己におけるIポジションの優位性について述べているが，この優位性は外的対話に関連しており，発達的には，優位性の不安定さゆえ対話的自己の再構築が起こりうるとしている。この意味で，乳児が発達初期に内化するものは，親の発話における文化的内容だけでなく，対話の形式，すなわち，対話の道具を獲得しているといえるだろう。すなわち，代弁などによって内化されつつある文化的内容は，子どもの外的あるいは内的対話によって吟味され，文化的内容そのものを変容させることを可能にする道具を専有するといえる。

以上のように，親は，乳児の身体的世話に慣れようとしているだけではなく，おそらく無自覚ではあるが，乳児が文化的な人として生きてゆくための足場作りをしていたといえるだろう。これは，人間社会における子育ては個人的な役割だけでなく，社会的な役割もある（陳，2011）ことを先に述べているが，子どもの文化化という子育て機能の社会的側面を表しているといえるだろう。

本研究では，親への移行初期におけるコミュニケーションのありようを明らかにするため，親の代弁に着目し，代弁4タイプについて見いだした。さらに，代弁について，なぜ親は乳児の声を音声化して親子の場に顕在化するのかという観点から検討し，親がもつ本質的な役割について考察を試みた。ところで，辞書的な意味での代弁は，誰かの代理で話をすることであるが，本研究で扱う親による子どもの代弁は，かならずしもこの機能を果たしていたわけではなかった。つまり，代弁という発話形式で発話されているにもかかわらず，発話内容として乳児の行為や内的状態を忠実に表していないものもあった。では，代弁という発話形式はどのような機能をもちうるのだろうか。研究5では，親

の視点からみた代弁の機能の発達的変遷に迫り，親への移行のプロセスを明らかにしたい。

第9章
【研究5】
親子コミュニケーションにおける代弁の機能の変遷

第1節　目的

　本研究では，前言語期の乳児と親とのコミュニケーションがどのように成り立っているか，そして，そのコミュニケーションはどのように発達するかについて，親の用いる代弁に着目し検討する。

　大人は，他者とコミュニケーションするとき，ことばや文化的な非言語的手段，つまり，表情やジェスチャーを用いて何かを伝えようとする。しかし，相手が前言語期の乳児であればどうだろう。言語などのコミュニケーション・スキルという点からも，非言語的な面での文化的発達という点からも，前言語期の乳児と親とのコミュニケーションは，非対称な関係（Adamson, Bakeman, Smith, & Walters, 1987）のうえに成り立っている。おとな同士のコミュニケーションですら，ミスコミュニケーションが起こるのは日常的であり，伝え合うことの難しさを感じることもあるだろう。ましてや，親子のように明確に非対称な関係においては，お互い通じ合うのは不可能にすら感じられる。親はどのように前言語期の乳児とやりとりできるのだろう。このような視点で親子コミュニケーションを見直すと，親が乳児に親の視点から話しかけるだけでなく，まるで乳児が何か言っているような発話，すなわち乳児の視点からの代弁をしていることがわかる（岡本・菅野・川田ほか，2014）。

　代弁とは，たとえば，ごはんを食べている乳児に「おいしいねぇ」と言ったり，おむつ替えをしながら「ああ，さっぱりした」と言ったりするように，乳児の考えや感情をおとなが言語化することである。このとき，同じ「おいしい」という発話内容であっても，親の視点からの発話として「おいしい？」や「おいしいでしょう」と確認することもできれば，乳児の視点から「ああ，おいしい！」と言ったり，乳児と親自身の両方（つまり"私たち"という）の視点から

「おいしいねぇ」と言ったりすることもできる。本研究では，発話形式として，乳児の視点を含むものを代弁とする。岡本（2001）および岡本・菅野・川田ほか（2014）は，前言語期の乳児とのやりとりにおける親の発話に着目し，それぞれの発話の形式として，誰を発話主体とした発話であったかという視点で分析を試みた。その結果，親の発話は，親の視点からの発話と子どもの視点からの発話という二分法ではなく，子どもの視点を含む発話には，子ども（のみ）の視点からの発話（子ども視点型代弁），親子の視点からの発話（親子視点型代弁），どちらの視点かあいまいな発話（あいまい型代弁），および，発話の途中で発話主体が親から子へ，あるいは子から親へ移行する発話（移行型代弁）の4つのタイプの代弁があることを見いだした。そして，乳児の視点を含まない発話を非代弁とした。では，このように代弁という発話形式は，親子のやりとりにおいてどのような機能をもちうるのだろうか。本研究では，代弁を通して，親の視点からの親子コミュニケーションのありように迫りたい。

さて，代弁だけでなく，前言語期の非対称な関係におけるコミュニケーションについての研究は，枚挙にいとまがない。相互同期性（Condon & Sander, 1974），乳児期の模倣（Field, Woodson, Greenberg, & Cohen, 1982；Meltzoff & Moore, 1977），乳児の顔刺激への選好性（Fantz, 1961；Simion, Cassia, Turati, & Valenza, 2003），さらに，相互主体性（Newson, 1977；Trevarthen, 1979）のような数多くの研究は，乳児が自分と対面するおとなからのはたらきかけに注意を向け，それに応じることができるということであり，乳児の人への指向性を示すものである。また，乳児に向けられた発話（infant-directed speech；以下 IDS とする）（Bryant & Barrett, 2007；Fernald et al., 1989；Jacobson, Boersma, Fields, & Olson, 1983；Kitamura & Burnham, 2003）研究においても，乳児が IDS そのものや IDS の情緒的トーンへの選好性を示し（Fernald, 1985；Kitamura & Lam, 2009），IDS の情緒調整機能（Trainor, Austin, & Desjardins, 2000）や注意の誘導（Kaplan, Goldstein, Huckeby, Owren, & Cooper, 1995）がみられることがわかっている。つまり，乳児は自身に向かう発話の言語的意味を理解する前から，IDS を乳児なりのやりかたで受け止めていることがわかる。

このように，前言語期のコミュニケーション研究および IDS 研究は，非対称な関係においても，乳児が人や自分に向けられた発話に対する指向性を示

し，コミュニケーションに参加できることを示している。

　一方，このような乳児のコミュニケーションを可能にする行為は，実際にはとても未成熟かつ未分化なものである。つまり，乳児だけの貢献でコミュニケーションが成り立っているのではなく，乳児の未成熟な行為を，おとなが意味あるものとして解釈することによって成り立つのである（たとえば，Adamson et al., 1987；加藤ほか，1992；Kaye, 1979；Marcos, Ryckebusch, & Rabain-Jamin, 2003；増山，1991）。格別意味があると思わない乳児の動きでさえ，"まるで"乳児に伝えたい意味があるかのように親が応答することは，乳児の意識の発生をささえるものであり（増山，1991），おとなの解釈によって乳児の発達的な変化がうながされる（Adamson et al., 1987）。Valsiner（2007）は，これを"まるで（as-if）"構造と呼び，当該状況を推論し，意味あるものとして組織化するときのある種の飛躍として，"まるで"という性質をともなうのが解釈であると述べている。

　本研究で扱おうとしている代弁はまさに，"まるで"構造のうえに成り立つといえるだろう。つまり，親は，乳児が"まるで"そのように考えたり感じたりしているかのように，乳児の代わりに発話するが，それが代弁である。そして，本来的に非対称である親子の関係からすると，代弁として具現化された乳児の考えや感情は，必ずしも正しく乳児のものであるとは限らず，親による推論や組織化という飛躍をともなうといえるだろう。この飛躍は，解釈しきれない部分を補うという意味で，代弁について検討した岡本（2001, 2008b）や岡本・菅野・川田ほか（2014）の半解釈という考えと類似するものである。

　また，代弁は親が乳児の声を語ることである。声とは，バフチンに由来する概念で，音声物理的なものとしてではなく，社会文化的人格としての声を意味する（Holquist & Emerson, 1981；Wertsch, 1991）。このような声は，はじめは社会から借りてきたもので，声にあらわれる個人の精神機能は社会的なコミュニケーション過程のなかにその起源がある（Wertsch, 1991）。声はそれが向かう宛名（address）をもつので，声を借りてくるときには，その宛名に向けられた情緒をともなった文化的意味も同時に引き受けることになるだろう。さらに，Hermansら（Hermans, 2001；Hermans & Hermans-Jansen, 2003；Hermans & Hermans-Konopka, 2010；Hermans & Kempen, 1993）は，このような声をとも

なう複数の異なった立場の"I ポジション"が対話を繰り返すことで対話的自己を形成するとしている。この考えは，親による乳児の代弁を考える際，大きなヒントを与えるとともに，疑問も投げかける。つまり，確かに代弁は，乳児が対話的自己を構成しながら発達する際，人格としての声として内化しやすいだろうし，内化された声同士の対話が乳児の対話的自己の基礎をつくると考えると，乳児の情緒的態度を含んだ文化的な発達にも大きな影響力をもつだろう。一方，乳児の代弁として発話された声は，誰のものだったのだろうか。親は，乳児の声をまだ聞いていないはずだが，どのようにして乳児の声を準備できたのだろうか。ここに，さきに述べた"まるで"構造の飛躍（Valsiner, 2007）が思い起こされる。親は，まだ聞いたことのない乳児の声を過不足なく推論することはできないが，親自身が当該文化において生きてきた経験的歴史をもとに，乳児の未成熟な行為を補って声を生成するのではないだろうか。

　子どもは，ある地域，ある家庭，ある歴史的な時間上に生まれ落ち，そのコミュニティにすでに慣れ親しんでいるおとなや年長者（親など）によって導かれ，文化的な声を獲得しながらコミュニティへの参入を果たす。このプロセスは，子どもがコミュニティで受動的に文化を内化するということを意味するのではなく，ことばなど文化的道具を専有（appropriation）するプロセスと考えられる。同時に，親の側から見ると，すでに身につけた文化的道具を用い，そのときどきの乳児の様子に関する自分なりの解釈を加え，既存の文化を新しく改変していく可能性を得るプロセスをも含意する。代弁とは，子どもの文化的発達という内化のプロセスといえると同時に，親の文化的経験の外化のプロセスでもある。つまり，代弁は親子間で文化を継承する際の文化的媒介物といえるだろう。本研究では，発達を文化的コミュニティへの参入のプロセス（Rogoff, 2003）として，乳児の個体史的発達だけでなく，文化的継承を含めたプロセスとして捉え直したい。もちろん，本研究において世代間の文化的継承そのものにアプローチするのは難しい。しかし，親による乳児の代弁を詳細に検討することによって，親の文化的経験の外化について議論の緒がつかめるのではないだろうか。

　以上を踏まえ，本研究では，乳児がことばを話し出す前の生後0ヶ月から15ヶ月の親子コミュニケーションにおいて，代弁がその状況その状況で果た

す機能について親の視点から捉え直すことを目指す。そして，文化的コミュニティへの参入プロセスを支える親の文化的経験の外化，さらに乳児の側から捉えたときの内化可能性について論じたい。

第2節　方法

(1) 調査協力者

今回分析の対象となるのは，妊娠期からの縦断研究プロジェクトに参加した東京近郊に在住する母子12組。これは，研究4において分析した2組の母子に10組を加えたものである。誕生後0ヶ月から15ヶ月までの観察データを対象とする。出産時の母親の平均年齢は，29.2歳（24-36歳）であり，対象児は全員第一子（男児6名，女児6名）であった。なお，妊娠期からの縦断研究プロジェクト開始にあたっての協力者募集は，母親学級または両親学級で行い，書面および観察の様子を示したパネルにて調査の説明を行い，そのうえで了解を得られた親子を本研究の対象としている。

(2) 調査時期

1997年7月～1999年1月

(3) 手続き

著者らがそれぞれの協力者の家庭を訪問し，観察を行った。本研究においては，0，3，6，9，12，および，15ヶ月時点の計6回を分析対象とする。観察は，15～20分間で，普段通りに親子で遊んでもらうよう教示し，大きな音で分析に影響がでるおもちゃ以外はおもちゃの規制は行わなかった。全行程は，親の承諾を得てビデオで録画撮影した。観察者は，親子の場面に関わらないように努めたが，乳児や親が緊張している様子があるときや観察者に働きかけがあったときには，その場が不自然にならない程度に応答した（詳細は，岡本，2008a）。観察者が応じている部分については分析からは除外した。

(4) 分析

　録画された観察場面について，親子の発話および発声，状況について文字化した。聞き取り可能だったすべての母親の発話にID番号をふり，それぞれの観察場面において，観察開始から50発話を分析の対象とした。観察開始とは，録画開始後，それまで観察者に向けられていた注意が親子の遊びに移行した時点とした。観察開始場面を分析の対象とした理由は，とくに低月齢の乳児は，観察時間の経過とともに機嫌の維持が難しくなることがあり，乳児が安定している時間帯に観察を開始しているので，その部分を分析対象とした。12組の6時点の観察それぞれにつき50発話が対象である。観察の分析ではしばしば時間が単位として使われるが，親の発話量には大きな個人差があり（よくおしゃべりする人，無口な人など），時間を単位とするとその影響が大きくなってしまう。そこで，それぞれの親の発話数の違いが分析全体に影響を与えることを避けるため，ケースごとに発話数を統一することとした。なお，発話単位は，統語的切れ目，あるいは，1秒以上の沈黙とした。

　まず，これら母親の発話について，誰の視点から発話されたものか，誰を発話主体とする発話形式をもつかという視点から，代弁を特定する。ここでは，岡本（2001, 2008b）および岡本・菅野・川田ほか（2014）の結果から得られた4タイプの代弁および非代弁についてコーディングを行った。具体的なカテゴリーは，(1) 子ども視点型代弁，(2) 親子視点型代弁，(3) あいまい型代弁，(4) 移行型代弁，および，(5) 非代弁である。ここでいう非代弁は，乳児の視点を含んだ代弁ではないという意味であり，発話主体は親に限らない（後の分析において，乳児以外のおもちゃなどを発話主体としたものも含まれる）。また，代弁と非代弁という二分法カテゴリーを用いないのは，親の発話が本来的にあいまいな視点を含みうること，あるいは，発話しながら誰かの発話となっていくという状況依存的な側面も考慮し（具体的には，親子視点型やあいまい型，移行型），広く乳児の視点を含んだ発話を代弁として検討したいためである。具体的な定義および例をTable 9-1に示す。コーディングは著者と共同研究者が事前にカテゴリーの定義についてよく話し合ったあと，別々に分担して行った。二者の一致率は，全データの10％について検討し，5カテゴリーの一致が.90，代弁－非代弁の一致が.92であった。不一致についてはコーディングを担当した著

Table 9-1　4つのタイプの代弁と非代弁についての定義

カテゴリー		定義	事例
代弁	子ども視点型代弁	子どもを発話主体として，子どもの視点から発話された親による代弁。	【0ヶ月女児と母】授乳中断時，母が子にさらに飲むか尋ねる。「もうおなか，いっぱい？」など尋ねながら，子に乳房を近づけるが，子は口へ含まない。それを見て，**「もういらない」**と子視点型代弁。「もういらない？」と確認して，授乳終了を決める。(3000-16)
			【3ヶ月男児と母親】子の両手を母親が打たせながら，**「しゃんしゃんしゃん」**と数回繰り返す。(3403-1,2,3)
	親子視点型代弁	親子を"私たち"として，"私たち"を発話主体とし，親子の視点から発話された親による代弁。「〜ねぇ」など，親子を"私たち"と捉え，子の主体を巻き込んだ発話。	【3ヶ月男児と母】子が授乳後の排気（げっぷ）をしたのを受けて，「おー，(げっぷが) 出た，出た，出た，出た」と子視点型代弁に続けて，**「おいしかったねぇ」**と親子視点型代弁で話しかけながら，子の背中をさする。(3103-28,29)
			【0ヶ月女児と母】授乳後，子に排気をさせようと，子の身体を抱き上げながら，**「持ち上げようね，ちょっと」**と親の行為についても親子視点型代弁を用いた。(3000-44)
	あいまい型代弁	子どもや親子を発話主体として発話されたのか，親の発話として発話されたのかあいまいな発話。代弁か非代弁かあいまいな発話。	【6ヶ月女児と母】子が観察者を凝視。親は，子と観察者を交互に見て，声を潜めながら「不思議だねぇ」と，子の内的状態を親子視点型で代弁。子が親に視線を移したのを受けて，**「何，あれ」「何，何」→「ビデオ，ビデオ」**と自問自答する。問いと答の形からどちらかが代弁でどちらかが非代弁であるが，明確に分類できないので。(3006-7,8,9)
	移行型代弁	発話主体が子どもから親へ，あるいは，親から子どもへと発話内で移行する発話。「〜って」「〜は？」などの語尾が用いられることも。	【3ヶ月男児と母】親が子を抱き，観察者の方に向かせて，「はい，お客さまですよ」と非代弁で声をかけ，「こんにちは」という子視点型代弁に続き，**「こんにちは，って」**という移行型代弁を用いた。"こんにちは"という代弁から，"って（言ってごらん）"という非代弁に移行するので。(3103-34)
非代弁		子どもの視点を含まない親の発話。おもちゃや第三者の代弁も。	

者のものを採用した。

　分析に先立ち，代弁を概観し全体の月齢推移を確認するため予備分析を行った。予備分析は，各ケースの観察場面50発話における代弁の頻度の推移，および，代弁の4タイプの割合について求め，分析1および2における質的分析の目安とした。

　分析1では，発話形式で定義された代弁が親子のやりとりの場に対してどのような機能のレパートリーがありうるのかを探るため，エピソード解釈にもとづく質的分析を行った。具体的には，12組の親子の代弁の月齢変化を確認し，極端な分布をしていない親子から男児と母親2組，女児と母親2組を抽出し，予備分析で用いた50発話目までの観察場面を記述的に分析した。すでに代弁についてコーディングされているトランスクリプトを参照しながら，観察場面のビデオ映像を見直し，代弁の機能として解釈可能な場面を代弁エピソードとして書き出した。その際，文脈を考慮に入れるため，複数の発話を含むひと続きの発話行為をエピソードとして分析することとした。代弁エピソードには，発話や文脈だけでなく，かならず解釈した代弁の機能を付した。そのうえで，文脈や発話形式の類似性ではなく，代弁の機能についての類似性をもとにKJ法（川喜田，1967）を用いて分析を行った。

　分析1では代弁の機能に迫ったが，逆に代弁を用いていない場面では親子はどのようにコミュニケーションを成り立たせているのだろうか。代弁が用いられない場面を検討することで，代弁の発達的変遷について検討する際の補完的資料を得られるかもしれない。分析2では，代弁が用いられない場面について，なぜ代弁が用いられなかったか，代弁を用いることができたかという視点で検討を行った。分析1と同じ観察場面のビデオ映像を見直し，代弁の代替可能性を検討しながら，非代弁のエピソードを書きだした。分析1同様，非代弁エピソードについてもKJ法（川喜田，1967）を用いて分析を行った。

第3節　結果と考察

(1) 予備分析

　0から15ヶ月までの，それぞれのケースにおける50発話のうちの代弁の頻度を求め，その平均を算出しグラフ化した（Figure 9-1）。ここでは，代弁の種類については区別していない。つぎに，続く分析に，代弁の種類の区別が必要かどうかを検討するため，総代弁数に対する代弁4タイプそれぞれの出現割合を観察月齢ごとに示す（Figure 9-2）。また，参考までに1組の観察場面50発話中の代弁および非代弁の平均数をTable 9-2に示す。

　0ヶ月（平均代弁数11.5），3ヶ月（同，14.9），6ヶ月（同，18.8）と代弁が漸増し，6ヶ月，9ヶ月（同，19.2）にはピークを迎え，そして1歳以降急激に代弁が抑制されていた（12ヶ月で10.8，15ヶ月で10.3）。ここから，代弁の量的変化は，(1)漸増期（0，3ヶ月），(2)ピーク期（6，9ヶ月），および，(3)減退期（12，15ヶ月）の3期で捉えられることが示唆された。また，1歳以降の分布は，12ヶ月時点では1ケース，15ヶ月時点では2ケースのみが大きな値を示していることを考慮すると（該当ケースをはずすと，12ヶ月で9.2，15ヶ月で6.3となる），代弁が特有の機能を有していることが推測できる。これについては，続く分析における分析視点のひとつとして検討する。

　次に，月齢ごとの代弁4タイプの出現割合はFigure 9-2に示すとおり，月齢による大きな差はなく，どの月齢においても子ども視点型の代弁がもっとも多かった。代弁4タイプと機能の関連については今後検討する必要があるが，月齢変化にともなう代弁の機能の推移については影響を与えないとして，分析1において4タイプを区別せず代弁として検討する。

(2) 分析1

　代弁エピソードについて，質的側面から代弁の機能についての分析を試みた。4組の親子の0，3，6，9，12，および15ヶ月時点でのやりとりから抽出した代弁エピソードは62あった。これらすべてのエピソードには，機能に関する記述が付されているので，62の機能についての記述を得たことになる。

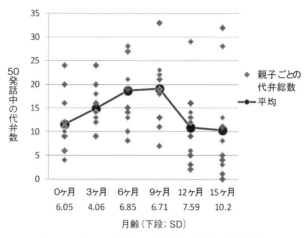

Figure 9-1　親が用いる子どもの代弁の月齢変化

(注) 折れ線グラフで示したものが，母親の発話50のうちの代弁の平均の推移であり，それぞれのプロットがそれぞれの親子の観察場面からの代弁である。

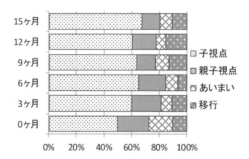

Figure 9-2　月齢ごとの代弁の種類

Table 9-2　代弁および非代弁の平均数（1組50発話中）

月齢	代弁	(	子ども視点型	親子視点型	あいまい型	移行型	)	非代弁
0ヶ月	11.5	(	5.8	2.6	2.0	1.2	)	38.5
3ヶ月	14.9	(	9.0	3.2	1.2	1.6	)	35.1
6ヶ月	18.8	(	12.3	3.7	1.6	1.3	)	31.3
9ヶ月	19.2	(	12.3	2.6	1.8	2.5	)	30.8
12ヶ月	10.8	(	6.6	1.8	0.8	1.7	)	39.2
15ヶ月	10.3	(	6.9	1.3	0.9	1.1	)	39.8

この機能に着目して，KJ法を用いた。その結果，代弁の機能に関する12のカテゴリーにまとめ，さらに上位の4カテゴリーにまとめた（Table 9-3）。なお，Table 9-3のエピソード数をみると，低月齢において全体数が多い。これは，予備分析の低月齢で代弁が少ないという結果と矛盾するようにみえるかもしれないが，ひと続きの文脈としてエピソードを捉えるとき，月齢が低いと文脈が短く途切れ，月齢が高くなるにつれてひとつのエピソードに含まれる発話（代弁を含む）が多くなるためである。代弁エピソードの例についてTable 9-4a，Table 9-4bおよびTable 9-4cにまとめた。これらのTableや本文において用いる発話には発話IDと代弁の種類または非代弁を付した。発話IDは，2桁の協力者番号，2桁の月齢，2桁の発話の通し番号からなる。発話番号6桁のあと，子ども視点型代弁はch，親子視点型はpa，あいまい型はam，移行型はtr，そして，非代弁はnonを記した。

代弁の機能（1）——「子どもに合わせた代弁」

　まず，「子どもに合わせた代弁」には，「促進」，「子の半意図の促進」，「子の明確な意図の代弁」，および，「子から観察者への代弁」の下位カテゴリーが含まれる。「促進」は，子どもがすでに行っている行為を維持するため，あるいは，その行為をさらに促進するための代弁である。たとえば，エピソード1（Table 9-4a）では，親が解釈した乳児の行動を促進するために代弁が用いられていた。「促進」は，6ヶ月を中心に3〜12ヶ月において観察された。

　「子の半意図の促進」とは，子どもの意図は明確ではないが，状況や表情など周辺的手がかりがある状況において，母親が解釈した子どもの意図を促進するために代弁が用いられた。たとえば，エピソード2（Table 9-4a）は，子どもが手押し車を押して部屋の中を歩き回る場面であるが，電気コードに手押し車が引っかかるなど小さなハプニングに対して，親が「あー」や「おー」などと子どもの驚きなど内的状態を代弁していた。子どもは淡々とした表情で遊びを継続し，明確なネガティブ感情の表出はないが，子どもの日常を知っている親はこのような事態をきっかけに子どものネガティブ感情が生じる可能性があることを知っているのだろう。親の代弁の声はそれほど大げさなトーンは有しておらず，自ら立ち上がって子どもを援助もしないが，小さなハプニングに丁寧

Table 9-3　親子コミュニケーション場面における代弁の機能

			月齢	0	3	6	9	12	15
						エピソード数			
子どもに合わせた代弁 子どもの状況や意図を受け入れ、それに即した代弁、それぞれの状況に対して、子どもの言語未習得を補うもの。	促進	子の現行行為を長く維持、さらに促進するための代弁		0	1	4	2	2	0
	子の半意図の促進	子どもの意図は明確ではないが、状況などを加味して、母親が解釈した意図を促進するための代弁		0	0	1	2	3	2
	子の明確な意図の代弁	身振りや親に明確に向けられた発声を伴い、子の意図が明確な状況で、それをことば化する受身的代弁		0	0	0	1	2	4	子どものための代弁 子どもの現在または希望未来の行為や思考の言語化
	子から観察者への代弁	第三者へと子どもの世界を広げていくもの		0	0	0	1	1	1
子どもを方向付ける代弁 親が子に何かをさせたいときに道具的に代弁が用いられる。	誘導	子どものネガティブな状態に対して正反対の発話を意味づけることで誘導しようとする試み		0	1	0	0	0	0
	消極的な方向付け	子どもの様子を見つつ活動を切り替えようとする代弁。re-focus(逸れそうな注意を引き戻す)のための代弁を含む		4	1	1	1	0	1
	場面依存の語彙化	このような場面ではこうすべき、こう言うべきという内容が割り当てられる。食事場面で「おいしい」、ごっこ遊びで「いってきます」など		0	0	2	1	2	0
状況へのはたらかけとしての代弁 時間を埋めるため、状況保留のための代弁。	時間埋め	間を維持。実況中継的に、子の世話中などで子に集中できないが、子どもの内的状態を維持する必要があるときの代弁		4	1	0	1	0	0
	親の内的状態の共有要求	親の内的状態を伝介。代弁場面だが親が顕在化する		0	0	0	1	0	0	親のための代弁 親の情緒調整のための解釈であり、情緒調整を含んだ間を持たせるための代弁
	緊急	緊急時に間を埋めないため、子を退屈させないための代弁		0	0	0	0	2	1
親の解釈補助としての代弁 子の未分化な意図や行為を声に出して理解しようとする代弁。自分自身または観察者に向かう。	親自身の場の認識化	打開策索・状況の受け入れのため、状況を代弁としていった代弁		7	2	1	0	0	0
	観察者への弁解	子どもの状況について観察者に対して言い訳や弁解をしているような代弁		0	1	0	0	0	0

に応じ，その都度代弁を用いて，子どもに生じうるネガティブな感情を過小に音声化して消化していた。また，代弁そのものは「あー」や「おー」で具体的な言及対象があるわけでなく，そこから子どもの半意図を反映しているといえる。「子の半意図の促進」は，6〜15ヶ月に観察された。この月齢でみられたのは，乳児の意図の発達を反映しているのだろう。

　これとは対照的に，「子の明確な意図の代弁」は子どもからの明確な意図表出を受けた代弁である。子どもの身振りや，親に視線を向けての発声があるなど，子どもが意図を伝えようとしている場面である。代弁は，その意図を忠実に言語化したものといえる。たとえば，エピソード3（Table 9-4a）では，乳児は親をはっきり見つめながら「うー」と発声するが，乳児自身が自発的にそれを身振り化あるいは言語化して事態を伝えるのは難しかったようにみえる。親は，乳児の「うー」を受けて，「あー重かったねぇ（601514/pa）」と代弁をするのだが，この代弁に助けられて事態を把握できたようで，ブロックのケースをすでに床に置いているにもかかわらず，両手を握って力をこめる身振りをした。乳児が，当該事態の意味を，代弁を通して理解したようだった。「子の明確な意図の代弁」は，9ヶ月からみられ，15ヶ月まで増加した。

　「子から観察者への代弁」についても，子どもの明確な意図表出があり，それが観察者へ向かっていた場合，親が子どもの代弁をして，観察者に伝えるということをしていた。

　このように，「子どもに合わせた代弁」は子どもの状況や意図に即した代弁であり，子どもの言語未成熟を補うように機能している。

代弁の機能（2）――「子どもを方向付ける代弁」

　「子どもを方向付ける代弁」は，「誘導」，「消極的な方向付け」，および，「場面依存の語彙化」が含まれる。「誘導」は，子どものネガティブな状態を打開すべく，反対の意味の代弁を行うことで，子どもを別の状態へと方向付けるものである。エピソード4（Table 9-4a）は，乳児のぐずりはじめのエピソードであるが，乳児の機嫌の悪さに対して「イヤなの」と確認の非代弁，あるいは，「機嫌直して」と依頼の非代弁を用いて機嫌の悪さに対峙するのではなく，機嫌の悪さの確認やその原因をいったん保留し，あえて反対の代弁で乳児の機嫌

Table 9-4a　代弁エピソードと非代弁エピソードの例

【エピソード1】6ヶ月女児と母（発話 ID 300625～300646）

親に抱えられて座っていた子が、手を伸ばし身を乗り出した。親の「どこ行きたい？(300629/non)」「行ってみる？(300631/non)」などの発話から、親が子がハイハイをしたがっている（まだできないが）と解釈したことがわかる。親は、子の身体をうつぶせに支えながら、身体の動きに合わせて、「よいしょ(300633/ch)」や「ごろん(300635/ch)」などの代弁や「がんばれ(300638/non)」などの非代弁のことばかけが続く。これら子の行為に合わせた代弁は、子のハイハイをしたいという気持ちを顕在化し、子が開始した行為を維持し、さらに促進しようとしている。なお、親は無自覚であると思われるが、親が子の身体を支えているときには代弁が用いられ、手を離し、子の顔をのぞきこむときは非代弁が用いられていた。

	300625	M	I （母の膝の間から身を乗り出す） よし /non（子の移動の許可として） I （さらに身を乗り出す）
	300626	M	じゃ、がんばれ /non
	300627	M	いってごらん /non
	300628	M	よし /ch（前発話「いってごらん」の応答）
	300629	M	どこ行きたい（↑）/non
	300630	M	よし /ch
	300631	M	行ってみる（↑）/non
	300632	M	よしよし、行ってみようか、じゃあ /pa （子を抱き、寝返りを促す姿勢）
	300633	M	よいしょ /ch
	300634	M	はっ /ch （子が手を振る動きに合わせて）
	300635	M	ごろん /ch （子の腰を支えながら）
	300636	M	ごろん /ch （子の腰を支えながら） I （片足が上がり、身体が傾く）

【エピソード2】12ヶ月男児と母（発話 ID 601212～601221）

子が手押し車を押して歩き回っていた。電気コードに手押し車が引っかかったり、棚に当たったりすると、親が「おー(601212/ch)」や「あー(601219/ch)」などと子の驚きなど内的状態を代弁。子は淡々とした表情で遊びを継続し、親の代弁の声もそれほど大げさなトーンではない。親は、遊びの小さなハプニング（コードにひっかかる、棚に当たる）に対して、自ら、子のそばへ行き具体的な援助はしなかった。しかし、代弁を用いて、その都度子どもに生じうるネガティブな感情を最小に音声化して消化することで、子の安定したひとり遊びを適度に維持していた。代弁そのものは「あー」や「おー」で具体的な言及対象があるわけでなく、そこから子どもの半意図を反映しているといえる。

			I （押していた手押し車が棚に当たる） I おー
	601212	M	おー /ch（子の声をまねて） （省略）
			I （車が電気コードにひっかかる）
	601218	M	あれ（↑）/ch
	601219	M	あー /ch
	601220	M	おー /ch I （車を棚に当てる）
	601221	M	どん /ch I （車の向きを変えて、押す）

【エピソード3】15ヶ月男児と母（発話 ID 601513～601514）

子が大きなブロックのケースを持ち母の方へ手渡しし、親をはっきり見つめながら訴えるように「うー」と発声する。それを受けて親が「あー重かったねぇ(601514/pa)」と代弁をすると、子はさらに両手を握って力をこめるポーズをし、親の代弁「重かった」を身振りで体現した。親が明確な子の意図「重かった」を代弁し、子は代弁の助けによってその状況を自身でも理解できたようにみえる。

			I （ブロックのケースを持ち母の方へ） （省略）
	601513	M	どうもありがとう /non （お辞儀をしながら） I （母を見て訴えるような発声）
	601514	M	あー、重かったねぇ /pa （子から受け取ったケースを置く） I （両手を握り、力持ちのポーズ）

【エピソード4】3ヶ月女児と母（発話 ID 300313～300321）

おむつ替え中に子の機嫌が悪くなり、親は子の機嫌を持ち直させようと、子の足をさすりながら「（悪い気分に）勝てる、勝てる(300318,300319,300320/ch)」と代弁を3回繰り返した。直前に、子ども視点型代弁で「それどころじゃない(300314/ch)」と、子どもの状態をそのまま発話しているところから、子どもの機嫌の崩れはじめを察知している。しかし、子の機嫌の悪さに直接対峙しようとするのではなく、親が解釈した子の状態とは正反対の代弁で子どもの機嫌の誘導を試みている。3回目の「勝てる、勝てる」という親の声にかぶせるように、子どものぐずり声が一段大きくなる。そのとたん、親は「はいはい、はいはい(300321/non)」と子のぐずり声に返答をして、誘導の試みをあきらめ、子どもの機嫌の悪さをそのまま受け入れる姿勢へと即座に転換していた。

	300313	M	こんにちはって /tr （おむつ替え中） （興奮気味の発声がぐずり声に変化）
	300314	M	それどころじゃない /ch
	300315	M	よいしょ、んー /ch（子の気分の立て直し）
	300316	M	よいしょ /ch （子の衣服を整えながら）
	300317	M	よいしょよいしょ /ch （子の足をさすりながら）
	300318	M	勝てる、勝てる /ch （子の足をさすりながら） I （短くぐずり声をあげる）
	300319	M	勝てる、勝てる /ch （子の足をさすりながら） I （短くぐずり声をあげる）
	300320	M	勝てる、勝てる /ch （ぐずり声がいっそう大きくなる）
	300321	M	はいはい、はいはい /non（ぐずり声へ返答）

Table 9-4b 代弁エピソードと非代弁エピソードの例（つづき）

【エピソード5】0ヶ月女児と母 (発話ID 300036)

眠りそうな子に対して「おめめ, 開けてみようよ (300036/pa)」と代弁を用いている。観察中だったので, 親としては観察の中断を避けるべく, 眠ってほしくないという気持ちがあるものの,「おめめ, 開けて」という非代弁を用いた明確な方向付けはしたくないのだろうと思われる。「〜してみる」という試行を示すだけでなく,「〜しようよ」という暗に親子の私たちがともにという意味を加えた親子視点型の代弁を用いていた。誘うときの発話形態を用いた緩やかな方向付けとして代弁が機能している。

	I	(目を閉じ, 眠ってしまいそうな様子)
300036	M	おめめ, 開けてみようよ /pa
		(子を覗き込むようにして)

【エピソード6】6ヶ月男児と母 (発話ID 600612〜600618)

離乳食中, 別室から掃除機の音。子がそちらの方向を向けた。「掃除機の音, するね (600612/pa)」と代弁で子の注意に寄り添いつつも, スプーンを子の口へ運ぶときには, それまでより大きめの声で（やや制圧的に）「あーん (600614/ch)」と声をかけ, 食事中注意が逸れそうになった子を食事に引き戻そうとしていた。

	I	(離乳食中, 別室から音。そちらを向く)
600612	M	掃除機の音, するね /pa
600613	M	はい /non
600614	M	あーん /ch(ご飯を子の口に運びながら)
600615	M	上手上手 /non
	I	(音の方を向く)
600616	M	あ, 何か音するねえ /pa
600617	M	○○くん /non
600618	M	あーん /ch(ご飯を子の口に運びながら)

【エピソード7】6ヶ月男児と母 (発話ID600624〜600628)

離乳食の場面で, 子は淡々と食べており, とくにおいしいという表出はないが,「おいしいねぇ (600624/tr,600625/pa)」という移行型や親子視点型の代弁を用いている。食事とおいしいことを結びつけているように見える。

	I	(離乳食中)
600624	M	うん, おいしいねぇ /tr
600625	M	おいしいねぇ /pa
600626	M	うーん /ch
600627	M	はい, あーん /tr(ご飯を子の口に運びながら)
600628	M	あーん /ch(ご飯を口に運びながら)

【エピソード8】12ヶ月男児と母 (発話ID 601205〜601208)

ごっこ遊びの場面で, 子が立ち上がり, 手押し車を持ったのにタイミングを合わせて,「バイバイ」「行ってきまーす」などを発話。子はとくに歩き出そうとも, バイバイもしていなかった。

601205	M	バイバーイ /non(子に手を振りながら)
601206	M	行ってきまーすって /tr(手を振りながら)
601207	M	行ってきまーす /ch(手を振りながら)
601208	M	行ってきまーす /ch(手を振りながら)

【エピソード9】0ヶ月男児と母 (発話ID 340003〜340015)

おむつを替えながら,「よいしょ (340003/non)」や「これでしゃっぱりー (さっぱり) (340010/ch)」など, 非代弁と代弁の両方で実況中継するように発話が続いた。矢継ぎ早な印象を受ける。子を観察して代弁を行う状況ではなく, むしろおむつの皿事のため, 乳児の表情に目を向ける余裕はないが, 乳児の機嫌を損ねない程度に間を維持するため, 発話し続けているようにみえる。

	M	(子のおむつをはずす)
340003	M	よいしょ /non(母行為に付随のよいしょ)
		(省略)
340007	M	きれきれー (きれいきれい) /ch
		(聞き取り不能)
340008	M	よいしょ /non
		(はずしたおむつを置きながら)
	M	(新しいおむつを着ける)
340009	M	はい /non
340010	M	これでしゃっぱり (さっぱり)/ch
340011	M	はい, 気持ちよかったねぇ /pa
		(視線を一瞬子に向けて)
340012	M	よし, はい /non
340013	M	おしりさっぱりしました /ch
340014	M	よしよしよしよしよし /non
340015	M	よいしょ /non(おむつを処理しながら)

【エピソード10】0ヶ月女児と母 (発話ID300013〜300018)

乳児からの授乳の中断を受け, 親はさらに授乳を再開するか, 終了にするか検討している場面。非代弁で「もっかい, いく？」と尋ね, それに対して「もういらない (300016/ch)」と代弁しているが, その代弁に確信が持てなかったようで, 再度,「もういらない？(300017/non)」と非代弁による質問をしていた。

	I	(授乳中, 乳児の口が乳房から離れる)
300013	M	もうおなかいっぱい(↑)
300014	M	もっかい, いく (↑)/non
300015	M	N, はい /non(子の口を乳首に近づける)
	I	(乳首を口にふくもうとしない)
300016	M	もういらない (↓) /ch
300017	M	もういらない (↑) /non
300018	M	よーし /non(授乳終了の片付けをはじめる)

Table 9-4c　代弁エピソードと非代弁エピソードの例（つづき）

【エピソード11】3ヶ月男児と母（発話 ID 600303）			
観察中に眠りそうな乳児の代弁をしているが，観察者を意識した発話と思われる。		I	（うとうととしはじめる）
	600303	M	ねむくなってきちゃったねぇ，まぶたねぇ /pa
【エピソード12】9ヶ月男児と母（発話 ID 600904～600905）			
おむつ替えのため，仰向けになっている子が足を伸ばす。それに返事をするように「はい（600904/non）」と発話した。		I	（仰向けに寝た乳児が足を伸ばす）
	600904	M	はい /non
	600905	M	はい，こっちもはい /non
【エピソード13】12ヶ月女児と母（発話 ID 301206～301213）			
子が背後に転がったボールを指さす。親は「取ってきて（301206/non）」と声をかけるが，子はすぐに取りには行かない。「よーいどん（301209,301210/non）」と手を叩いて誘導するが，代弁は用いない。何度も名前を呼んだり，「取ってきて」を繰り返して，ようやく子がハイハイでボールを取りに行った。		I	（ボールを転がしてしまう）
	301206	M	取ってきて /non
		I	あっ
			（ボールを指しながら）
	301207	M	取ってきて，Nちゃん /non
			（ボールを指しながら）
	301208	M	取ってきて /non
	301209	M	よーいどん /non
			（手を叩く）
	301210	M	よーいどん /non
			（手を叩く）
	301211	M	ボール取ってきて，Nちゃん /non
	301212	M	Nちゃーん /non
			（声を高くして）
		I	（ボールの方へハイハイを始める）
	301213	M	取ってきてー /non
			（声を高くして）
		I	（ボールをつかむ）
【エピソード14】15ヶ月女児と母（発話 ID 301518～301522）			
子がぼうろ（菓子）を食べているところに，親がそれをほしがってみせた（「ママにもちょうだい（301519,301520/non）」。それに対して，子が親にぼうろを差し出したのを受け，自分で「あーん（301521/non）」といいながら食べた。この「あーん」は，親を発話主体としているが，子どもが親の代弁をするべき場面と捉えられているようだった。		I	（ぼうろ（菓子）を食べている）
	301518	M	おいしい（↑）ぼうろ，おいしい（↑）/non
	301519	M	ママにもちょうだい /non
	301520	M	ママにもちょうだい /non
			（母の口にぼうろを差し出す）
	301521	M	（笑いながら）あーん /non（ぼうろを食べる）
	301522	M	はい，どうもありがと /non

（注）エピソードのもとになった発話群について左側に表示する。また，発話表示において，発話の後のアルファベットは代弁カテゴリーを示す。具体的には，ch；子視点型，pa；親視点型，am；あいまい型，tr；移行型，non；非代弁である。

の誘導を試みている。乳児の気を逸らすために，代弁を用いているといえる。しかし，3回目の「勝てる，勝てる（300320/ch）」という親の声にかぶせるようなかたちで，乳児のぐずり声が一段大きくなる。気を逸らすことが難しいと判断したのだろう。親は「はいはい，はいはい（300321/non）」と言って，誘導の試みをあきらめ，乳児の機嫌の悪さをそのまま受け入れる姿勢へと即座に転換していた。

「消極的な方向付け」は，子どもの様子をうかがいつつの活動の切り替えを方向付ける代弁である。たとえば，エピソード5（Table 9-4b）では，観察中に眠りそうになっている乳児に対して「おめめ，開けてみようよ（300036/pa）」と声をかけている。「～してみようよ」とは，おとな同士のやりとりであれば，

あなたと私が一緒に何かをしてみましょうと誘うときの発話形式であり，"私たち"の視点からの親子視点型の代弁といえる。つまり，親としては観察中なのでその中断は避けたいが，だからといって，まだ扱いに慣れていない新生児に対して非代弁で「おめめ，開けて」と直接的に指示することは避けたかったのだろう。「開けてみようよ」という誘うための発話形式を緩衝として用いていた。また，ここには，エピソード6（Table 9-4b）のように，逸れそうになった注意を再び引き戻す（re-focus）ための代弁も含む。「消極的な方向付け」は，0ヶ月が中心だが幅広い観察期間にみられた。

「場面依存の語彙化」は，子どもからの明確な意図表出がない場面にもかかわらず，場面依存的・文化的視点からこのようにすべき，このように発話すべきという場面と密接に関係のあることばが代弁される。たとえば，食事の場面で乳児（6ヶ月男児）から，おいしいという表出がないにもかかわらず「おいしいねぇ（600625/pa）」という親子視点型代弁が観察された例（エピソード7，Table 9-4b）や，ごっこ遊びで，乳児（12ヶ月男児）が手を振るなどの身振りがないにもかかわらず，親は手を振りながら「行ってきま～す（601207/ch）」という子ども視点型代弁が観察された例（エピソード8，Table 9-4b）が該当する。これらの代弁場面において，乳児の表出や身振りがないことと対照的に，親はおいしいという表情や手を振る身振りをともなっており，代弁という発話だけでなく行為も同時に割り付けることで，文化的な文脈が語彙化され，場面に応じた方向付けがなされていた。「場面依存の語彙化」は，6～12ヶ月に観察された。

このように，「子どもを方向付ける代弁」は，親が子どもに何かをさせたい，その気にさせたいなどに用いられた代弁であり，子どもを方向付けるために機能している。

代弁の機能（3）──「状況へのはたらきかけとしての代弁」

「状況へのはたらきかけとしての代弁」には，「時間埋め」，「親の内的状態の共有要求」，および，「緊急」が含まれる。「時間埋め」は，子どもとの間を維持するための代弁が含まれる。たとえば，エピソード9（Table 9-4b）では，おむつを替えながら，自分の行為は非代弁で，乳児については代弁で実況中継す

るような発話が続いたエピソードである。おむつ替えなどのお世話のとき，丁寧に乳児を観察して，乳児の状況に即した代弁を行う余裕はない。実際，このエピソードの途中まで親は乳児に視線を向けていなかった。乳児の機嫌を損ねない程度に間を維持するため，代弁が用いられているのだろう。時間を埋めるための機能をもつといえる。「時間埋め」は，0ヶ月を中心に9ヶ月まで観察された。

「親の内的状態の共有要求」は，親自身の内的状態（緊張など）を代弁として発話したものである。代弁とは，親が子どもになりきって子どもの声を発することであるので，親の脱可視化といえるが，このカテゴリーのエピソードは，親の内的状態の共有を求めるように親の内的状態を代弁することで親がむしろ可視化する。また，「緊急」については，乳児が食べようとしたお菓子をこぼすなど緊急事態でみられる代弁である。事態に対応しつつ（こぼしたお菓子を拾うなど），乳児の気分を維持するようにやや早口で代弁を用いながら，間を維持している。「緊急」は，12および15ヶ月で観察された。

このように，「状況へのはたらきかけとしての代弁」は，時間を埋めるためや，状況保留のために用いられた代弁であり，親子の停滞した状況へはたらきかける機能があるといえる。

代弁の機能（4）──「親の解釈補助としての代弁」

「親の解釈補助としての代弁」には，「親自身の場の認識化」，および，「観察者への弁解」である。「親自身の場の認識化」は，子どもの不明瞭・未分化な状況に対して，親がその状況を理解し，意味づけようとして親が作った仮説を言語化しているような代弁である。声に出して代弁をしながら，変化のない状況への打開策を模索したり，状況を受け入れようとしたりしているように見える。たとえば，エピソード10（Table 9-4b）では，乳児（0ヶ月女児）の授乳中断を受けて，「もういらない（↓）（300016/ch）」「もういらない（↑）（300017/non）」と，子ども視点型代弁と非代弁が連続する。親の声も小さく，乳児はもう乳をほしがっていないという親としての解釈に自信がもてないでいる様子がみられ，代弁のあと，確認するように質問を投げかけている。代弁として声に出すことが，解釈の補助機能をもっているといえるだろう。この「親自身の場

の認識化」は0ヶ月に多く，6ヶ月まで観察された。

　また，「観察者への弁解」は，子どもの状況について観察者に対して言い訳や解説をしているような代弁で，たとえば，観察中に眠りそうな乳児（3ヶ月男児）に，「ねむくなってきちゃったねぇ，まぶたねぇ（重くなってきたね）(600303/pa)」と親子視点型代弁を用いてすぐそばにいる観察者に乳児の眠い状況を理解してほしいように受け取れる（エピソード11, Table 9-4c）。

　このように，「親の解釈補助としての代弁」は，子どもの未分化な意図や行為を仮であったとしても代弁として声に出すことで理解しようとする親の努力の表れといえ，親自身やとくに観察者に向かうものといえる。

代弁が前言語期コミュニケーションに果たす意義

　代弁は親が乳児の言語未発達を補うために，つまり乳児のために言語化しているようにみえるが，本当にそうだろうか。誰のための代弁かという視点で，さらに代弁の上位4カテゴリーをまとめると，大きくふたつの側面で整理できる。ひとつめは，上位カテゴリーの「子どもに合わせた代弁」と「子どもを方向付ける代弁」である。これらのカテゴリーに属する代弁は，乳児の現在または親の希望的未来の行為や思考の言語化ということができ，その意味で，これらの代弁は「子どものための代弁」といえるだろう。ふたつめの「状況へのはたらきかけとしての代弁」と「親の解釈補助としての代弁」は，親が乳児の意図のわからなさや予測の難しさをかかえた状況が典型的であり，親の情緒調整のため解釈を声に出したり，親の情緒調整のための時間を埋めたりする様子がうかがえる。これらの代弁は，「親のための代弁」といえ，乳児の声を語る代弁であったとしても，乳児の意図や感情に忠実というわけではなく，親のためにも代弁が用いられていることが見いだされた。つまり代弁は親子どちらかのために用いられていたのではなく，双方に向かってはたらき，前言語期のコミュニケーションの一側面を支えているといえる。

(3) 分析2

　ここまで代弁の機能についてみてきたが，では，代弁が用いられない場面において，なぜ代弁が用いられなかったのだろうか。とくに，12ヶ月以降代弁

Table 9-5 非代弁の機能

		月齢	___エピソード数___					
			0	3	6	9	12	15
未代弁	代弁が用いられてもおかしくない場面であるが，該当場面では用いられなかった場面		1	1	1	0	0	0
返答	子どもの代弁が非音声化されており，音声化されない子の訴えや問いに対する返答		0	0	0	1	0	0
代弁の非音声化	それまで代弁が発話されていたような場面で沈黙がみられ，代弁の非音声化がみられる場面		0	1	0	0	2	3
おもちゃの代弁	おもちゃの行為や意図を子どもが理解できるようにおもちゃの代弁をしたもの		0	0	0	0	1	1
親の発話の代弁	子が代弁するかもしれない親の発話		0	0	0	0	0	1

が減少するが，それまで代弁が担ってきた機能がなにに置き換わっていくのかについても検討したい。異なる親子や異なる観察時点において代弁が生じる場面に代弁が出なかったエピソードを非代弁エピソードとして，KJ法による分析を行った。その結果,「未代弁」,「返答」,「代弁の非音声化」,「おもちゃの代弁」, および,「親の発話の代弁」にまとめられた（Table 9-5）。

まず,「未代弁」は，類似した別の場面においては，代弁が用いられたかもしれないエピソードが含まれる。低月齢でのエピソードにみられ，全体的に親の（観察場面への）緊張や乳児を相手にした戸惑いが感じられ，乳児とのやりとりに慣れていない様子がみられた。

「返答」は，親の言語的な質問が先行していない場面で返答をしているエピソードが含まれる。換言すると，乳児の代弁が非音声化されており，音声化されない乳児の訴えや問いに対する親からの返答といえる。たとえば，エピソード 12（Table 9-4c）の 9 ヶ月男児とのやりとりでは，乳児が足を伸ばしたことを受けて，親が「はい（600904/non）」と返事をしている。足を伸ばした行為を具体的に意味づけ代弁しているわけではないが，「はい」と返事をすることで，乳児にとっては「何らかの」意味があったのだろうという，やりとりのかたちを作り出すことができたといえる。

「代弁の非音声化」は，それまで代弁が発話されていたような場面で沈黙がみられ，代弁の非音声化がみられる場面であり，「返答」場面に比べて，子ど

もの意図が明確であった。たとえば，エピソード 13 (Table 9-4c) は，親がボールを取りに行くことを誘導している場面である。「取ってきて」という直接指示の非代弁を繰り返していた。すぐに取りに行こうとしない乳児に，指さしや乳児の身体を揺するなどして促すが，「あ，ボールだ」や「ボール，いっちゃった」などの代弁を用いることはなかった。「取ってきて」の繰り返しから，親は子どもがこの理解語を獲得していることを知っていることがわかる。このような場合，親は乳児の理解を尊重するため代弁が抑制されているのかもしれない。

　「おもちゃの代弁」は，おもちゃの行為や意図を子どもが理解できるようにおもちゃの代弁をしたものである。なお，本研究では，子どもの視点が含まれた発話を代弁としているため，「おもちゃの代弁」も次に述べる「親の発話の代弁」も非代弁に含まれる。「親の発話の代弁」は，子どもが親は言うだろうと，親が推測したことについての発話であり，子どもによる親の代弁の，代弁である。たとえば，ぼうろを食べている 15 ヶ月女児に親が，「ママにもちょうだい」と声をかけ，子どもが母の口元にぼうろを差し出すと，自分で「あーん (301521/non)」と言いながら食べた（エピソード 14, Table 9-4c）。「あーん」は確かに親の行為に付随した発話であるので，これは子どもの代弁にはあたらない。しかし，食べさせるという場面において，「あーん」は食べさせる人が食べる人の代弁をすることが多い場面でもある。今回の 15 ヶ月までのデータでは，乳児が明確に親の代弁をするということはなかったが，この「親の発話の代弁」が内化されると，乳児自身が代弁を使い出すかもしれない。

　このように，非代弁に関するエピソードを検討すると，乳児自身の発話が代弁を代替していたのではなく（いずれの乳児もまだ観察場面でほとんど発話をしていない），代弁が徐々に非音声化され，乳児自身の音声を待つための隙間が準備されていたことがわかる。

第4節　総合的考察

(1) 代弁機能の発達的変遷

　本研究では，前言語期の親子コミュニケーションにおける代弁について，量的な変化を検討した予備分析を経て，分析1では代弁の機能についての質的な検討を，分析2では，代弁が用いられていない場面における代弁の代替性について検討した。ここでは，予備分析から得られた代弁の量的変化，つまり，①代弁が漸増する時期（0～3ヶ月），②代弁がピークに達する時期（6～9ヶ月），および，③代弁が減退する時期（12～15ヶ月）の3つの時期にそって，機能で整理したあとの代弁エピソードを，月齢にそって考察する（Figure 9-3）。

代弁漸増期

　代弁漸増期（0～3ヶ月）を特徴づける機能カテゴリーは，「消極的な方向付け」，「親自身の場の認識化」および「時間埋め」である。本研究の協力者は第一子を対象としていたため，すべての親がはじめて親となり，乳児とのやりとりを体験することになった。未分化な乳児の意図を解釈することは難しく，どのように声をかけていいのか，どのように関わっていいのか試行錯誤だっただろう。本研究と同じ協力者へのインタビューの分析（菅野，2008；菅野ほか，2009）によると，生後0ヶ月児の親があげた否定的な育児感情は，乳児のことが「わからない」ことを理由としていた。そのような状況にあって，代弁として乳児について声に出して述べることは，親が乳児を理解したり，状況を理解したりする助けとなったのではないだろうか。乳児の声として音声化した発話を，親自身が一番に聞いていたことだろう。「親自身の場の認識化」の代弁を用いて状況を認識し，必要であれば「消極的な方向付け」あるいは「時間埋め」という次の展開を準備するものと思われる。「時間埋め」についても，低月齢の乳児は明確な意図表出をせず，親の側から活動的に働きかけることも難しい相手である。「時間埋め」の代弁は，言及内容に意味があるのではなく，沈黙に陥りがちな親子の時間のBGMのようなはたらきで，代弁は親自身の情緒調整を担っていたのではないだろうか。Valsiner（2007）も述べているよう

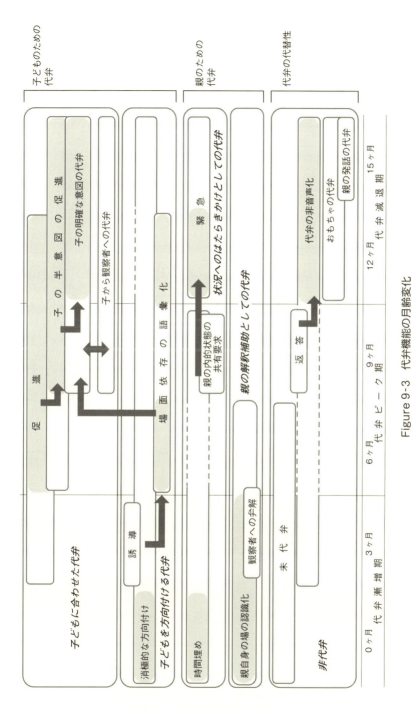

Figure 9-3 代弁機能の月齢変化

（注）□は出現範囲を、■はエピソード2以上の月齢を示している。また、出現範囲内であっても、エピソードが0の場合は点線で示した。

第9章 【研究5】親子コミュニケーションにおける代弁の機能の変遷　167

に，言語化はことばといった記号的媒介によって主体を文脈の外に置き，情緒との心理的距離化をはかることができる。つまり，言語化によって客体化を可能にし，情緒調整が可能になる。情緒とは，本来的に抑制されるべき対象というだけなく，他者や環境との適合を生み出し，他者との関係を構築する調整子でもある（須田，1999）。すなわち，「認識化」や「時間埋め」といった代弁は，母親が，我が子という新たな他者との間の適合を探す情緒調整的な意味合いがあったものと推測できる。また，分析２の非代弁エピソードの分析における「未代弁」についても，子育て実践の経験が浅い親が代弁という時間を埋める方略をまだ使い慣れていないためという印象を受ける。

代弁ピーク期

　代弁ピーク期（6〜9ヶ月）には，親が乳児の行為や意図を解釈しながら代弁を行う「促進」，続いて，「子の半意図の促進」などのエピソードがみられ，代弁の本来の意味である代わりに話す機能に特徴がある。生後半年ごろを過ぎると乳児は，より活動的になり，外界にも興味を向けるようになる。親は，乳児の活動や興味によりそい，現行行為を維持すべく，代弁を行うようになるのである。「促進」においては行動を擬態語化した代弁が多く，乳児の意図というより目に見える行為に追従的な代弁もあるが，乳児の意図の兆しが見え始めると，「子の半意図の促進」へと代弁の機能が移行する。そして，「子の半意図の促進」は，次の減退期に向けて，乳児の意図表出がより明確になり「子の明確な意図の代弁」へと引き継がれることになる。また，この時期，食事やごっこ遊びなど特定のことばと結びついた場面では，その状況に典型的な発話を割り付けるように代弁をはじめる（「場面依存の語彙化」）。乳児がまだ自分で話すには早い時期であるが，この「場面依存の語彙化」の代弁を含むやりとりを通して，乳児は徐々に，場面に応じたことばでのやりとりを学ぶきっかけとなるだろう。それは子どもの意図として当該場面から引き出されるようになり，次の時期の「子の明確な意図の代弁」へと引き継がれることになるだろう。

代弁減退期

　代弁減退期（12〜15ヶ月）ともなると，親子の平和なやりとりが維持され

ていれば，代弁が頻繁に用いられることはなくなる。「子の意図の言語化」はそれまでの月齢の浅い時期のように，親が子どもの未分化な行動に対して積極的に意味づけを行った結果としての代弁と比べると，前提となる子どもの意図は明瞭になっており，ただ乳児の言語未成熟部分を補い言語化するという受動的な代弁といえる。「子から観察者への代弁」についても，乳児の行為が観察者に向いていたものであり，やはり乳児の明瞭な意図が前提となった代弁といえる。また，この時期もっとも特徴的であるのは，多くの親子で代弁が減退する一方で，一時的に増える親子がいるということである。代弁数が多い親子のデータをみてみると，「緊急」のエピソードがみられる。代弁数が多くなったのは，「緊急」のエピソードには，代弁が連続して発話されていたためであった。言い換えるなら，本来この時期は，代弁は非音声化され（つまり，発話されず），乳児がいつ会話のターンに介入してもいいように沈黙としてその場が確保されるという非代弁エピソードが主となっているが，お菓子がこぼれるなど緊急事態がおこったときには，代弁を用いることで，一時的な親子の融合状態をつくりあげ，その場が大きく崩れないように維持しながら，親は事態に対応していたのである（こぼれたお菓子を拾うなど）。12ヶ月以降は代弁を含むコミュニケーションを準備しつつも，さまざまな非代弁（「非音声化」，「おもちゃの代弁」，「親の発話の代弁」）を中心にコミュニケーションがなされ，親子のコミュニケーションが多層化している様子がみられた。

以上をまとめると，代弁機能の発達的変遷は，①代弁漸増期（0〜3ヶ月）；親子のやりとりを試行錯誤するために代弁が用いられる時期，②代弁ピーク期（6〜9ヶ月）；代弁が子どもの意図の発達に応じて限られた機能で用いられるようになる時期，および，③代弁減退期（12〜15ヶ月）；特化された場面と機能で代弁が用いられる時期，となる。

(2) 代弁を通した文化の外化と内化

ところで，本研究では，発達を文化的コミュニティへの参入のプロセス（Rogoff, 2003）と捉え，代弁を文化的媒介物と位置づけていた。親のような身近な他者がコミュニティを代表し，代弁を介して乳児の獲得すべき文化的声を

どのようにガイドしていたのだろう。

　たとえば，エピソード1において，乳児が手を伸ばして身を乗り出したことについて，親はハイハイをしたいと解釈したからこそ，ハイハイを促進する代弁を行った。乳児の，手を伸ばし身を乗り出すという未分化な行為に対して，親は自分から離れたがっているという乳児の意図とは解釈しなかったのである。乳児のぐずり声に対応しようとするエピソード4においても，「イヤだ」と代弁するのではなく，「勝てる，勝てる」と代弁している。つまり，代弁とは，親の解釈を経て，文化に適合的なものが声として選択されていたといえるだろう。親から離れるより，積極的にハイハイに挑戦するという乳児像（エピソード1）や，否定的な気分をそのまま表出するよりそれを自分で調整しようとする乳児像（エピソード4）は，親の個人史において構築してきた"文化的子ども"ではないだろうか。すでに述べたように，解釈の"まるで"構造（Valsiner, 2007）は当該状況を意味あるものとして組織化するときの飛躍として捉えることができるが，この飛躍は偶然の方向に働くのではなく，親自身の文化歴史的産物といえる。つまり，代弁は，以下に論じるような親自身の文化的声の外化プロセスのひとつとして捉えることができるだろう。

　代弁の月齢変化の考察から，「促進」→「子の半意図の促進」→「子の明確な意図の代弁」へという代弁機能の変遷があった（Figure 9-3）ことがわかるが，親は，初期には解釈が難しく未分化な行為に対して代弁を行っていたところから，徐々に，解釈できる分だけの乳児の意図を代弁に反映させるという変化を経ていたといえるだろう。さらなる詳細な分析を待たなくてはいけないが，変化の背景には，乳児の意図を伝えるためのコミュニケーション・スキルの発達が影響していると思われる。エピソード1の「促進」の例は，6ヶ月の乳児は，親が乳児の顔を覗き込まない限り，乳児から何かを伝えようと親に視線を向けるということはなかった。「子の半意図の促進」の例であるエピソード2の12ヶ月の乳児は，観察場面における有意味語の発話はみられないが，理解語は複数獲得している場面が観察された。しかし，エピソード2はひとり遊びを淡々と行っている場面であり，乳児の方が親とやりとりをしようとする場面ではなかった。親からすると，おもちゃの操作がうまくいかない場合，機嫌が悪くなることがあることを知っているものの，現前場面で乳児が機嫌を悪

くするかどうかは明確でない状況なのだろう。「あー」や「おー」という抽象的な代弁は，解釈できる範囲の乳児の意図を反映したものであり，言い換えるなら，乳児の意図のあいまいさを尊重し，過剰な解釈（過剰な飛躍）をさけているのかもしれない。「子の明確な意図の代弁」の例であるエピソード3では，乳児は親にはっきりと視線を向け発声もしており，乳児が親に何かを伝えようというコミュニケーション意図は明確であったので，言語化だけが必要だったのだろう。このように，"まるで"構造の飛躍は，乳児のそのたびごとの反応や子育て実践の蓄積によって，その都度修正されていたといえるだろう。

　一方，乳児の側からすると，たまたまの行為であったとしても，親によって代弁されるものとされないもの，つまり，促進される行為や状況，あるいは方向付けられるもの，さらに無視され通り過ぎていくものという選択にさらされることになる。それが声として蓄積し，その場その場の子どもの意図として反映されていくかもしれない。乳児の側から見ると，代弁は文化の内化プロセスの入口といえるだろう。たとえば，「場面依存の語彙化」→「子の明確な意図の代弁」という発達的変遷を考慮すると，さらに明確であるように感じられる。「場面依存の語彙化」においては，子ども自身が当該状況に意味を見いだす前から，この状況ではこの発話といったように，なかば自動的に代弁が行われていた。乳児の側でも徐々に，場面とそれに応じた語彙とを結びつけはじめ，それが乳児自身の声として内化され，乳児の意図を構築していくことになるだろう。その乳児の意図を親が代弁すること（「子の明確な意図の代弁」）は，親から子へ引き継がれた文化的声の再生産といえるかもしれない。乳児の発達が進むにつれて，蓄積された声はその場その場の乳児の意図だけでなく，乳児の対話的自己（Hermans, 2001；Hermans & Hermans-Jansen, 2003；Hermans & Hermans-Konopka, 2010；Hermans & Kempen, 1993）を形成する声としてはたらきはじめるだろう。

　もちろん，親が代弁として外化した文化的声を，乳児がそのまま取り込むわけではない。そこには，偶然や乳児自身の代弁理解（たとえば言語的に）の発達を含めた"加工"のプロセスが介在しうる。つまり，初期には漠然と肯定的あるいは否定的な状況という程度だったのが，のちには明確な言語の理解によって，乳児自身が親の代弁の可否を判断できるところまでに至るかもしれな

い。たとえば，上にも挙げたエピソード3は，親が，乳児の「重かった」という意図と解釈し，「重かったねぇ」と代弁を行っているが，それに対して，乳児は伝わったという満足げな表情に添えて，「重かったねぇ」ということばを反復するのではなく，「重かった」と乳児なりに結びつけた身振りで返している。文化的声の専有プロセスは，乳児の主体的な活動として，ある種の加工を含んで内化されるプロセスといえる。つまり，外化と内化は交互に生じるものであるが，だからといって，鏡で映し合ったように同じものを受け渡しているのではなく，即時的なやりとりのうえに相互に微視的変化をともなっているのだろう（例で乳児がことばでなく身振りで返したように）。文化的発達とは，単純な内化ではなく，文化的道具を使うことによって自分のものとする専有のプロセスといえ，代弁を用いたからといって，それがそのまま乳児の内的な声となるわけではない。むしろ，やりとりの蓄積を前提として，構築されるものといえるだろう。

(3) 親の情緒調整的側面

　ここまで代弁の発達的変遷からみる文化の外化と内化について述べてきたが，最後に，「母親自身の場の認識化」や「時間埋め」といった代弁に代表される親の情緒調整的な機能が見いだされたことも本研究の成果といえるだろう。乳児の長期的な発達という視点以前に，親が目先の，不都合あるいは戸惑いをともなう状況に対して，どのように向き合うかは，乳児期の子どもをもつ親にとって重要な課題である。代弁をすることで，少なくとも沈黙を避け，代弁を用いた自問自答によって自分の解釈を整理し，心理的距離化による情緒調整を試みていた。代弁は親子どちらかのために用いられていたのではなく，双方に向かってはたらき，前言語期のコミュニケーションの一側面を支えているといえる。その意味で，親への移行（たとえば，Katz Wise, Priess, & Hyde, 2010；Mitnick, Heyman & Smith Slep, 2009；岡本・菅野・根ヶ山，2003など）の観点からも興味深いといえるだろう。前言語期の乳児とのコミュニケーションにおいて，親が代弁を用いていることだけに着目すると，親子が通じ合っているようにみえるかもしれない。しかし，代弁が発話されているエピソードをひとつひとつ精査すると，すでに述べたように，かならずしも乳児の意図を反映し

ているわけではない。とくに低月齢期においては，代弁として発話することで，乳児の状況を言語化し，なんらかの意味を措定し，それによってその解釈の吟味が可能になるのだろう。つまり，親子は通じ合っているから代弁ができるのではなく，むしろ，代弁は通じ合いたいという思いであり，試行錯誤のひとつといえるだろう。

　今回の分析では，代弁を4タイプに分けたものの，量的な特徴がみられなかったため続く分析では分けずに分析を行った。今後は，代弁4タイプのそれぞれが特有の機能をもちうるのかどうか，すなわち，「おいしい！」と子ども視点型の代弁を用いたときと，「おいしいねぇ」と親子視点型の代弁を用いたときで差があるのかどうかについて，機能の関連について検討したい。また，代弁の変化の引き金となっているであろう乳児のコミュニケーション・スキルの発達との関連について検討することも重要な課題である。また，代弁が激減した15ヶ月以降，どのようなかたちで親子のコミュニケーションが発展するのかについて検討したい。

第Ⅲ部

総括

第10章
本論文で明らかにされたこと

　第I部においては，妊娠期から乳幼児期にわたる親への移行を親の視点から捉えるという本論文の目的のため，現代の子育ての現状を踏まえたうえで，親への移行についての先行研究を概観し，親への移行を支えている妊娠期や乳幼児期の親子のやりとり，そして，続く実証研究の方法論を支える日記法と観察法についても，先行研究を概観し整理した。

　まず，現代の子育ての特徴として，子育て世代・子育てコミュニティへの参入の不連続性を指摘し，それを補おうとする親準備教育の可能性について述べた。さらに，子育て実践には個人的営み，および，社会的営みの両側面があることを指摘した。親への移行は，妊娠や出産という個人の身体に起こる身体的変化，あるいは，子どもの存在の出現による個別の関わりからくる個人的な営みだけではない。親が社会的な視線に晒され，それぞれのコミュニティにおける社会的な子育てのありように巻き込まれながら，自身の子育て実践を蓄積するという社会的側面もある。もちろん，本論文で対象としたいのは，子育ての個人的および社会的側面に関わって子育て実践を蓄積する親である。子育てが，社会的にどのようにあるべきか，子育ての社会的な善し悪しについて述べようとするものではない。また，これら個人的および社会的側面は切り離せるものでもなく，親への移行を，個人と社会の両方に関連した文化参入として捉え直す視点を提示した。

　そのうえで，実証研究に向けて，妊娠期から乳幼児期の親子関係について先行研究を精査し，本論文の位置づけを試みた。具体的には，妊娠期における胎児の発達を前提とした親子関係の可能性について整理し，妊娠期に胎動に着目する意義を見いだした。出産後については，親への移行において，乳児の身体的世話と，それを支える親子コミュニケーションとの相補的な関係を論じ，それぞれの側面から議論を整理した。とくに，前言語期のコミュニケーションについては，コミュニケーションにおいて親子が非対称な関係にあることを指摘

したうえで，乳児のコミュニケーション参加の可能性を論じた。乳児がもつ人指向性について先行研究を整理し，また，親子コミュニケーションにおける親の貢献について，乳児の未分化な行為についての親の解釈の重要性やIDS (infant-directed speech；乳児に向けられた発話) についての先行研究を整理した。

第Ⅰ部の第3章では，日記法および観察法について述べ，本論文ではこれらの方法を用いて親がどのように乳児を観察するかという親の視点を対象とすることを確認した。

第Ⅱ部では，5つの実証研究を通して，妊婦と胎児，出産後には親と乳児との関係性の変化に着目し，親への移行のプロセスを明らかにするため，親が書き留めた日記や，家庭訪問による縦断的な観察を行い，分析を行った。

第1節　妊娠期の親への移行

まず，妊娠期の親への移行を探るため，妊娠期に唯一我が子を直接感じることのできる感覚である胎動に着目した。研究1では，妊婦に胎動についての日記を依頼し，その日記に記録された語りを分析することを通して，妊婦の胎動への意味づけの過程をモデル化することを試みた。その結果，妊婦の胎動への意味づけには，妊娠期に2つのターニング・ポイントがあることを見いだした。ひとつめは，妊娠29-30週で，胎児の"足"についての語りが急増し，それまで胎児を"人間以外"の"モグラ"や"虫"などとしていた記述が激減する。質的な分析から，妊婦の胎動に対する"足"という意味づけを契機として，足をもつ身体のイメージ，さらに"人間の赤ちゃん"というイメージを徐々に構築するプロセスが見いだされ，胎動という身体感覚を我が子として意味づけられるようになったことが示された。ふたつめのターニング・ポイントは，妊娠33-34週で，胎児の"足"についての語りが一時減少する時期である。ここでは，胎児の"応答"との語りが，母親に向かう応答と意味づけられていたが，第三者へ向かう応答との意味づけへと変化した。本来，胎児からの距離という意味では妊婦より接近できる人やモノはないので，現実的には第三者への応答が，妊婦への応答を超えることはない。すなわち，この現実に反して第三者へ

の応答が超えたということは，妊婦の主観的な捉え方といえる。妊婦は出産が近づくにつれ，胎児を外の世界へ措定して意味づけようとすることが見いだされた。さらに，これら2つのターニング・ポイントで生じた変化の契機として，胎動が妊婦のコントロール下にない自発的な動きであることを指摘した。妊娠の経過にともなって，コントロールできない存在が自分とは別個体であることに徐々に気づき，そのことで，他者としての胎児が意味づけられていった。そして，その変化に対応するように，日記における呼称の使い方も変化した。初期には，第三者を胎児からの視点で"パパ"などと用いていたものが，胎動への意味づけが進むにつれて，むしろ自分と胎児との関係の強さを感じたようである。徐々に，"主人"など妊婦視点の呼称へと変化した。一方，自身については，最初は"私"と妊婦視点だったものが徐々に"ママ"など胎児からみた親としての自分を語るような変化がみられた。

このように，研究1では胎動に対する妊婦の意味づけプロセスを見いだすことができたが，その背景にあるはずの，胎児の成長，すなわち胎動そのものの変化については検討できなかった。研究2では，妊婦の意味づけを支えている胎児の動きの変化を，妊婦の視点から捉えるため，日記において胎動を表現するために用いられたオノマトペに着目し，オノマトペの第一音や清音・濁音の違い，語基の変形や反復などを分析した。その結果，胎動初期の第一期には，小さく弱い動きや小さく湧いてくるような動きがオノマトペによって示され，それを人間以外のモグラや虫というイメージと結びつけており，週齢を重ねた第二期には，胎動が個体性を帯びてきたことを表すオノマトペが用いられ，徐々に身体の部位をもつ人間の赤ちゃんとしてのイメージへと変化した。さらに出産前の第三期には，緩慢な動きや盛り上がったりうごめいたりする動きがオノマトペで表現されるようになり，胎児が大きくなったという感覚から出産後が想定され，他者との関係を踏まえて第三者を介入させた意味づけを行うように変化した。また，妊娠期を通して，さまざまなオノマトペが用いられていた。広く普及した使い方である慣用的なオノマトペだけでなく，新たに創り出された臨時のオノマトペもみられ，これはとくに第一期に顕著であった。オノマトペに用いる語基の音も豊富であり，語基の変形だけでなく，臨時のオノマトペの使用も認められた。臨時のオノマトペを含む多様性は，限られた我が子

からの感覚を自身の身体の感覚を鋭敏化することによって，より正確により弁別的に感じ取ろうとしたものであり，妊婦の能動性を示唆するものであった。

第2節　出産後の親への移行

　さらに，出産後の子どもと対面してからの親への移行については，乳児の世話の核となる授乳，および，親子コミュニケーションの発達を切り口として検討した。研究3では，母乳か人工乳かを含めた授乳のやり方全般についての授乳スタイルが，どのように定着していくかについて，母親が授乳について書き留めた日記を分析した。母乳の過不足を評価する母親の語り口について，"出る・出ない"といった親視点，あるいは，"足りる・足りない"といった児視点のどちらで語られるかについて検討した結果，最初の数ヶ月でどちらかの語り口に安定してくる様子がうかがえた。一方，母乳育児を希望しつつ母乳の分泌が不足し，日記の語り口が安定しなかった母親もいた。その母親は，授乳スタイルの変更が多く，人工乳への"わりきれなさ"が語られ，第三者を含めた関係性のなかで，親が文化－社会的なプレッシャーに晒されていることが示唆された。母乳が測定できないため，親は自身の身体への感受性を高め，児を詳細に観察するように変化した。親に対して，子育ての各側面についての発達の目安が示されることが多く，授乳についていえば，粉ミルクの缶や育児書にはほ乳量の目安表が掲載されている。しかし，実際の子育て実践は，目安表などの基準となる"平均や標準の子ども"として捉えることのできない我が子と向き合う必要に迫られる。なかでも母乳については測定が難しいことから，目安表に頼ることのできない子育て実践との直面は必至であり，それが親としての発達を促進していたといえるだろう。また，授乳という親自身の身体を用いての子育て実践は，身体への感受性の高まりを導き，ある意味生物学的な摂理として親である自分を捉え直す契機となっているといえる。

　研究4および研究5では，乳児が話すことのできないコミュニケーションの相手であるにもかかわらず，親と通じ合っているようにみえるという点に着目し，前言語期の乳児とのやりとりを親がどのように成り立たせているのかにつ

いて検討した。研究4では，親が乳児の言語未習得を補うかのように，乳児の思考や感情を代弁していることを見いだし，子どもの声を帯びた親の発話である代弁とはどのようなものかについて検討した。その結果，代弁には，親の発話の想定される発話主体の違いから，(1) 子ども視点型代弁だけでなく，(2) 親子視点型代弁，(3) あいまい型代弁，および，(4) 移行型代弁があることを見いだした。すなわち，親が発した発話であるにもかかわらず，子どもの視点から発話されたもの，親子を"私たち"として発話されたもの，親の視点か子どもの視点かあいまいなもの，そして，発話の途中で発話主体が移行するものである。さらに，代弁を用いたコミュニケーションは，親のあいまいな解釈を乳児に押しつけるためではなく，"試しに"親子の場に提示し相互調整の可能性を残すためと考察し，親の解釈を"半解釈"と捉え直した。さらに，この半解釈でみられる飛躍 (Valsiner, 2007) が，親が育ってきた歴史を反映し文化的に方向付けられることを指摘し，親が自覚するかどうかにかかわらず，親の個人史的経験にもとづいた文化を子どもに対して提示していることになる。代弁を含んだ対話の構造に巻き込まれるという点で，子どもの発達は文化化として捉え直すことができることも考察した。

　研究4では，親の発話の形式的側面に目を向け，どのような発話主体をもちうるかという観点から，代弁を見いだした。研究5は，親が用いる代弁の機能的側面に目を向けた。代弁がどのような機能をもち，その機能が発達的にどのように変遷するかについて検討した。まず，代弁の機能についてエピソードを整理したところ，12カテゴリーの機能に整理でき，それらはさらに，大きく4つの機能にまとめることができた。すなわち，(1) 子どもに合わせた代弁 (「促進」「子の半意図の促進」「子の明確な意図の代弁」「子から観察者への代弁」)，(2) 子どもを方向付ける代弁 (「誘導」「消極的な方向付け」「場面依存の語彙化」)，(3) 状況へのはたらきかけとしての代弁 (「時間埋め」「親の内的状態の共有要求」「緊急」)，および，(4) 親の解釈補助としての代弁 (「親自身の場の認識化」「観察者への弁解」) である。さらに，これらの代弁の機能を前言語期のコミュニケーションに果たす意義という観点から2つに整理した。ひとつめは，(1) 子どもに合わせた代弁，および (2) 子どもを方向付ける代弁であり，子どもの現在や，希望的未来の行為や思考の言語化であり，子どものための代弁と位置づけた。

ふたつめは，(3) 状況へのはたらきかけとしての代弁，および，(4) 親の解釈補助としての代弁であり，親子の場面を整理して認識したり，親自身の情緒調整をしたり，あるいは，現前場面の間をもたせたりするための代弁といえ，親子の場を維持しようとする親のための代弁と位置づけた。

　もちろん，代弁が，子どもに向けて機能するか，親に向けて機能するかは，二分できるものではなく，ひとつの代弁という発話であったとしても，両方の機能的意義をもちうる。その意味で，分析過程で必ずカテゴリーに分けることを求められるKJ法の方法論的な限界がここにあるといえるが，代弁についてどのような種類の機能がありうるかを検討するうえで，今回の分析は大きな貢献があったといえるだろう。つまり，代弁とは，親が乳児の言語未発達を補うために発話しているだけではなく，親として発達途上である親自身に向けて機能する側面があることを見いだした。

　さらに，研究5では，発達的変遷についても分析した。代弁の頻度の推移を検討した予備分析をもとに，生後0～3ヶ月の代弁漸増期，生後6～9ヶ月の代弁ピーク期，生後12～15ヶ月の代弁減退期の3つに分け，代弁の機能の推移を検討した。その結果，生後0～3ヶ月の代弁漸増期には，「時間埋め」や「親自身の場の認識化」などのエピソードが特徴的で，親が乳児の意図のわからなさを抱えた状況があり，親の情緒調整のため解釈を声に出す代弁や，単に時間を埋めるために代弁が用いられていた。生後6～9ヶ月の代弁ピーク期には，子どもの（半）行為の「促進」や「子の半意図の促進」といった子どもの行為に追従するような代弁が用いられるようになった。この時期の乳児は物体を掴んだり操作したりする，いわゆる人ーモノの二項関係の時期である (Tomasello, 1999)。これは言い換えると，それ以前の人ー人二項関係の時期には，大人の誘導によって対面する大人に対して注意を維持していたものが，大人の助けを借りずに，モノへ焦点化できるようになる。やまだ (1987) も，この時期乳児の関心が人よりもモノに向かいやすいと述べており，これは乳児の注意がそれだけ明確になり，人が目の前にいるから人を見るのではなく，人が目の前にいようが自分が見たいものを見るといった状況を示しているといえるだろう。つまり，子どもの意図が精緻化しているわけではないが，子どもの視線が何を追い，手伸ばしが何を求めているかが，第三者である親に明瞭に理解できるよう

になる時期ということができる。これは，共同注意の発達からすると，子どもが大人の視線に合わせる共同注意が完成した段階以前ではあるが，子どもの視線の先を大人が後追いで注意を向けることで成立する支持的共同注意（大藪，2004）の時期と一致する。乳児が何に注意を向けているか（つまり，乳児がそれをどうしたいかまではわからなくても）に応じるように，「促進」や「子の半意図の促進」のために代弁が用いられている。代弁という親の発話についても，親の支持的な態度が見いだされたといえるだろう。

　さらに，12ヶ月を過ぎるころには代弁が抑制され，代弁が用いられるときも明確な子どもの意図を言語化する受動的な代弁や「緊急」事態での代弁であった。この時期，乳児は，モノを介して人とやりとりができる三項関係が成立し，他者を意図的な存在と理解できるようになる（Tomasello, 1999）。また，乳児の理解語が増加し，親の非代弁の発話（たとえば，「○○，取ってきて」）に対して行動で応答できるようになる時期である。子どもの発語（表出語）の発達としては，会話として成立するほどではないが，それを予測しているかのように代弁が非音声化し，子どもの発話すべき時間的空間が準備されていた。親と乳児との擬似的な対話において親が間（ま）を取ることを"期待された間（expectant pause/pregnant pause）"と表現されることがある（Hermans & Hermans-Konopka, 2010；Newson, 1977）が，本研究における非代弁のエピソードがこれに該当するといえる。Newson（1977）は，親子の対話を引用しつつも（Hermans & Hermans-Konopka（2010）はNewsonの例を引いている），この期待された間の発達的変遷については述べず横断的に捉えている。本研究においては，前段階において代弁が用いられていた状況との類似を指摘しており，そのことから，親が創り出す間が，代弁で埋められていたターン（発話の順番）であり，すなわち，乳児の声を期待していることを示唆しているといえるだろう。言い換えるなら，非代弁としての間は，子どもの表出語の出現を待たず（あるいは，表出語の出現を予測するかのように），代弁が抑制されていることを示しており，親が，乳児が言語的やりとりの準備段階に入っていることを把握していることの表れである。理解語の発達や三項関係の発達について，親が知識としてそれを自覚しているとは言い切れないが，少なくとも我が子の発達を概観して把握していることがうかがえる。

研究5を通して，代弁は親子どちらかのために用いられていたのではなく，発達時期や状況に応じて双方に向かってはたらき，前言語期のコミュニケーションの一側面を支えていたことを見いだした。また，親が代弁を用いることの表面にだけ着目すると，親子が通じ合っているようにみえるかもしれないが，代弁が発話されているエピソードをひとつひとつ精査すると，代弁として発話することで，乳児の状況に仮の意味を措定し，それによってその解釈の吟味を可能にしようとする様子がうかがえた。つまり，親子は通じ合っているから代弁ができるのではなく，むしろ，代弁は通じ合いたいという思いの表れといえた。このような，代弁の発達的変遷は，親がどのように子どもの意図や状況を解釈し，また，仮にであったとしても文化的意味を意味づけようとしていたかの表れであり，親への移行のプロセスを映し出したものといえる。自身の親としての不確定さにその都度対処し，自身の情緒を調整しつつも，解釈しきれない他者としての子どもと向き合い続けることで，結果的には親が子どもの発達時期に応じて代弁を変化させていたことが見いだされた。

第11章
文化化としての親への移行と子どもの発達の足場

第1節　未確立な親

　以上の5つの研究を経て，本論文の貢献について吟味する。まず明らかになったことは，親ははじめから親ではなかったということである。

　妊娠期の調査（研究1および研究2）に参加した妊婦はすべて，自分が妊娠していることを知っていた。しかし，胎動日記の初期において，協力者によっては出産直前まで繰り返して，親になること，あるいは，お腹に胎児がいるということの実感のなさを語っていた。近年妊婦検診において，妊婦が胎児の超音波映像を目にする機会が多くなった。超音波映像は，胎児の存在を視覚的に確認できるものであり，胎児がいることの実感を導くものと思われるが，実際，妊婦にとっては，医師からの画像の解説がなければ，胎児のどの部分が映し出されているかなど胎児を識別することが困難である（鈴井，2005）。つまり，視覚的に確認できたとしても，それが妊婦にとって胎児の実感を導くとは限らないのである。では，唯一の直接的な身体感覚である胎動を感じ始めたら，実感がわくものだろうか。研究1から，胎動に対しても人間以外の"モグラ"や"虫"などの表現を用いており，"人間の赤ちゃん"というイメージの構築は，妊娠29-30週以降であった。つまり，妊婦が感じる身体感覚としての胎動は，はじめの時期，妊婦にとって胎児という意味づけがなかったということである。さらに，"人間の赤ちゃん"のイメージを可能にする胎児の"足"という語りも，いったん足がわかると，それで"赤ちゃん"のイメージが可能になるのではなく，足と人間以外について，交互に繰り返し語られ，"人間の赤ちゃん"というイメージが緩やかに構築されていたことがわかった（研究1）。つまり，子どもという存在の対として構築される親という意識も，妊娠を知っているだけでは発達せず，子どものイメージの構築とともに徐々に発達するものと示唆された。しかし，親への移行が妊娠期に完了するわけではない。研究1の

日記における一人称の分析から，胎動の感じ始めの時期には，日記における一人称はすべて妊婦視点の"私"を用いており，妊娠週齢が増すにつれて徐々に胎児視点の"ママ"という表現がみられるようになってきたが，胎児視点が妊婦視点を上回ることは妊娠期間中一度もなかったのである。つまり，出産を目前にした時期においても妊婦は自分を"ママ"と意味づけてみることがあったとしても，それが定着しているわけではないのである。

　研究2の胎動を表現するオノマトペの分析においても同様のことがいえる。とくに，胎動初期において臨時のオノマトペを含む多様なオノマトペを用い，さらに，胎動の感覚について「不思議な感覚」などの表現が複数の妊婦にみられた。これも胎動に注意や意識を向けているものの，それが何者かについて把握できないという感覚の表れであり，まだ親として未確立の様子がうかがえる。

　では，子どもが誕生すれば親はすぐに親になるかというと，そうではない。研究3の授乳日記を分析した結果からも，親の語り口が安定するまでには試行錯誤を経ること，さらに，授乳育児が思い描いたように進まなかったときには，「（母乳の）で（出）の悪い私」と自虐的な表現を用いて，母乳育児に対する自身の文化的価値との葛藤を表したり，乳児の排便の有無に神経質になったり，第三者に翻弄されたりして，"わりきり"の緒が見いだせず母乳プレッシャーを長く抱えることもある。親としてもっとも原初的な役割である乳を与えるという行為ですら，子どもが生まれた直後には，親はどのように対処していいかわからなくなるのである。

　それは，親子コミュニケーションについての研究4および研究5からもいえる。親は子どもの代弁を用いることで，まだ言語でやりとりのできない乳児ともコミュニケーションを成立させているようにみえた。この現象だけに注目すると，親が乳児の未分化な行動をくみ取り，親が乳児の主体に成り込むことによって，コミュニケーションを成立させているようにみえるかもしれない。これは，親子は通じ合っているのだという素朴な信念と一致し，さらに，発達心理学において，親が乳児の発達の入力刺激と捉えられてきたこととも相まって，親の間主観性，応答性，あるいは，敏感性の評価を目指した多くの研究と同じ立ち位置にみえるかもしれない。第Ⅰ部において概観したとお

り，前言語期のコミュニケーション発達についての研究からは，親子の非対称なコミュニケーション・スキルを補う親の貢献について述べられている（たとえば，Adamson, Bakeman, Smith, & Walters, 1987；加藤・紅林・結城，1992；Kaye, 1977, 1979；Marcos, Ryckebusch, & Rabain-Jamin, 2003；増山，1991；岡本，1999）。それぞれの研究において，未分化な乳児の動きに対して，"まるで"乳児に伝えたい意味があるかのように親が応答すること（増山，1991），大人が過剰に解釈すること（加藤ほか，1992），乳児の動きを読み取り，意味づけること（岡本，1999），解釈のために（乳児の）行為を抽象化すること（Newson, 1978）の重要性が強調されている。つまり，乳児は，意味づけられる経験を積み重ねることで，自分の動きに意味を見いだし，後に，その意味を自身のものとして専有するプロセスが示唆されているといえるだろう。一方，これらの研究では，乳児の未分化な動きに対する親の解釈が，ある意味，乳児の発達の入力刺激であるかのように扱われ，当然視されており，親がどのように乳児の未分化な動きを解釈するかについては触れられていない。換言すると，親の解釈を当然視せず，親の代弁を詳細に観察することを通して，親がどのように子どもを観ているのかを検討しようとした点に本論文の貢献があるといえる。

　研究4および研究5を通して，親による乳児の代弁を詳細に検討すると，乳児の未分化な動きを親が十分に解釈できず，試行錯誤しながらコミュニケーションを成り立たせている様子が示唆された。そもそも，辞書的な意味での代弁は，メッセージの送り手，メッセージの受け手，および，代弁者という三者関係を前提としている。メッセージの送り手が代弁者にメッセージを伝えるまでは，代弁者はメッセージを知らず，代弁者がそれを受け手に伝えるまで，受け手もメッセージを知らないという前提を含意する語句である。しかし，前言語期の親子コミュニケーションにみられる代弁において，送り手である乳児は親にメッセージを伝えられるほどコミュニケーション・スキルが発達していないだけでなく，親が代弁者として乳児のメッセージを伝えるのだとしたら受け手がいないことになる。つまり，親はどのように乳児の代弁を準備したのか，そして，親はなぜ乳児の代弁を親子の場で声に出して（乳児に向かって）発話したのかという2つの疑問が生じるのである。本節ではまず，乳児の代弁を親がどのように準備しているのかについて研究4および研究5で考察したが，こ

こで再度議論を整理したい。

　研究4および研究5では，親の解釈のあいまいさを指摘した。以下の例は研究4からの引用である。例2は，親が乳児に授乳しているときに，乳児の口が乳房から離れたので，親が授乳を終了するかどうか確認する場面である。親が「もうおなかいっぱい？」と尋ね（非代弁），それに対して「もういらない」と代弁で答えているが，興味深いのは，その直後に，親が再度「もういらない？」と質問する（非代弁）のである。0ヶ月の乳児は，動きも未分化で，さらにこの場面では満腹なのか眠りかかっており，乳児の表情を読むことは難しい。親は，授乳を継続するか終了にするかの判断が必要であり，「もうおなかいっぱい？」「もっかい，いく？」と質問を繰り返しながら，児を観察し，さらに「はい」と乳首を近づけ，児が乳を必要かどうか確認しようとする。児が乳首を含もうとしないのを受け，「もういらない」と代弁をして，授乳を終了しようとするが，おそらく，児の乳の必要度（満足度）に確信がもてなかったのだろう。親は再度「もういらない？」と質問を投げかけ，児を観察する。そのあと，授乳終了を決断した。例3についても，児がぐずりだし，はじめは「勝てる，勝てる」という代弁で児の情緒調整を試みる。しかし，児は親の思い描いた調整（ぐずりたい気分に勝って機嫌を直す）を受け入れず，ぐずり声を一段高めることになる。そのとたん，親は代弁を諦め，「はいはい，はいはい」と，途中だったおむつ替えを急ぎ，抱き上げてあやしはじめた。

例2）0ヶ月女児と母のやりとり
授乳が中断し，母が乳児にさらに飲むか尋ねる場面

ID		発話	行為や状況
300013	M.	もうおなかいっぱい（↑）*	
300014	M.	もっかい，いく（↑）	
300015	M.	N，はい	乳児の口元に乳首を近づける
-	I.		乳児は乳首を口に含もうとしない
300016	M.	**もういらない**	
300017	M.	もういらない（↑）	
300018	M.	よーし	授乳終了の片付けをはじめる

＊語尾の上がり下がりのような調子を矢印の向きで表す

例3) 3ヶ月女児と母のやりとり おむつ替えの途中で,乳児がぐずり始めた場面			
ID		発話	行為や状況
	I.	ん ん…	(ぐずり声を出す)
300318	M.	**勝てる, 勝てる** *	乳児の足をさすり始める
	I.	ん ん…	(ぐずり声を出す)
300319	M.	**勝てる, 勝てる**	ぐずり声を遮り,乳児の足をさすりながら
	I.	ん ん…	(ぐずり声を出す)
300320	M.	**勝てる, 勝てる**	再度ぐずり声を遮り,乳児の足をさすりながら
	I.	ん ん…	(ぐずり声が大きくなる)
300321	M.	はいはい, はいはい	ぐずり声を遮って

＊この母親は,ぐずりたい気持ちに打ち勝つという意味で「勝てる」と使っている

　いずれの例も，親の解釈のあいまいさや揺れが観察された。つまり，親が乳児に成り込むことができたり，乳児の解釈を過不足なくできたりするわけでもなく，また，乳児の意図のわからなさや予測の難しさを抱えた状況において，親が過剰な解釈を乳児に押しつけるのでもない。あいまいな解釈だからこそ声に出し"試している"状況といえる。つまり，親は乳児の代弁をするのだが，親は未分化な行為を解釈"できる"のではなく，あいまいな解釈を声に出すことで，自身で聞き直し吟味している。その意味で，この時期の親の解釈は"半解釈"といえるだろう。

　ところで，目の前にいる乳児自身からすべてを過不足なく読み取ることが難しい場合，親はどのように解釈を補うのだろうか。Valsiner（2007）は，解釈を"まるで（as-if）"構造のうえに成り立つものとし，当該状況を推論し，意味あるものとして組織化するときのある種の飛躍（leap）として，"まるで"構造を位置づけている。Valsiner（2007）では，飛躍についてそれ以上述べられていないが，むしろここで問題にしたいのが，飛躍の方向性である。飛躍（leap）というと，方向にかかわらず一気にジャンプする印象があるが，親の解釈における飛躍は，偶然の方向ではない。たとえば，上の例（研究4の例3）において，ぐずった乳児に対して親は，「勝てる」という代弁を行っているが，実際には，乳児はぐずり声を上げており，むしろ"負けそう"な場面である。これは，親が乳児に対してぐずった気分に勝てることを期待しており，すなわち，ネガティブな気分を調整できることの文化的価値を意味づけているといえる。ここでいう文化的価値とは，ヴィゴツキー派の社会文化的アプローチにも

とづく媒介物の総体を文化としたときの，媒介物のもつ情緒的側面を含意したものを指す。したがって，外的な価値基準ではなく，親が個人史で内化した文化であり，それは外的な文化と類似するが同じではない。

　この事例においては，結果的に，目の前の乳児の現状に合わせて意味づけの方を修正することになるが，解釈の飛躍は文化的な価値に方向付けが試みられていた。同様に，研究5のエピソード1においても，親は，乳児が手を伸ばして身を乗り出したとき，乳児が親である自分から離れようとしていると解釈するのではなかった（乳児の動きだけからみると，その可能性があったにもかかわらず）。前後の発話（非代弁）の言及内容をみると，親は，「行ってごらん」「どこ行きたい？」と発話しており，乳児がハイハイをしようとしていると解釈していたことがわかる。そして，乳児の身体の動きに同期させ，力を込めた声で「よし」「よいしょ」と代弁を行っていた。親は乳児が親から離れたがっているのではなく，まだ獲得していないハイハイという運動を試みようする乳児の積極性という文化的価値を反映した解釈を行っている。

エピソード1）6ヶ月女児と母のやりとり
　　　　母の膝に抱かれていた児が手を伸ばす場面

ID		発話	行為や状況
	I.		母の膝の間から身を乗り出す
300625	M.	**よし**	
	I.		さらに身を乗り出す
300626	M.	じゃ，がんばれ	
300627	M.	いってごらん	
300628	M.	**よし**	
300629	M.	どこ行きたい（↑）	
300630	M.	よし	
300631	M.	行ってみる（↑）	
300632	M.	よしよし，行ってみようか，じゃあ	子を抱き，寝返りを促す姿勢
300633	M.	**よいしょ**	
300634	M.	**はっ**	子が手を振る動きに合わせて
300635	M.	**ごろん**	
300636	M.	**ごろん**	子の腰を支えながら
	I.		片足が上がり，身体が傾く

(注) 研究5で例示したエピソードの形式を研究4に合うよう修正した。

　親が個人史において獲得してきた文化的価値を用いて解釈を行うのは，研究1における胎動への意味づけも同様であろう。胎動についての意味づけの場合，

胎児の動きを観察することができないので，研究4や研究5の代弁の分析のように，乳児の実際の動きと比較することはできない。しかし，以下のように明らかに胎児の現状に対する飛躍がみられる。

（57006；29w）
食事のときの胎動は喜びのように感じる。食いしん坊カナァ

（38003；35w）
やはり電車好きなのだろうか。

上は研究1の分析において，「性格」カテゴリーに符号化された例である。57006の例では，食事を喜びに結びつけ，児を食いしん坊と意味づけている。胎内の胎児が実際に何かを食べているわけではないので，よく食べる（健康的な）子どものイメージの表れといえるだろう。また，38003について興味深いのが"やはり"という表現である。一般的に電車好きな子どもは多いが，胎児自身は電車を見たこともないはずである。しかし，この妊婦は子どもについての既存のイメージと胎動とを結びつけ"やはり"と表現したと思われる。子どもイメージとは，子どもに対して抱くイメージのことである（岡野，2003a）が，妊娠以前からの親準備性にとって重要であり（岡野，2003b），妊娠や子育てを通して抽象的なイメージから多層で具体的なイメージへと変化する（青木，2008）ことなどがわかっている。本論文における一連の研究から，妊婦や親が子どもイメージをもっているというだけでなく，自身が感じる胎動や目の前にいる子どもと関わろうとするときに，その子どもイメージを道具的に用いていたことが示された。この子どもイメージは，乳幼児との接触体験が大きく影響し（岡野，2003b），学生など親になる前の子どもイメージはステレオタイプであった。つまり，子どもイメージそのものは，親としての経験以前から構築されており，すなわち，親の個人史における，子どもについての社会文化的経験が蓄積された結果としてのイメージである。その意味を明確にするなら，"文化的子ども"と言い換えることができるだろう。

本論文では，代弁や胎動への意味づけを分析することを通して親がどのよう

に子どもを解釈しているかをつぶさに捉えることができたが，そこからわかることは，親の半解釈を支える飛躍とは，親のもつ子どもイメージ，すなわち，子どもをもとうとする以前からそれぞれの親がその個人史において構築してきた"文化的子ども"という文化的価値が，親への移行期初期を支えていたといえる。親が胎動に意味づけをしたり，乳児の代弁をしたりすることは，目の前の我が子と文化的子どもとを重ねながら，子どもに文化的な声を与えることといえるだろう。もちろん，この文化的な声がそのまま子どもの文化的世界を形成するわけではない（第3節において述べる）が，親子の文化継承の一端が垣間見られる。

　また，同時に，親への移行はゼロからのスタートではなく，それまでの個人史上の文化的子どもの構築の上に，それを実際の体験に応じて修正・変更していくプロセスといえる。このように考えると，近年親になる前の乳幼児との接触体験が減少している（厚生労働省，2003）という事実も，乳幼児の世話の不慣れや子育ての知識不足と関連づけるだけでなく，実際の乳児と向き合ったときに利用可能な子どもイメージが構築されているかという点からも，検討が可能になるだろう。そこから，たとえば，乳児に関する知識や世話に焦点化されがちな育児書や親準備教育の新たなかたちが見いだされ，また，子どもイメージの協同構築の可能性という意味でいわゆるママ友などの育児ネットワークについても捉え直すことができるだろう。

第2節　親への移行のダイナミズム

　このように研究から見いだされた親への移行における，親としての未確立さは，対話的自己（Hermans, 2001；Hermans & Hermans-Jansen, 2003；Hermans & Hermans-Konopka, 2010；Hermans & Kempen, 1993）の概念に即して再考することができる。すなわち，親として確立したポジションを示すI-motherポジションがまだ優位になっておらず，親になる前のさまざまなIポジション（I-womanポジションやI-wifeポジションなど）あるいはI-motherを意識することで内化されたなんらかのポジション（I-not-yet-motherやI-pre-mother）

が，対話のダイナミクスにおいて優位になっている状態といえるだろう。対話的自己とは，複数のIポジションの対話のダイナミクスで自己が形成されるとするもので，親への移行は，I-motherポジションが対話内でどのように優位性を帯びてくるかのプロセスと言い換えることができるだろう。つまり，新たなI-motherなどのIポジションが対話に加わることで，ダイナミクスが崩れ，再編されるというプロセスである。

　胎動日記にみられる胎動への意味づけ（研究1）は，まさに胎児との対話である。妊娠週齢が進むにつれて"人間以外"のものから，"足"のある"人間の赤ちゃん"へと意味づけが変化し，我が子との対話を試し始めていることがわかる。おそらく，I-motherポジションが優位となる以前から，Iポジション間のダイナミズムは親への移行プロセスに沿って，変化し始めており，I-someone-who-has-a-wiggling-thingポジション（私はくねくねする何かを抱えている誰かというポジション）が優位となったり，I-someone-who-the-baby-talks-toポジション（私は赤ちゃんが話しかけてくる誰かというポジション）が優位となったりしながら，展開されていたといえるだろう。

　もちろん，誕生後も，すぐにI-motherポジションが確立するわけではない。研究3からは，授乳日記における語り口が安定しなかった母親は，母乳の不足という問題を抱えており，その日記において「出の悪い母」と自身のことを記述していた。ここに，I-mother-with-low-milk-supplyポジションを見いだすことができるが，これは，この母親が内的な対話において，自身に仮定していたI-mother-who-should-breastfeedポジション（私は母乳を与えるべき母としてのポジション）との対峙を経て，明確化し優位となったポジションといえるだろう。また，Cabell & Valsiner（2014）は，対話的自己のダイナミクスに影響を与えるものとして，触媒という概念を導入している。触媒とは，それ自体は変化しないが内的対話を活性化させる，ある種の刺激であり，たとえば，ここでは母乳が思ったように出ない現状とそこに帯びた社会文化的な価値がそれにあたる（もちろん，触媒はひとつではなく多様に解釈できる）。つまり，母乳の出の状態や母乳に対する社会的価値が変化するのではなく，それらに影響されて，I-mother-with-low-milk-supplyポジションとI-mother-who-should-breastfeedポジションの対話における声の強弱が変化し，その個人個人に固有

の母としての対話的自己（Ｉポジション間のダイナミクス）を構築していくのである。

ところで，第Ｉ部において述べたように，親への移行には，子育てを個人的な営みとしたときの個人史的な側面と，社会から親として扱われることによる社会的な側面がある。そもそも親への移行の個人史的側面と社会的側面は相互に影響し合っており分けられるものではないが，親への移行を，声という，子育てコミュニティでの媒介の内化（の歴史），および，Ｉポジション間の対話ダイナミクスの変化と考えると，社会的側面と個人史的側面の交差点が見いだされる。つまり，親への移行とは，親としての文化的価値を取り込み，それに一方的に染まっていくプロセスではなく，内化された声（子育てコミュニティで媒介として通用する声）をともなう新しいＩポジションが，既存のＩポジションと対話することである。子育て実践における個人的な経験，あるいは，社会文化的な価値としての，それ自体は変化しない触媒によってその対話が促進されたり方向付けられたりする対話的自己のダイナミクスの変化といえるだろう。新たな声は，白紙の状態の上に内化されるのではなく，それまでの個人史を反映した対話ダイナミクスに加わることで，対話構造そのものを変化させているといえる。また同時に，この対話的自己は対話という構造をもっているゆえ，外的な対話として外化されやすく，社会や文化の変化を導き（これについては後述する），個人と社会は循環的構造をもつといえるだろう。

第3節　親への移行を支える子どもの他者性

ここまで，親への移行における文化的子どもに導かれた半解釈，および，親への移行をＩポジション間の対話と捉え直し，発達主体としての親について述べてきた。一方，このように親への移行について，親の解釈や内的対話の側面を強調すると，親への移行が，親の内省，すなわち，親の意識のもち方に支えられているように思われるかもしれない。このような親の努力や思いは親への移行を支える重要な要素であるが，しかしそれだけで親への移行が進むわけではない。たとえば，Bastos, Carvalho, & Medrado（2015）やPontes（2015）は，

子どもの喪失（流産や早期の死）を経験した親について，対話的自己の概念に沿って，親への移行の中断について検討している。子どもを失った親が，自身の悲しい経験を語るなかで，しばしば神や運命，医療ミスについて触れていたが，これらを触媒として用いることで，I-mother に対抗する I-victim（犠牲者としての私）や I-stronger（以前より強くなった私）といったIポジションが内的対話において活性化し，その結果，親になることの価値への固執が見いだされた。一方，これらの親は，次の妊娠の可能性や養子の可能性についても語っているのだが，そこから，これらの親が子どもの存在なしに親への移行を進めないこと（親になるためには実態としての子どもが必要である）に，子どもを失った親が対峙していることも，これらの研究から示唆されるといえるだろう。すなわち，子どもを抜きにして親への移行について述べることはできない。本節では，親への移行において子どもという存在がどのように機能しているかに視点を移して，5つの研究を見直したい。

研究1および研究2では，妊婦の胎動への意味づけの変遷をみた。妊婦は胎児を自身の身体の内側に維持しているが，本来，人は体内にあるものを感じることはできない。体内にある何かの存在を感じることができるのは，それが自発的に動くからである（以下の研究1における例を参照）。

(20006；29w)
私が眠れないでいても，赤ちゃんは寝たり起きたり。赤ちゃんは赤ちゃんのペースで生きてるみたいで，うれしい感じ。

(30005；35w)
ハムスターと遊んでいるとき。…ハムスターがかわいくてそのことしか頭になかった。赤ちゃんのことを忘れていたので，何かハッとさせられた。

(33010；37w)
検査中だというのにおかまいなしに動く。…静かにして欲しかった。そう思うほど，激しく動くのでそれがおかしくて笑いを必死にこらえてました。

妊婦と胎児は身体接触の状態にありながら，胎児が動かない限り接触を意識することはできないうえに，その動きが自分の意図のコントロール下にあるなら，自分の身体と胎児の身体との境界線が引けないだろう。上の日記で語られているように，「私が眠れないでいても（20006）」，「ハムスター…のことしか頭になかった（30005）」ときも，「静かにして欲し（33010）」いときも，これらの親自身の意図とは関わりなく胎動が生じる。胎動の自発性に起因して，妊婦は自身の身体を通して自分とは別の身体の存在に気づき，同時に，コントロールのできなさから自身の身体の有限性にも気づく。Bibring, Dwyer, Huntington, & Valenstein（1961）も妊婦が胎動を感じるようになったあと，心理的"他者"として胎児を徐々に焦点化するようになると述べている。つまり，妊婦にコントロールできない胎児の身体の自発的な動きは，妊婦に胎児の他者性との遭遇を導くといえる。

　さらに，妊婦に突きつけられる他者性は，妊婦にさらなる観察の必要性を迫り，動く身体への興味を導いていたといえるだろう。研究2から，妊婦が胎動を表現する際，さまざまなオノマトペを用いていたことがわかった。オノマトペの多様性，時期による変化，さらには，慣用的なオノマトペでは表現しきれず臨時のオノマトペが用いられることもあった。これは，妊婦が，胎動という自身の身体感覚をその都度弁別的に捉えようとした結果といえ，妊婦の胎動への興味の表れといえる。また，胎動日記には「不思議な感覚」という記述が断続的にみられたが，これはさまざまなオノマトペをもってしても捉えきれない自身の身体の有限性の表れであり，胎動をより詳細に捉えようとする胎児への興味といえるだろう。胎動を弁別的に捉えるところから，胎児の"足"とイメージできそうな胎動感覚を拾い出し，"足"のイメージが"人間の赤ちゃん"イメージ構築のきっかけとなっていた。さらに，弁別的な胎動への気づきが，胎児が喜んだりいやがったりするという"内的状態"，自身や他者への"応答"など，弁別的な意味づけへと展開していたのだろう。妊婦は，"足"という意味づけで満足するのではなく，さらに胎動への感受性を高め，次の意味づけを構築していったといえる。胎児の他者性は，胎児の発達にともなって変化するものであるが，妊婦はその変化に追従しながら，胎動を安定した存在として捉えようとした表れだろう。

また，研究3の授乳についての調査からも，母乳が測定できず，また，平均的な人工乳の量が我が子に適切な量とは限らず，親は我が子と対峙することが求められた。妊娠期に育児書や育児雑誌で学んだ子育て実践を我が子専用の子育て実践へと修正する必要が生じるのである。つまり，胸の張りといった自身の身体の感覚だけでは情報が足らずに，児の排便や表情といった他者の身体への注目や気づきによって，適応的な方向性を見いだすきっかけとなっていた。

(009005；0:15)
右の乳の出は良〜。左ははるが，…たれることもない。…左の乳の出が悪い。

(009006；0:16)
今日はまだ便が出ず。…なるべく母乳でがんばっていたが…。足りないのか？　イライラ。どうしたらいいのか…。と，思っているうちに，夕方，大量のうんちあり。足りているのだろう！

(研究3の事例6および事例9)

　この母親は，母乳の過不足を評価するために自身の身体へ注意を向けつつも，乳児にとっての過不足の目安は乳児の排便であり，授乳日記にはしばしば排便の有無が記載されていた。乳児を自身の身体の感覚だけで捉えることの限界から，乳児の観察の必要性に迫られたのである。乳を飲んだ乳児の身体が満足しているかどうか（満腹か空腹か）を観察することを通して，親は我が子を他者として捉え直す（すなわち，観察が必要な他者として）ことになるだろう。もちろん，我が子が誕生したばかりのころ，親は子どもへの一体感を強く感じようとするものであり，ここでいう他者として捉え直すということは，乳児を他者として客体視したり，距離化したりすることではない。我が子を他者として捉え直す側面が子育て実践のある面を支えており，そのプロセスを経て，授乳スタイルの安定を模索していたということである。
　親の身体の有限性と子どもの他者性については，代弁に支えられた親子コミュニケーションの分析からもいえる（研究4および研究5）。代弁とは，乳児の未分化な意図に直面しつつも，代弁として仮の解釈を措定しようとする親

の努力といえるだろう。たとえば，前節でも取り上げた研究4の例2においては，乳児の授乳中断を受けて，「もういらない（↓）（300016/ch）」「もういらない（↑）（300017/non）」と，子ども視点型代弁と非代弁が連続した。この映像データを再度確認すると，親の声が小さく，戸惑いを帯び，親は乳児の顔をのぞき込むように詳細に観察をしていた。代弁として，文化的子どもイメージを借りて，未分化な乳児の動きにある意味を与えつつ（ここでは，「もういらない」），親は同時に子どもを観察する視点（すなわち，この状況において乳がいるかいらないかを見ようとする視点）を得ていたともいえるだろう。つまり，代弁は，子どものことが解釈できるからなされているのではなく，我が子と早く通じ合いたいという親の願いに支えられ，乳児の詳細な観察を導いていたといえるだろう。そして，このような親の観察が必要となる背景には，子どもに成り込むことはできないという親の身体の有限性がある。

　つまり，代弁は，親がまだ解釈しきれない乳児の思考や気持ちを補うために，親の個人史において構築してきた文化的子どもとの対話を，物理的音声を与えて顕在化したものである。それは，親がもつ文化的子どもの外化，あるいは，バフチン（Bahktin, 2002）が述べているように内言が対話形態をもつとするなら，親の内言の外言化といえる。内言および外言とは，人との間で使用する外言が，徐々に内化し，内言となって高次精神機能の媒介として使用できるようになる（Vygotsky, 2003, 2006）というVygotskyの用語である。したがって，親への移行は，親というポジションを内化しつつ，文化的子どもを外化する双方向のプロセスといえる。また同時に，代弁を声に出すことによって，不明瞭な状況に仮の意味が与えられ，その意味が検証される機会を作っていたのである。すなわち，外言化の結果としての"文化的子ども"の修正といえるが，これについては次節で述べる。

　たとえば，以下の例は研究5で紹介したエピソード2である。

エピソード2) 12ヶ月男児と母のやりとり
　　　児が手押し車を押して遊んでいる場面

ID	発話	行為や状況
	I.	押していた手押し車が棚に当たる
	I. おー	
601212	M. **おー**	子の声をまねて
	(省略)	
	I.	車が電気コードにひっかかる
601218	M. **あれ(↑)**	
601219	M. **あー**	
601220	M. **おー**	
	I.	車を棚に当てる
601221	M. **どん**	
	I.	車の向きを変えて，押す

　このエピソードにおいて，乳児は乳児のペースで遊んでいるが，手押し車が棚に当たったり，電気コードに引っかかったりしたときには，親は「おー」や「あー」など情緒をともなった声で代弁を行っていた。これらの発声としての代弁は，明確な言及対象がないが，これは，親が乳児を解釈しきれないためだろう。ここに，本来的に別個体である親と子の姿が浮かび上がる。しかし，遊びにおける小さなハプニングは乳児の機嫌を損ねかねない（この場面において乳児はとくに表情を変えることはなかったが）。親は，解釈しきれなさを抱えつつも，乳児に生じる可能性のあるネガティブな情緒を過小に音声化して解消するような代弁を行いながら，乳児を丁寧に観察していた。つまり，解釈があいまいであっても暫定的な代弁をすることによって，子どもを観察し，子どもの未分化な意図以前の動きの方向性や半意図への感受性を高めていた。これによって，結果的に，子どもの発達的変化にも敏感であり，代弁に新たな機能をもたせ，代弁の時系列的変化を生じさせていったのだろう。研究5において明らかになったように，代弁が子どもの月齢によって増減することや，代弁の機能が変化したことから，乳児の注意の向け方が明確化し，表出語以前の理解語が発達してきたことなど，その時期その時期の子どもの発達を，親は無自覚に捉えていたと思われる。つまり，子どもの他者性は，子どもの発達という変化に応じて更新されていったといえるだろう。ある時点までいけば，子どもの他者性が解消されるというものではないのである（少なくとも研究5で扱った15ヶ月

までの間には)。このような子どもの発達に追従する親の関心は，親の能動性として，親への移行を推し進めているといえる。

　本節では，親への移行の背景について考察してきたが，親への移行とは親に生じる変化であり，内的な対話をともなうものでもあるが，だからといって，閉じた変化ではなく，子どもの存在によって親への移行が進められていた。すなわち，(1) 子どもの自発性や非コントロール性からくる子どもの他者性，および，(2) 親の子育て資源としての身体の有限性である。つまり，子どもが自発的に動いたり，自発的にぐずったりすることで，親は，子育て資源としての身体の有限性を見いだし，我が子への関心をさらに高めていた（胎動への感覚を高め，乳児の観察を深めていた）。また，親の身体の有限性は，子どもの観察の必要性を生じ，子どもの新たな他者性との遭遇を導いた。つまり，これらは，循環的構造をもっているといえるだろう。このように，他者性を帯びた子どもの存在と親の身体の有限性は，親への移行に不可欠といえるだろう。そして，これらは，本論文における5つの研究から見いだされたように，妊娠期と出産後に繰り返して生じており，おそらく幼児期以降も子どもの発達過程で繰り返し立ち現れ，親が親らしく発達するための，子育て実践を専有するプロセスを維持するはたらきがあるのだろう。これを図化したものが，Figure 11-1である。

第4節　子どもの文化化と伴走する親への移行

　ここまで親の側に焦点化して親への移行について述べてきたが，とくに前3節においては，親への移行について子どもの存在がどのように機能するかについて述べた。子どもの発達を抜きにした子育てや親への移行はない。ここでは，親への移行のプロセスから見えてきた親の姿が，子どもの発達にどのように関わるかについて述べたい。

　親は，胎動という身体的感覚に意味づけを行い，また，出産後も代弁という発話形式を用いて，子どもの未分化な行為に対して意味づけを行っていた。胎動への意味づけや代弁は，親が個人史において構築してきた文化的子どもとい

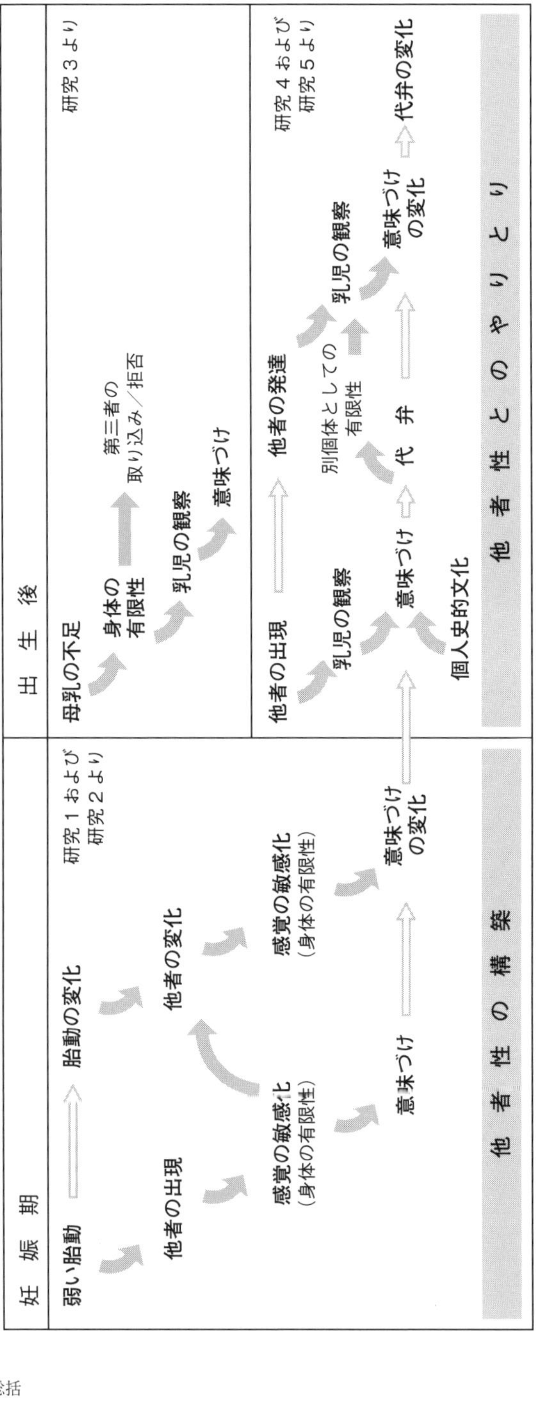

Figure 11-1 妊娠期から乳幼児期にわたる親への移行モデル

うイメージによる飛躍を含んだ解釈にもとづき，文化に適合的と思われる子どもの発するべき声を子どもに与えるものといえるだろう．つまり，文化的コミュニティにおいて通用する媒介としての声であり，親が自覚しているかどうかにかかわらず，子どもが専有すべき声を与えるものである．これは，第Ⅰ部においてすでに述べたように，乳児の発達にとって，大人が乳児の未分化な行為を意味あるものとして扱うことに，大人の貢献があるとする多くの研究（たとえば，Adamson et al., 1987；加藤ほか，1992；Kaye, 1979；Marcos et al., 2003；増山，1991）に一致するものである．しかし，乳児の解釈や意味づけの方向性まで問題としたもの，つまり，親の個人史的文化の外化の問題として捉えようとしたものは多くはない．

　たとえば，以下に示す研究5のエピソード7およびエピソード8は，典型的に親の個人史的文化の外化が反映された例といえるだろう．エピソード7は，食事場面であり，親には食事はおいしくいただくものという文化的な価値（子どもはおいしくご飯を食べるものという"文化的子ども"）があるのだろう．また，エピソード8はごっこ遊びの場面であるが，子どもが立ち上がり手押し車に手をかけることは，出かける場面の再現であり，出かける際の典型的なあいさつが文化的価値として染みこんでいるのだろう．いずれのエピソードにおいても，乳児の表情は淡々としており，とくにおいしそうな表情や手押し車でどこかへ行こうとした様子もなく，また，親に視線を送ることで，親からの働きかけを促している様子もなかった．しかし，親にとって，食事や出かける場面とは典型的な文化的文脈であり，子どもに「当たり前」と思える発話（「おいしいねぇ！」や「行ってきまーす」）を代弁し，さらに，おいしそうな表情や，手を振るという身振りも同時に行っている．まさに，子どもに文化的な声を与えようとしているようにみえる．

```
エピソード7) 6ヶ月男児と母のやりとり
        離乳食の場面
    ID          発話              行為や状況
  600624  M.  うん, おいしいねぇ
  600625  M.  おいしいねぇ
  600626  M.  うーん
  600627  M.  はい, あーん         ご飯を口に運びながら
  600628  M.  あーん              ご飯を口に運びながら
```

```
エピソード8) 12ヶ月男児と母のやりとり
        ごっこ遊びの場面
    ID          発話              行為や状況
            I.                   立ち上がり手押し車に手をかける
  601205  M.  バイバーイ           子に手を振りながら
  601206  M.  行ってきまーすって   手を振りながら
  601207  M.  行ってきまーす       手を振りながら
  601208  M.  行ってきまーす       手を振りながら
```

　また，すでに本章第1節において紹介した研究4の例3および研究5のエピソード1についても同様のことがいえる。乳児がぐずっているときにはそのネガティブな情緒を代弁するのではなく，それを調整しようとする方向で代弁がなされ，乳児が手を伸ばして身を乗り出せば，親から離れたがっているのではなく，ハイハイをしたいという乳児の積極的意図として促進の代弁が行われていた。ネガティブな情緒を調整しようとする子どもイメージや，ハイハイに挑戦する子どもイメージは，まさに親の個人史において構築してきた"文化的子ども"であり，"まるで"構造の飛躍（Valsiner, 2007）がみられる。妊娠期についても，第1節において例示した胎動に対する「食いしん坊」「電車好き」といった意味づけも，親の"文化的子ども"イメージから来るものといえる。

　その意味で，胎動への意味づけや乳児への代弁は，親が構築してきた文化の外化といえ，子どもが文化的な存在，つまり，親などの周囲の人から理解可能な存在として生きていけるよう，子どもとしての声を内化するための足場を作るものである。親が意識していなくとも，子どもの発達の場を整備し，社会に位置づけ，方向付ける親役割をすでに担っていたことが，本論文における一連の研究から明らかになった。

ここで，Hermansの対話的自己の概念（Hermans, 2001；Hermans & Hermans-Jansen, 2003；Hermans & Hermans-Konopka, 2010；Hermans & Kempen, 1993）に即して，子どもの文化化について吟味したい。本章第2節においても，Hermansらの対話的自己を援用したが，そこでは，親への移行として内的対話のダイナミクスの変化について述べた。一方，子どもがどのように対話的自己を発達させるかについてはまだ述べていなかった。ここでは，意味づけられることや代弁されることが子どもにとってどのような対話的自己の発達を導きうるのかについて述べる。

Hermansら（Hermans & Hermans-Konopka, 2010；Hermans & Kempen, 1993）も，対話的自己の発達初期における親子の社会的な関係の重要性に着目している。とくに，新生児期から幼児期にかけての模倣の発達や幼児期の役割遊びにおける役割の交代に着目し，対話的自己におけるそれぞれのポジションは，社会的他者との相互的なやりとりに基盤があるとしている。ここに，対話的自己がWertsch（1991）の声の概念を，声と声の内的な対話へと発展させた意義が見いだせる。つまり，確かに，Wertsch（1991）は，声をvoicesという複数形で用い，多様な声（voices）が内化され，その声を借りて用いていることを指摘していた。しかし，声と声の関係にまでは十分に触れていなかったといえるだろう。対話的自己とは，ある声（a voice）をともなったIポジションが，内的な対話のプロセスを経て，それぞれの声（voices）をともなったIポジション（I-positions）間のダイナミクス，つまり声間の優劣の配置として対話的に自己を捉えようとするものである。子どもの発達についても，他者との外的な対話および内的な対話を経て声をともなったIポジション間のダイナミクスとして，文化化のプロセスとして捉えなすことができるが，ここでいう文化化は，外的な文化に浸り染まってゆく結果としての，当該文化のコピーという意味ではない。内化された声をともなったIポジション同士を対話させる主体としての能動性なしに，対話的自己は成立しないので，声がいくら内化されたとしても，それは即対話の構造に巻き込まれ，その子ども固有のダイナミクスを形成することになるので，外の世界のコピーとはならないのである。Valsiner（2007）が，個人が社会的文脈の一部でありながら，同時にそれとは異なる存在であると指摘する点である。

さらに，第1節において述べたように，親の代弁はあいまいな解釈を子どもに押しつけるためのものではなく，子どもの声となりえるかどうか，"試しに"顕在化された"文化的な子ども"の声である。このような声は，子どもに受け入れられることもあれば，そうでないこともある。たとえば，すでに本章において例示した研究4の例3についても，結局，親が与えようとした子どもの声「勝てる，勝てる」は子どもの機嫌を変えることなく，親が代弁を諦めることになった。一方，研究5におけるエピソード3のように，子どもの月齢が高くなったことで，親の代弁が子どもの意図を得て，子どもに受け入れられる例もある。大きなブロックケースを運んできた子どもに，親は「重かったねぇ」と代弁をし，子どもはそのことばを理解したうえで，重かったポーズとして身振りを自身の身体で体現していた。

エピソード3) 15ヶ月男児と母のやりとり
　　　　　親に頼まれブロックのケースを運ぶ場面

ID	発話	行為や状況
	I.	ブロックのケースを持ち母の方へ
	（省略）	
601513	M. どうもありがとう	お辞儀をしながら
	I. うー	母を見て訴えるような発声
601514	M. **あー，重かったねぇ**	子から受け取ったケースを置く
	I.	両手を握り，力持ちのポーズ

　また，この例について触れておきたいのは，親の代弁「あー，重かったねぇ」が子どもに受け入れられたと述べたが，厳密には，乳児はことばで「あー，重かったねぇ」と自身の口を通して発話したのではなく，身振りという異なる記号的媒介に変更して子どもは受け入れていた。背景には，子どものコミュニケーション・スキルの発達の制約などがあるだろうが，ここでも，必ずしもそのまま親の与えた声が子どもに内化するわけではないことを示している。

　子どもは，親からの意味づけや代弁をそのまま内化させるわけではないと述べたが，親から見ても，個人史において構築してきた文化的子どもを，目の前の子どもに重ねて，子どもに文化的な声を与えようとするが，実際には，受け入れられることもあれば，受け入れられないこともあり（あるいは，未熟すぎて理解できない），子どもとの具体的なやりとりを通して，自身の"文化的子ど

も"を修正・変更しているといえるだろう。さらに述べるなら，親の文化的子どもの外化によって，それが修正・変更されるプロセスは，それがゆるやかに世代を超えて蓄積することによって，文化歴史的時間における文化の変遷をも説明できるかもしれない。親による胎動の意味づけや乳児の代弁は，親子の微視発生的時間軸の変化，親への移行としての個人史上の発達，さらに，社会文化的時間軸における文化の変化の交差点といえるかもしれない。

　ところで，子どもが声を内化するという考え方（Bahktin, 2002；Wertsch, 1991）は，もともと，Vygotskyの内言論から発生したものである。前節で述べたように，外言として大人が使用する言語を，子どもが徐々に内化し，自らの高次精神機能の媒介として使用するための自分のためのことばを内言といい（Vygotsky, 2003, 2006），人との間で使用されていたことばが内化するプロセスを子どもの思考の発達と捉えたのである。さらに，バフチン（Bahktin, 2002）は，内言がさまざまな応答としての対話形態をもつと述べており，Hermans & Hermans-Konopka（2010）やHermans & Kempen（1993）は，それをさらに発展させ，社会的コミュニケーションに起因する声をともなうIポジション間の対話を対話的自己と捉えている。この対話的自己の概念の発達的側面において，Hermansらは，社会的他者との相互的やりとり，なかでも，乳幼児期の模倣や役割遊びにおける役割交代の発達，さらに，親が乳児を意図のあるものとして会話に参加させる擬似的対話（pseudo-dialogue）の重要性に着目した。疑似的対話とは，親が乳児の行為をひとつのターン（turn）として扱うことによって，すなわち"まるで（as if）"によって成り立つような，対話として構造化されたパターン（dialogically structured pattern）のことである（Kaye, 1977；Newson, 1977）。しかし，この擬似的対話において，後に乳児の発声によって埋められることになる"期待された間（expectant pause/pregnant pause）"（Hermans & Hermans-Konopka, 2010；Newson, 1977）については述べられているが，親の発話形式への着目そのものがなされていなかったため，親の発話でありながら乳児を発話主体とする代弁については具体的な指摘がなく，さらに代弁の構造（想定される発話主体や宛名など）や機能についての詳細な考察はみられない。この"期待された間"について，研究5における代弁の発達的変遷についての分析を踏まえて述べるなら，親の行う代弁が生後12ヶ月以降減少し，その背

景のひとつとして,それまで代弁を用いて埋められてきた子どもの発話が非音声化し（代弁の非音声化），間として顕在化したことを見いだした。親ははじめから"期待された間"のある擬似的対話をしていたというより，発達初期においては，むしろ代弁を用いて，対話形式のある発話を子どもに向けて行っていたといえる。そして，子どものコミュニケーション・スキルの発達などにともなって，代弁が非音声化され，まさに，子どもの発話を"期待して"間が準備されていたといえるだろう。

またさらに，Hermans & Hermans-Konopka（2010）は，子どもの対話的自己の発達について役割交代の獲得を重視していることがわかるが，子どもの対話の基礎となるターンテイキングへの未熟な参加について述べているものの，他者の発話から内化された声の人称をどのように変換するかについては述べられていない。ところで，声の人称とは，その声が誰から誰に向かうかという宛名（Wertsch, 1991）を特定する形式であり，声を対話として成立可能にするための重要な声の要素のはずである。しかし，Hermans & Hermans-Konopka（2010）から読み取れることは，子どもが声は声として内化し，後に，役割交代の獲得を待って声の人称を変換する必要があり，さらに，それらの声を対話させるための道具（対話形式）はそれとは別に習得するというプロセスを描いているように思える。しかし，親が誕生直後から代弁を織り交ぜて子どもに発話するということは，少なくとも子どもが触れる発話の一部は人称を変換する必要がなく，また，代弁の一部は非代弁（親を発話主体とした発話）と連続して発話され，はじめから対話の形式を有しているのである。対話の形式（異なる宛名をもつ声のセット）とは，複数の声（voices）を対話として構造化するための道具としてはたらくと考えられる。つまり，声（voices）を対として関連づけ対話させるものであり，内化した声を自分のものとして使うこと，すなわち文化的な媒介としてのことばを専有するための道具といえる。親の代弁に着目することで，乳児が実は役割交代の習得以前から，声（の内容）だけでなく，声（voices）のセットとしての対話形式に触れていたことになる。声は単独にあったのではなく，はじめから対話に埋め込まれていたのである。

第 12 章
親への移行における情緒的適応

　最後に，親への移行における親自身の情緒的な適応について検討したことも，本論文の貢献といえるだろう。第Ⅰ部でも述べたように，親への移行は個人の人生にとって大きなライフイベントであり，なかには十分な準備期間をもつことなく親になり，ある意味，異文化体験のようなショックをともなって親になる人もいる。なかには，強く育児不安（牧野，1982）を感じる親もいる。一方，子育てから得られる達成感や充足感は，子どもの成長だけでなく，自分自身の親としての成長の証としても実感でき，全国の子育て家庭5000世帯以上を対象に行った調査（全国社会福祉協議会，2008）では，母親の98.1%が子育てを楽しく幸せなことだと感じており，93.9%が子育てによって自分も成長していると感じていた。つまり，子育てとは，正負の感情が入り交じった，個人の人生においてもっとも情緒的な営みのひとつといえるだろう。

　親への移行における情緒的適応については，多くの研究がある（たとえば，Crnic, Gaze, & Hoffman, 2005；Crnic & Greenberg, 1990；数井，2002；牧野，1982；佐藤・菅原・戸田・島・北村，1994；菅野，2008；菅野ほか，2009など）が，育児不安など臨床的な対処が求められる事例から，日常的に経験される小さな厄介とどのように折り合いをつけて子育てを行っているかというものなど幅広くみられる。その多くは親からの報告をもとに，親の主観的な情緒について検討されている。

　一方，本研究では，日記や観察といった微視発生的な時間軸において，胎動への意味づけや乳児の代弁を分析したが，これは親が胎児や乳児をどのように解釈しているか，その変遷を捉えようとするものであり，親の観察を観察するものといえる。親への移行のプロセスにおいて，子どもの発達刺激としてではなく，発達主体あるいは適応の主体として親自身の情緒調整的な行動が観られたことも，研究の成果といえるだろう。

(33006;36w)
「お母さん,がんばって！ そんなコトじゃダメだぞー！」と赤ちゃんに叱られた。

　これは,胎動日記からの例であるが,妊婦が疲れていたときに,胎動を感じその胎動に妊婦が意味づけたものである。日記には,まるで胎児が妊婦のネガティブな気分を励ましているように語られている。ここで特筆したいのは,妊婦のネガティブな気分を,実際には妊婦自身が調整しようとしているにもかかわらず,胎動をきっかけとして子どもの声を借りていることである。声(Wertsch, 1991)は,その宛名に向けられた情緒をともなった文化的意味を帯びているが,妊婦に向けられた情緒をともなった子どもの声と対話することによって,自身の情緒調整を行っていたのである。さらに,胎児に仮定された発話には,胎児が妊婦を励ますという"まるで"構造(Valsiner, 2007)がみられ,妊婦にとって不自然ではない方向,すなわち文化的に適切な方向(岡本・菅野・川田ほか, 2014)への飛躍がみられる。また,この日記のカギ括弧で記述されている部分は,妊婦によって胎児の代弁として記述されたものである。誕生後の代弁へと引き継がれるのだろうが,すでに妊婦は我が子との情緒的なやりとりを準備しているのかもしれない。ここでも,いつかは自らの声をもち話し出す存在として胎児が捉えられており,これも親の信念にもとづく飛躍といえるだろう。
　そもそも,体内で何かが動くという経験は,視覚や聴覚が使えず触覚のみの情報がある状況であり,日常的に多様な感覚を同時に統合することで対象を理解していることと比較すると,これは不安定な状況といえるだろう。何かが存在することはわかっても,その全体像は描けず,妊娠と知っていなければ,情緒的な不安をかき立てうるものである。しかし,描けない全体像を補おうとするかのように,妊婦は胎動に意味づけを行っていた。胎動を感じたときに,「今の感触は足だ」と意味づけられることそのものが,妊婦の情緒調整の機能を有していたといえるだろう。
　加えて,誕生後の親子コミュニケーションにおいては,「親自身の場の認識化」や「時間埋め」といった代弁に代表される親の情緒調整的な機能が見いだされた。たとえば,研究5のエピソード9は以下のとおりである。

```
エピソード9） 0ヶ月男児と母のやりとり
         おむつ替えの場面
  ID           発話                     行為や状況
              M.                      子のおむつをはずす
  340003      M.  よいしょ              母行為に付随のよいしょ
              (省略)
  340007      M.  きれきれー（きれいきれい）
              M.  (…)
  340008      M.  よいしょ              はずしたおむつを置きながら
  340009      M.  はい                  新しいおむつを着ける
  340010      M.  これでしゃっぱりー（さっぱり）
  340011      M.  はい，気持ちよかったねぇ
              M.                      視線を一瞬子に向けて
  340012      M.  よし，はい
  340013      M.  おしりさっぱりしました
  340014      M.  よしよしよしよしよし
  340015      M.  よいしょ              おむつを処理しながら
```

このエピソードは，親がおむつ替えを行っているが，子育てがはじまったばかりで不慣れながらも，できるだけ手早く替えようとする様子がみられる。それは，発話ID340011と340012の間で親は子に視線を向けるものの，それ以外は子どもの表情を確認していないのだが，そこからおむつ替えに集中し余裕がないように見えるのである。しかし，親はときに沈黙しながらも，非代弁と代弁の両方を用いながら，間を音声で埋めていた。これは，親が乳児の機嫌を損ねないためともいえるが，同時に，自分の行為を言語化（非代弁の「よいしょ」など）し，子どもの気持ちを代弁（「これでしゃっぱりー」など）することで，完全な沈黙を避け，自分を安心させているのではないだろうか。

乳児の長期的な発達という視点以前に，親が目先の，不都合あるいは戸惑いをともなう状況に対して，どのように向き合うかは，親への移行の途上にいる親にとって重要な課題である。代弁を用いた自問自答は音声化された内言（ヴィゴツキー（Vygotsky, 2001）に従うなら，大人の自己中心的ことばといえる）との対話であり，これによって自分の解釈を整理し，心理的距離化（Valsiner, 2007）による情緒調整を試みていた。

親は，親として発達途上である自身と折り合いをつけながら，つまり，親に

向かう者としての情緒調整を経て，乳児との関わりや新たな自身の役割を楽しんでいるのかもしれない。須田（1999）も述べているように，情緒は抑制されるべき対象としてあるだけでなく，他者や環境との適合を産みだし，関係を構築する調整子でもある。つまり，何かの行動や状況の結果として生じる，結果としての情緒のみを捉えるのではなく，関係に向き合う原動力としての情緒の意義を認めることで，親への移行についても親の実感により近い移行のプロセスが描けるのだろう。上のエピソード9において，「気持ちよかったねぇ」と代弁するとき，親は子どもが気持ちいいだろうと解釈して代弁するだけでなく，その気持ちのよさをともに感じようとしていることだろう。おむつ替えの大変さのなかにあって，子どもを巻き込みながら自身の情緒調整をしているといえる。親が自身の情緒と折り合いをつけながら調整することは，続く子育てへと向かう姿勢を作り出す。生後0ヶ月の乳児のことがわからない時期にも，乳児との関係を投げ出さないのは，このような親の努力があり，その積み重ねは，子どもの発達を待つための時間を創り出すのではないだろうか。

　また，須田（private communication）は情緒調整における身体の意味について強調する。情緒は身体を起源としており，身体を調整することによって情緒が調整されるというのである。たとえば，妊娠期には，胎動という身体的感覚を得ることによって，まだ見ぬ我が子を意味づけ，イメージを構築することによって，親としての意識だけでなく，情緒的な準備も行っていたことだろう。上の胎動日記の例（33006）からも，胎児にはげまされるというかたちをとりながら，情緒的に安定した親を準備しているのかもしれない。誕生後には，乳児の身体的世話の不慣れから不安が生じたことだろう。授乳に関する研究（研究3）からも，授乳日記には「イライラ」など感情語が見られ，また，「どうしたらいいのか」という不安やいらだちを示す記述も見られた。母乳の分泌量が身体を通して把握できないことは親の不安をあおる結果となり，また母乳の不足により身体資源としての有限性と直面することとなった。これらは，身体と情緒との密接な関係を表している。このような身体を背景とした情緒の問題に直面した親は，乳児の身体（排便や表情）に着目点を変え，より詳細に乳児を観察するようになり，自身の身体が楽になるという理由で人工乳を受け入れようとしていた。これは，須田（private communication）がいうところの，情緒の

身体的調整にあたるだろうが，さらなる詳細な分析を今後の課題としたい。

　また，研究4および研究5で前言語期のコミュニケーションにおける代弁について検討したが，本来，ことばが通じない相手とコミュニケーションを取ろうとすることが不安や不全感を生じさせるはずである。しかし，ことばが通じない乳児に対して，代弁として乳児の視点から音声化された発話を行うことは，乳児だけでなく自身にも発話を聞かせることであり，"今・ここ"における乳児の限界や制約を超えて，発達の足場を作ろうとする自身の情緒を準備していたといえるだろう。音声化とは，発声器官を通して物理的音になり聴覚器官を通して受け取れることで身体化と言い換えられる。

　さらに，親が乳児の情緒調整にとっても重要な役割を担う。Hoshi & Chen (1999) も，日本の親が乳児の泣きに対して乳児に謝ることを指摘しているが，親は乳児の情緒状態の責任を感じやすいといえ，乳児の情緒を他者のものとして放置したりはしないのである。胎動への意味づけや代弁はことばを用いたやりとりであるが，実際に，胎児や乳児がことばを理解しているわけではなかった。そのように考えると，親は身体を通して子どもの情緒を調整していたのかもしれない。たとえば，授乳はそれ自体が乳児の身体を満たし，情緒を安定させる行為であった。代弁を用いた親子のやりとりには，これに当てはまる事例がいくつか見いだされた。たとえば，本章第1節で引用した研究4の例3はまさに乳児のネガティブな情緒を直接調整しようとしたものであったが，親は「勝てる，勝てる」という代弁とともに，乳児の足をさすっていた。また，研究5のエピソード1では，ハイハイをしようとする子どもの身体の動きに適合するように代弁「よいしょ」や「ごろん」が用いられ，ハイハイの意欲を維持しようとしていた。また，このエピソードにおいて，代弁と非代弁の両方の発話がみられるが，親は代弁を用いるときに子どもの身体に自身の手をおいていた。親は代弁を用いて子どもの視点から調整を試みるだけでなく，子どもの身体を調整することによって，子どもの情緒を調整しようとしていた例といえる。しかし，本研究では，身体に焦点化した分析は十分とはいえない。今後，代弁と身体との関係についての重要な分析の視点となっていくだろう。

　本章での親への移行についての議論を図化すると，Figure 12-1のようにな

る。親への移行のプロセスには，親の能動性，親の身体資源の有限性，親の情緒調整，子どもの他者性，子どもの発達など，さまざまな要素が関わっていることがわかったが，これらは，親への移行のプロセスにおいて，何度も繰り返し経験されるものと思われる。そして，I-motherポジションといったとしても，それは多層的なそれぞれの親のI-mother間の対話が展開されることだろう。本論文では，親への移行を，親としての新たな声の専有と子どもの声の外化のプロセス，さらに，親子の実際のやりとりを経たプロセスの修正と捉え直したといえる。

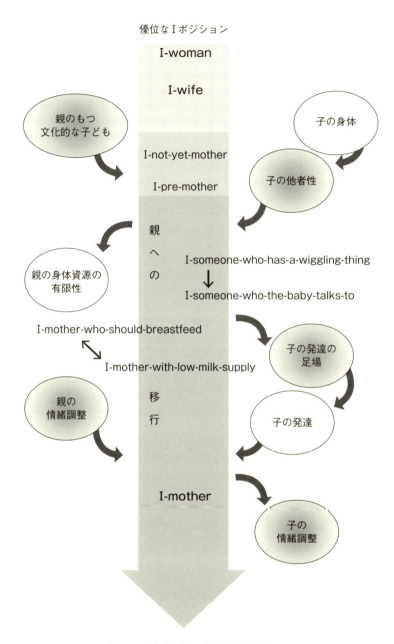

Figure 12-1 親への移行のモデル

第 13 章
今後の課題

　本論文では，妊娠期から乳幼児期にかけての親への移行のプロセスを，親の視点から明らかにすることを目指し，5つの研究を行った。研究1および研究2においては，妊娠期の親への移行を探るため，妊婦に胎動について日記に記すよう依頼し，胎動日記にみられる胎動への意味づけの変化を検討した。妊婦は，胎動という身体感覚に対して，はじめはモグラや虫といった人間以外の意味づけを行っていたが，胎動が個体性を帯びた感覚に変化するのにともなって，胎児の足という意味づけへ，さらに人間の赤ちゃんという意味づけへと変化した。親とは，子どもの存在のみによって定義されると考えると，親自身が我が子の存在に気づき始めたことは親への移行の大きな第一歩といえるだろう。

　出生後については，研究3において，授乳スタイルの定着プロセスに着目し，子育て実践を通した親への移行を検討した。親は，自身の身体資源としての有限性と直面しつつも，第三者との関わりや，乳児を観察することを通して，徐々に子育て実践に慣れるプロセスが見いだされた。また，研究4および研究5においては，子育て実践を支える親子コミュニケーションの成り立ちのプロセスから，親への移行を探ろうとした。親は，まだことばを話さない乳児に対して，乳児の代わりに言語化する代弁を行っていることが示された。代弁は，乳児と親の関係を調整し，乳児の発達の足場を作るだけではなく，親の情緒調整にも関わっていた。

　これらの研究結果を踏まえて，本論文では，親への移行のプロセスを描くだけではなく，その背景にある子どもの他者性や親の身体の有限性について議論した。また，文化化として子どもの発達を捉え直し，子どもの発達に対する親の貢献についても議論した。

　ここでは，本研究の限界と課題について述べる。まず，本研究では，"親"という表現を用いつつ，研究データとしては両性の親を扱ったのではなく，妊

婦や母親といった女性の親のみを対象とした。これは，研究1，研究2，および研究3については，妊娠や母乳を授乳できるのが女性のみであること，そして，研究4および研究5については，第一養育者と乳児とのコミュニケーションを検討しようとしたとき，研究協力家庭すべてにおいて第一養育者が母親であったためである。父親と母親との間に，親への移行の差があるかどうかは議論のあるところである。また，ある地域ある時代の父親と母親との間にみられる差が，経験の差か，それとも生物学的な性差であるのかについても議論がある。しかし，ここでは，妊娠や授乳といった生物学的な営みも，生理的な側面に着目するのではなく，コミュニケーション同様，親へと移行するために蓄積すべき子育て実践と捉え，女性に限定することなく"親"とした。しかし，実際のデータとしては，女性のみを対象としていたので，今後は男性の親への移行について検討する必要があるだろう。とくに，前言語期のコミュニケーションにおける代弁については，父親も母親同様に乳児とのコミュニケーションを行っており，その一方，各家庭における親同士の分業や，そこから生じる子どもとの共有時間や共有経験の差の影響が分析可能である。また，子どもをもつ前の"文化的子ども"に男女差があり，それが代弁に影響をあたえるかもしれない。今後検討したい。

　また，本論文では，親への移行が情緒的適応を含むにもかかわらず，十分な分析はできていない。とくに，胎動日記における情緒的側面について時系列的な検討ができなかった。今後の課題としたい。

　さらに，親子コミュニケーションにおける代弁については，今後さらに展開する可能性がある。たとえば，代弁4タイプと機能の関連，代弁の変化の引き金となる乳児のコミュニケーション・スキルの発達との関連，また，代弁が激減した15ヶ月以降，どのようなかたちで親子のコミュニケーションが発展するのかについて検討したい。まだ詳細な分析は行っていないが，2歳以降，子どもが親の代弁を行うことも観察から見いだされている。また，代弁を通した子どもの文化化という視点から，親の代弁の用い方についての国際比較にも着手したい。アメリカにおける予備調査のデータから，アメリカの親も前言語期のコミュニケーションにおいて代弁を用いる一方，ある場面においては日本の親と異なる用い方をすることがわかっている（岡本，2015）。たとえば，日本

の親であれば無自覚に代弁を用いそうな子どもの達成場面（パズルをはめたときに「できた！」と代弁する）において，アメリカの親は，「You did it!」とyouという主語を置くことで代弁を用いないのである。このことは，子どもの達成を共有して喜ぼうとする日本の文化と，一方，子どもの達成を横取りしないで子どものものとして喜ぼうとするアメリカの文化との相違からくるものかもしれない。集合的文化と自立的文化といった文化論とも関連させつつ，詳細な分析を行う必要があるが，これは，どのようなIポジションの対話のダイナミクスが提供される環境であるかを表しており，今後，検討したい課題のひとつである。

文　献

Adamson, L. B., Bakeman, R., Smith, C. B., & Walters, A. S. (1987). Adults' interpretation of infants' acts. *Developmental Psychology*, **23**, 383-387.

青木まり・松井　豊. (1988). 青年後期における女性性の発達II：異性性と母性準備性の構造について. *北海道教育大学紀要：第1部C*, **39**, 85-94.

青木昭六. (2003). 日英語表現比較：宮沢賢治の作品に見られるオノマトペの英訳文に基づいて. *人間文化：愛知学院大学人間文化研究所紀要*, **18**, 402-348.

青木弥生. (2008). 子どもイメージ, 子育てイメージの役割. 岡本依子・菅野幸恵（編著）, *親と子の発達心理学：縦断研究法のエッセンス* (pp.170-182). 東京：新曜社.

蘭香代子. (1989). *母親モラトリアムの時代*. 京都：北大路書房.

麻生　武. (1992). *身ぶりからことばへ：赤ちゃんにみる私たちの起源*. 東京：新曜社.

麻生　武. (2008). 過去との対話. *ヒューマンサービスリサーチ*, **10**, 79-84.

Bahktin, M. (2002). *バフチン言語論入門*（桑野　隆・小林　潔, 編訳）. 東京：せりか書房.

Bastos, A. C., Carvalho, B., & Medrado, M. (2015). The experiences of women after the early loss of a child: Conceptualizing a semiotic theory of coping and mourning. In K. R. Cabell, G. Marsico, C. Cornejo, & J. Valsiner (Eds.), *Making meaning, making motherfood* (Annals of Cultural Psychology)(pp.151-175). Charlotte, NC: Information Age Publishing.

Belsky, J., & Kelly, J. (1994). *The transition to parenthood: How a first child changes a marriage, why some couples grow closer and others apart*. New York: Delacorte Press.

Bibring, G. L., Dwyer, T. F., Huntington, D. S., & Valenstein, A. F. (1961). A study of the psychological processes in pregnancy and of the earliest mother-child relationship-II. Methodological considerations. *Psychoanalytic Study of the Child*, **16**, 25-72.

Bryant, G. A., & Barrett, H. C. (2007). Recognizing intentions in infant-directed speech: Evidence for universals. *Psychological Science*, **18**, 746-751.

Bushnell, I. W. R., Sai, F., & Mullin, J. T. (1989). Neonatal recognition of the mother's face. *British Journal of Developmental Psychology*, **7**, 3-15.

Butterworth, G. E., & Cochran, E. (1980). Towards a mechanism of joint visual attention in human infancy. *International Journal of Behavioral Development*, **3**, 253-272.

Cabell, K. R. (2010). Mediators, regulators, and catalyzers: A context-inclusive model of trajectory development. *Psychology & Society*, **3**(1), 26-41.

Cabell, K. R., & Valsiner, J. (2014). Systematic systemics: Causality, catalysis, and developmental cybernetics. In K. R. Cabell & J. Valsiner (Eds.), *The catalyzing mind: Beyond models of causality* (pp.3-13). New York: Springer-Verlag New York.

陳　省仁. (2011). 養育性と教育. *北海道大学大学院教育学研究院紀要*, **113**, 1-12.

Coley, R. L., & Schindler, H. S. (2008). Biological fathers' contributions to maternal and family functioning. *Parenting*, **8**, 294-318.

Condon, J. T. (1985). The parental-foetal relationship: A comparison of male and female expectant parents. *Journal of Psychosomatic Obstetrics and Gynaecology*, **24**, 313-320.

Condon, J. T., & Corkindale, C. (1997). The correlates of antenatal attachment in pregnant women. *British Journal of Medical Psychology*, **70**, 359-372.

Condon, W., & Sander, L. (1974). Synchrony demonstrated between movements of the neonate and adults speech. *Child Development*, **45**, 456-462.

Conrad, R. (1998). Darwin's baby and baby's Darwin: Mutual recognition in observational research. *Human Development*, **41**, 47-64.

Cooper, R. P., & Aslin, R. N. (1990). Preference for infant-directed speech in the first month after birth. *Child Development*, **61**, 1584-1595.

Crnic, K. A., Gaze, C., & Hoffman, C. (2005). Cumulative parenting stress across the preschool period: Relations to maternal parenting and child behaviour at age 5. *Infant and Child Development*, **14**, 117-132.

Crnic, K. A., & Greenberg, M. T. (1990). Minor parenting stresses with young children. *Child Development*, **61**, 1628-1637.

Dazzani, M. V. M., & Ristum, M. (2015). Signs of confrontation: Ruptures in family dynamics and in the education of immigrant mothers. In K. R. Cabell, G. Marsico, C. Cornejo, & J. Valsiner (Eds.), *Making meaning, making motherfood* (Annals of Cultural Psychology)(pp.197-220). Charlotte, NC: Information Age Publishing.

Deater-Deckard, K. (1998). Parenting stress and child adjustment: Some old hypotheses and new questions. *Clinical Psychology: Science and Practice*, **5**, 314-332.

DeCasper, A. J., & Fifer, W. (1980). Of human bonding: Newborns prefer their mothers' voices. *Science*, **208**, 1174-1176.

伝　康晴. (2008). 会話・対話・談話研究のための分析単位：隣接ペア. *人工知能学会誌*, **23**, 271-276.

Deutch, F. M., Ruble, D. N., Fleming, A., Brooks-Gunn, J., & Stangor, C. (1988). Information-seeking and maternal self-definition during the transition to motherhood. *Journal of Personality and Social Psychology*, **55**, 420-431.

Fantz, R. L. (1961). The origin of form perception. *Scientific American*, **204**, 66-72.

Feldman, S. S., & Aschenbrenner, B. (1983). Impact of parenthood on various aspects of masculinity and femininity short-term longitudinal study.

Developmental Psychology, **19**, 278-289.

Fernald, A. (1985). Four-month-old infants prefer to listen to motherese. *Infant Behavior and Development*, **8**, 181-195.

Fernald, A., & Mazzie, C. (1991). Prosody and focus in speech to infants and adults. *Developmental Psychology*, **27**, 209-221.

Fernald, A., Taeschner, T., Dunn, J., Papousek, M., de Boysson-Bardies, B., & Fukui, I. (1989). A cross-language study of prosodic modifications in mothers' and fathers' speech to preverbal infants. *Journal of Child Language*, **16**, 477-501.

Field, T. M., Cohen, D., Garcia, R., & Greenberg, R. (1984). Mother-stranger face discrimination by the newborn. *Infant Behavior and Development*, **7**, 19-25.

Field, T. M., Woodson, R., Greenberg, R., & Cohen, D. (1982). Discrimination and imitation of facial expressions by neonates. *Science*, **218**, 179-181.

古川亮子. (2006). 両親学級の実態からみた妊婦教育の課題. *母性衛生*, **47**(2), 290-298.

Gergely, G., Bekkering, H., & Kiraly, I. (2002). Rational imitation in preverbal infants: Babies may opt for a simpler way to turn on a light after watching an adult do it. *Nature*, **415**, 755.

Gratier, M. (2003). Expressive timing and interactional synchrony between mothers and infants: Cultural similarities, cultural differences, and the immigration experience. *Cognitive Development*, **18**, 533-554.

浜　治世・戸梶亜紀彦. (1990). 妊産婦の心理：情動変容の研究を中心に. *心理学評論*, **33**, 104-121.

花沢成一. (1979). 妊産婦におけるつわり症状と母性発達との関係. *日本心理学会第42回大会発表論文集*, 554.

Haynes, H., White, B. L., & Held, R. (1965). Visual accommodation in human infants. *Science*, **148**, 528-530.

Hermans, H. J. M. (2001). The dialogical self: Toward a theory of personal and cultural positioning. *Culture & Psychology*, **7**, 243-281.

Hermans, H., & Gieser, T. (2012). *Handbook of dialogical self theory*. Cambridge: Cambridge University Press.

Hermans, H. J., & Hermans-Jansen, E. (2003). Dialogical processes and development of the self. In J. Valsiner & K. J. Connolly (Eds.), *Handbook of developmental psychology* (pp.534-559). London: Sage.

Hermans, H., & Hermans-Konopka, A. (2010). *Dialogical self theory*. Cambridge: Cambridge University Press.

Hermans, H., & Kempen, H. (2006). *対話的自己：デカルト／ジェームズ／ミードを超えて*（溝上慎一・水間玲子・森岡正芳, 訳）. 東京：新曜社. (Hermans, H., & Kempen, H. (1993). *The dialogical self*. San Diego, CA: Elsevier Inc.)

Hess, E. H. (1972). "Imprinting" in a natural laboratory. *Scientific American*, **227**,

24-31.
Holquist, M., & Emerson, C. (1981). Glossary. In M. Holquist (Ed. and Trans.), C. Emerson (Trans.), *The dialogic imagination: Four essays by M. M. Bakhtin* (pp.423-434). Austin: University of Texas Press.
Hoshi, N., & Chen, S. (1999). Emotion communication of Japanese mothers and their infants. *Research and Clinical Center for Child Develompent Annual Report*, **21**, 27-34.
井上義朗・深谷和子. (1983). 青年の親準備性をめぐって. *周産期医学*, **13**, 2249-2253.
石井宏典. (2007). 参与観察とインタビュー. やまだようこ (編), *質的心理学の方法：語りをきく*. 東京：新曜社.
Jacobson, J., Boersma, D., Fields, R., & Olson, K. (1983). Paralinguistic features of adult speech to infants and small children. *Child Development*, **54**, 436-442.
Johnson, M. H., Dziurawiec, S., Ellis, H., & Morron, J. (1991). Newborns' preferential tracking of face-like stimuli and its subsequent decline. *Cognition*, **40**, 1-19.
Joseph, R. (2000). Fetal brain behavior and cognitive development. *Developmental Review*, **20**, 81-98.
Jusczyk, P. W., & Aslin, R. N. (1995). Infants' detection of the sound patterns of words in fluent speech. *Cognitive Psychology*, **29**, 1-23.
門田成人. (2002). アメリカ合衆国における少年犯罪対策の一断面：子供の犯罪行為に基づく親の刑事責任. *国際公共政策研究（大阪大学）*, **6**(2), 129-147.
亀井美弥子. (2008). 母親の視点から見た育児ネットワーク. 岡本依子・菅野幸恵 (編著), *親と子の発達心理学：縦断研究法のエッセンス* (pp.210-224). 東京：新曜社.
亀井美弥子・岡本依子. (2007). 世代を拓くインターフェイス：異文化"としての"子育てを考える. *日本発達心理学会第18回大会発表論文集*.
Kaplan, P. S., Goldstein, M. H., Huckeby, E. R., Owren, M. J., & Cooper, R. P. (1995). Dishabituation of visual attention by infant- versus adult-directed speech: Effects of frequency modulation and spectral composition. *Infant Behavior and Development*, **18**, 209-223.
加藤邦子・石井クンツ昌子・牧野カツコ・土谷みち子. (2002). 父親の育児かかわり及び母親の育児不安が3歳児の社会性に及ぼす影響：社会的背景の異なる2つのコホート比較から. *発達心理学研究*, **13**, 30-41.
加藤隆雄 紅林伸幸・結城 恵. (1992). 1歳児と養育者の相互作用における社会的行為の構造：幼児の《半行為》と成人による《過剰解釈》. *家庭教育研究所紀要*, **14**, 96-103.
Katz-Wise, S. L., Priess, H. A., & Hyde, J. S. (2010). Gender-role attitudes and behavior across the transition to parenthood. *Developmental Psychology*, **46**, 18-28.
川井　尚・大橋真理子・野尻　恵・恒次鉄也・庄司順一. (1990). 母親の子どもへの結

びつきに関する縦断的研究：妊娠期から幼児初期まで. *発達の心理学と医学*, **1**(1), 99-109.

川井　尚・庄司順一・恒次鉄也・二木　武. (1983). 妊婦と胎児の結びつき：SCT-PKSによる妊娠期の母子関係の研究. *周産期医学*, **13**, 2141-2146.

川喜田二郎. (1967). *発想法：創造性開発のために*. 東京：中央公論社.

川野健治・高崎文子・岡本依子・菅野幸恵. (2003). 授乳スタイルの選択・定着(2)：母乳育児信念の構造とその成立要因. *平成11〜14年度科学研究費補助金研究成果報告書*.

川瀬隆千. (2009). 学生保育サポーター事業のプログラム評価. *宮崎公立大学人文学部紀要*, **16**(1), 45-62.

Kaye, K. (1977). Toward the origin of dialogue. In H. R. Schaffer (Ed.), *Studies in mother-infant interaction* (pp.89-117). London: Academic Press.

Kaye, K. (1979). Thickening thin data: The maternal role in developing communication and language. In M. Bulkwa (Ed.), *Before speech: The beginning of interpersonal communication* (pp.191-206). Cambridge, UK: Cambridge University Press.

数井みゆき. (2002). 保護者への支援. 藤崎眞知代・本郷一夫・金田利子・無藤　隆（編著）, *育児・保育現場での発達とその支援* (pp.83-86). 京都：ミネルヴァ書房.

金　娟鏡. (2007). 母親を取り巻く「育児ネットワーク」の機能に関するPAC (Personal Attitude Construct) 分析. *保育学研究*, **45**(2), 135-145.

Kisilevsky, B. S., Fearon, I., & Muir, D. W. (1998). Fetuses differentiate vibroacoustic stimuli. *Infant Behavior and Development*, **21**, 25-46.

Kisilevsky, B. S., Hains, S. M. J., Lee, K., Xie, X., Huang, H., Ye, H. H., Zhang, K., & Wang, Z. (2003). Effects of experience on fetal voice recognition. *Psychological Science*, **14**, 220-224.

Kitamura, C., & Burnham, D. (2003). Pitch and communicative intent in mother's speech: Adjustments for age and sex in the first year. *Infancy*, **4**, 85-110.

Kitamura, C., & Lam, C. (2009). Age-specific preferences for infant-directed affective intent. *Infancy*, **14**, 77-100.

Koivunen, J. M., Rothaupt, J. W., & Wolfgram, S. M. (2009). Gender dynamics and role adjustment during the transition to parenthood: Current perspectives. *The Family Journal*, **17**, 323-328.

厚生労働省. (2003). *平成15年版厚生労働白書*. 東京：ぎょうせい.

上妻志郎・岡井　崇・水野正彦. (1983). 超音波断層法による胎児行動の解析. *周産期医学*, **13**, 1897-1900.

Levy-Shiff, R. (1994). Individual and contextual correlates of marital change across the transition to parenthood. *Developmental Psychology*, **30**, 591-601.

Lumley, J. M. (1982). Attitudes to the fetus among primigravidae. *Australian Paediatric Journal*, **18**, 106-109.

前田　清・池沢敏子・佐野明美. (1987). 母乳哺育と母親の心理的因子との関連について. *小児保健研究*, **46**, 58-62.

牧野カツコ. (1982). 乳幼児をもつ母親の生活と〈育児不安〉. *家庭教育研究所紀要*, **3**, 34-56.

牧野カツコ. (1985). 乳幼児をもつ母親の育児不安：父親の生活と意識との関連. *家庭教育研究所紀要*, **6**, 11-24.

Marcos, H., Ryckebusch, C., & Rabain-Jamin, J. (2003). Adult responses to young children's communicative gestures: Joint achievement of speech acts. *First Language*, **23**, 213-237.

間崎和夫・平川　舜. (1998). 胎動が激しいがへその緒が巻いてしまわないでしょうか. *周産期医学*, **28**, 186-188.

増山真緒子. (1991).「心理的人間」となる子どもたち. *現代思想*, **19**(10), 104-115. 東京：青土社.

Meltzoff, A. N. (1995). Understanding the intentions of others: Re-enactment of intended acts by 18-month-old children. *Developmental Psychology*, **31**, 838-850.

Meltzoff, A. N., & Moore, M. K. (1977). Imitation of facial and manual gestures by human neonates. *Science*, **198**, 75-78.

三澤寿美・片桐千鶴・小松良子・藤澤洋子. (2004). 母性発達課題に関する研究（第2報）：妊娠期にあるはじめて子どもをもつ女性の気持ちに影響を及ぼす要因. *山形保健医療研究*, **7**, 9-21.

Mitnick, D. M., Heyman, R. E., & Smith Slep, A. M. (2009). Changes in relationship satisfaction across the transition to parenthood: A meta-analysis. *Journal of Family Psychology*, **23**, 848-852.

三林真弓・常包知秀・岡田昌子. (2005). 新たな育児支援サービスの提案とその効果. *東京財団研究報告書*.

宮崎清孝. (2001). AV機器が研究者によって実践に持ち込まれるという出来事. 石黒広昭（編著），*AV機器をもってフィールドへ：保育・教育・社会的実践の理解と研究のために* (pp.47-73). 東京：新曜社.

森下葉子. (2006). 父親になることによる発達とそれに関わる要因. *発達心理学研究*, **17**, 182-192.

本島優子. (2007). 妊娠期における母親の子ども表象とその発達的規定因及び帰結に関する文献展望. *京都大学大学院教育学研究科紀要*, **53**, 299-312.

室岡　一・越野立夫・高橋　亘・力武義之. (1983). 胎児期の母子相互作用. *周産期医学,* **13**, 2133-2137.

長鶴美佐子. (2006). 周産期の実母との関係性が産褥1ヶ月の褥婦のメンタルヘルスに及ぼす影響. *母性衛生*, **46**, 550-559.

中山まき子. (1992). 妊娠体験者の子どもを持つことにおける意識：子どもを〈授かる〉・〈つくる〉意識を中心に. *発達心理学研究*, **3**, 51-64.

根ヶ山光一 (1995). 子育てと子別れ. 根ヶ山光一・鈴木晶夫 (編著), *子別れの心理学* (pp.12-30). 東京：福村出版.

根ヶ山光一. (2002). *発達行動学の視座：〈個〉の自立発達の人間科学的探究*. 東京：金子書房.

Newson, J. (1977). An intersubjective approach to the systematic description of mother-infant interaction. In H. R. Schaffer (Ed.), *Studies in mother-infant interaction* (pp.47-61). London: Academic Press.

Newson, J. (1978). Dialogue and development. In A. Lock (Ed.), *Action, gesture, and symbol* (pp.31-42). London: Academic Press.

大日向雅美. (1981). 母性発達と妊娠に対する心理的な構えとの関連性について. *周産期医学*, **11**, 1531-1537.

大日向雅美. (1988). 母子関係と母性の発達. *心理学評論*, **31**, 32-45.

大藪　泰. (2004). *共同注意：新生児から2歳6か月までの発達過程*. 東京：川島書店.

大藪　泰. (2005). 赤ちゃんの模倣行動の発達：形態から意図の模倣へ. *バイオメカニズム学会誌*, **29**(1), 3-8.

岡本夏木. (1982). *子どもとことば*. 東京：岩波書店.

岡本夏木. (1999). 言語発達研究を問いなおす. 中島　誠・岡本夏木・村井潤一 (著), *ことばと認知の発達* (pp.139-201). 東京：東京大学出版会.

岡本依子. (2000). 母子コミュニケーションにおける母親における子どもの代弁：1歳児への代弁の分類. *人文学報 (東京都立大学)*, **307**, 73-94.

岡本依子. (2001). 母親と子どものやりとり. やまだようこ・サトウタツヤ・南　博文 (編), *カタログ現場心理学：表現の冒険* (pp.12-19). 東京：金子書房.

岡本依子. (2006a). 親が語る不安. 岡本拡子・桐生正幸 (編著), *幼い子どもを犯罪から守る！：命をつなぐ防犯教育* (pp.28-41). 京都：北大路書房.

岡本依子. (2006b). 子どもへの防犯教育の可能性. 岡本拡子・桐生正幸 (編著), *幼い子どもを犯罪から守る！：命をつなぐ防犯教育* (pp.60-70). 京都：北大路書房.

岡本依子. (2008a). 親子のやりとりについての観察のしかた. 岡本依子・菅野幸恵 (編著), *親と子の発達心理学：縦断研究法のエッセンス* (pp.41-50). 東京：新曜社.

岡本依子. (2008b). 胎児とのやりとり. 岡本依子・菅野幸恵 (編著), *親と子の発達心理学：縦断研究法のエッセンス* (pp.95-106). 東京：新曜社.

岡本依子. (2008c). 母親による子どもの代弁. 岡本依子・菅野幸恵 (編著), *親と子の発達心理学：縦断研究法のエッセンス* (pp.134-146). 東京：新曜社.

岡本依子. (2009a). 育児不安と子育て支援. 繁多　進 (編著), *子育て支援に活きる心理学：実践のための基礎知識* (pp.130-140). 東京：新曜社.

岡本依子. (2009b). 開かれた対話としてのインタビュー. *質的心理学フォーラム*, **1**, 49-57.

岡本依子. (2010). 親子関係とコミュニケーション. *発達*, **121**, 9-17.

岡本依子. (2013a). 親の視点からみた親子の関係発達：発達の場を整備する子ども. *生涯発達心理学研究*, **5**, 441-451.

岡本依子. (2013b). 親を育てる. 日本発達心理学会 (編), *発達心理学事典* (pp.164-165).

東京：丸善出版.

岡本依子. (2015). 米国親子のコミュニケーションにおける親の代弁：前言語期の親子の縦断研究から. *日本発達心理学会第26回大会論文集*, 2-10.

Okamoto, Y. (2015). Exploring the transition to motherhood. In K. R. Cabell, G. Marsico, C. Cornejo, & J. Valsiner (Eds.), *Making meaning, making motherfood* (Annals of Cultural Psychology)(pp.221-235). Charlotte, NC: Information Age Publishing.

岡本依子・菅野幸恵. (2008). *親と子の発達心理学：縦断研究法のエッセンス*. 東京：新曜社.

岡本依子・菅野幸恵・川田　学・亀井美弥子・東海林麗香・八木下（川田）暁子・高橋千枝・青木弥生・石川あゆち. (2014). 前言語期の親子コミュニケーションにみられる代弁. *湘北紀要 (湘北短期大学)*, **35**, 67-84.

岡本依子・菅野幸恵・根ヶ山光一. (2003). 胎動に対する語りにみられる妊娠期の主観的な母子関係：胎動日記における胎児への意味づけ. *発達心理学研究*, **14**, 64-76.

岡本依子・菅野幸恵・東海林麗香・高橋千枝・八木下（川田）暁子・青木弥生・石川あゆち・亀井美弥子・川田　学・須田　治. (2014). 親はどのように乳児とコミュニケートするか：前言語期の親子コミュニケーションにおける代弁の機能. *発達心理学研究*, **25**, 23-37.

岡本依子・菅野幸恵・東海林麗香・八木下（川田）暁子・青木弥生・石川あゆち・亀井美弥子・川田　学・高橋千枝. (2010). 親が抱く子どもの安全への心配：妊娠期から小学校入学までの縦断研究から. *発達心理学研究*, **21**, 353-364.

岡本依子・寺西美恵子・町田和子. (2008). 子育て支援活動における短大−保育所連携の可能性：子育て座談会「ちょっとチャット」の試みから. *日本発達心理学会第19回大会発表論文集*.

岡本祐子・古賀真紀子. (2004). 青年の「親準備性」概念の再検討とその発達に関連する要因の分析. *広島大学心理学研究*, **4**, 159-172.

岡野雅子. (2003a). 青年期女子の子どもに対するイメージ：彼女たちを取り巻く人間関係と親準備性獲得の課題との関連. *日本家庭科教育学会誌*, **46**, 3-13.

岡野雅子. (2003b). 子どもに対するイメージ：女子学生と幼稚園児母親との比較と保育教育への示唆. *信州大学教育学部紀要*, **110**, 57-67.

岡山久代・高橋真理. (2006). 妊娠期における初妊婦と実母の関係性の発達的変化. *母性衛生*, **47**, 455-463.

Pontes, V. V. (2015). The experience of recurrent gestational losses: Semiotic strategies of dynamic self-repairing after sequential ruptures. In K. R. Cabell, G. Marsico, C. Cornejo, & J. Valsiner (Eds.), *Making meaning, making motherfood* (Annals of Cultural Psychology)(pp.177-196). Charlotte, NC: Information Age Publishing.

Portmann, A. (1961). *人間はどこまで動物か* (高木正孝, 訳). 東京：岩波書店. (Portmann, A. (1951). *Biologische Fragmente zu einer Lehre vom Menschen*.

Basel: Schwabe.)

Rogoff, B. (2003). *The cultural nature of human development*. New York: Oxford University Press.

佐伯　胖. (2008). 模倣の発達とその意味. *保育学研究*, **46**(2), 347-357.

佐藤達哉・菅原ますみ・戸田まり・島　悟・北村俊則. (1994). 育児に関連するストレスとその抑うつ重症度との関連. *心理学研究*, **64**, 409-416.

澤田英三・鹿島達哉・南　博文. (1992). 母親の素朴な発達観の特徴と構造について：事例的研究. *広島大学教育学部紀要*, **41**(1), 89-98.

Schegloff, E. A., & Sacks, H. (1973). Opening up closings. *Semiotica*, **8**, 289-327.

柴崎正行・安齋智子. (2003).『児童研究』誌からみた近代における育児観の形成. *東京家政大学紀要*, **43**(1), 63-70.

東海林麗香. (2008). 子どもの誕生と夫婦関係の意味づけの変化. 岡本依子・菅野幸恵（編著）, *親と子の発達心理学：縦断研究法のエッセンス* (pp.119-130). 東京：新曜社.

首都大学東京・東京都立大学体験学習研究会・NPO法人保育園種まく人. (2008). 乳幼児ふれあい体験ワークショップ2007：赤ちゃん誕生は100年のあゆみ. *活動報告書*.

Simion, F., Cassia, M. V., Turati, C., & Valenza, E. (2003). Non-specific perceptual biases at the origins of face processing. In O. Pascalis & A. Slater (Eds.), *The development of face processing in infancy and early childhood: Current perspectives* (pp.13-26). New York: Nova Science Publishers

Slade, A., Cohen, L. J., Sadler, L. S., & Miller, M. (2009). The psychology and psychopathology of pregnancy: Reorganization and transformation. In C. H. Zeanah, Jr. (Ed.), *Handbook of infant mental health* (3rd ed., pp.22-39). New York: The Guilford Press.

須田　治. (1999). *情緒がつむぐ発達*. 東京：新曜社.

菅野幸恵. (2001). 母親が子どもをイヤになること：育児における不快感情とそれに対する説明づけ. *発達心理学研究*, **12**, 12-23.

菅野幸恵. (2008). 母親が子どもをイヤになること. 岡本依子・菅野幸恵（編著）, *親と子の発達心理学：縦断研究法のエッセンス* (pp.147-158). 東京：新曜社.

菅野幸恵・岡本依子・青木弥生・石川あゆち・亀井美弥子・川田　学・東海林麗香・高橋千枝・八木下（川田）暁子. (2009). 母親は子どもへの不快感情をどのように説明するか：第1子誕生後2年間の縦断研究から. *発達心理学研究*, **20**, 74-85.

菅野幸恵・岡本依子・川田暁子・亀井美弥子・川田　学・高橋千枝・青木弥生. (2002). 母親の語りにみられる母親への移行のプロセス：妊娠期から生後2歳までの縦断的研究から：定性的研究の実際 (89). *日本心理学会第66回大会発表論文集*.

鈴井江三子. (2005). 超音波診断を含む妊婦検診と、超音波診断を含まない妊婦検診を受けた妊婦の体験：妊婦の心理と身体感覚を中心に. *川崎医療福祉学会誌*, **15**(1),

85-93.
鈴木武徳・久慈直志. (1985). 妊娠から出産まで. 東京：有紀書房.
多田　裕. (1992). 胎児期の発達. 高橋道子（編）, 新・児童心理学講座第2巻：胎児・乳児期の発達 (pp.32-55). 東京：金子書房.
田島信元. (1999). 観察. 中島義明・安藤清志・子安増生・坂野雄二・繁桝算男・立花政夫・箱田裕司（編）, 心理学辞典（電子版）. 東京：有斐閣.
田守育啓. (2002). オノマトペ 擬音・擬態語をたのしむ. 東京：岩波書店.
田守育啓・スコウラップ, L. (1999). オノマトペ：形態と意味. 東京：くろしお出版.
Tharp, R. G., & Gallimore, R. (1988). *Rousing minds to life: Teaching, learning, and schooling in social context*. New York: Cambridge University Press.
Thiessen, E. D., Hill, E. A., & Saffran, J. R. (2005). Infant-directed speech facilitates word segmentation. *Infancy*, **7**, 53-71.
徳田治子. (2004). ナラティブから捉える子育て期女性の意味づけ：生涯発達の視点から. 発達心理学研究, **15**, 13-26.
Tomasello, M. (2006). 心とことばの起源を探る（大堀壽夫・中澤恒子・西村義樹・本多啓, 訳）. 東京：勁草書房.（Tomasello, M. (1999). *The cultural origins of human cognition*. Cambridge, MA: Harvard University Press.）
富岡真由子・高橋道子. (2005). 親への移行期にある娘のとらえる母親との関係性：再構築の過程とその要因. 東京学芸大学紀要：第1部門（教育科学）, **56**, 137-148.
利島　保. (1983). 妊産婦の母性形成過程. 周産期医学, **13**, 2129-2132.
Trainor, L. J., Austin, C. M., & Desjardins, R. N. (2000). Is infant-directed speech prosody a result of the vocal expression of emotion? *Psychological Science*, **11**, 188-195.
Trevarthen, C. (1979). Communication and cooperation in early infancy: A description of primary intersubjectivity. In M. Bullowa (Ed.), *Before speech: The beginning of interpersonal communication* (pp.321-347). London: Cambridge University Press.
恒吉僚子・ブーコック, S. S.・ジョリヴェ, M.・大和田滝恵. (1997). 育児書の国際比較. 恒吉僚子, サラーン・S・ブーコック（編著）, 育児の国際比較：子どもと社会と親たち (pp.27-130). 東京：日本放送出版協会.
上野善子. (2012). 米国の児童虐待：医療化以前の虐待認識と社会. 奈良女子大学社会学論集, **19**, 55-72.
氏家達夫. (1996). 親になるプロセス（認識と文化5）. 東京：金子書房.
薄井　明. (2007).「隣接ペア」再考. 北海道医療大学看護福祉学部紀要, **14**, 75-82.
Valsiner, J. (2007). *Culture in minds and societies: Foundations of cultural psychology*. Los Angeles: Sage Publications.
Vygotsky, L. S. (2001). 思考と言語（柴田義松, 訳）. 東京：新読書社.
Vygotsky, L. S. (2003).「発達の最近接領域」の理論：教授・学習過程における子どもの発達（土井捷三・神谷栄司, 訳）. 大津：三学出版.

Vygotsky, L. S. (2006). *記号としての文化：発達心理学と芸術心理学* (柳町裕子・高柳聡子, 訳). 東京：水声社.

Walton, G. E., Bower, N. J., & Bower, T. G. (1992). Recognition of familiar faces by newborns. *Infant Behavior and Development*, **15**, 265-269.

Werker, J. F., Pons, F., Dietrich, C., Kajikawa, S., Fias, L., & Shigeaki, A. (2006). Infant-directed speech supports phonetic category learning in English and Japanese. *Cognition*, **103**, 147-162.

Wertsch, J. (1991). *Voices of the mind: A sociocultural approach to mediated action*. Cambridge, MA: Harvard University Press.

八木下（川田）暁子. (2008). 父親役割の芽生え. 岡本依子・菅野幸恵（編著）, *親と子の発達心理学：縦断研究法のエッセンス* (pp.107-118). 東京：新曜社.

やまだようこ. (1987). *ことばの前のことば*. 東京：新曜社.

やまだようこ・サトウタツヤ. (2007). 日本の質的心理学の歴史をつくる：「日誌研究会」と質的研究の方法論. *日本発達心理学会第18回大会発表論文集*.

山口真美. (2005). 顔の認知発達学：赤ちゃんが示す驚きの能力. *科学*, **75**(11), 1284-1288.

山内芳忠. (1996). 母体の疾患と母乳哺育. 周産期医学編集委員会（編）, *周産期医学必修知識* (pp.572-574). 東京：東京医学社.

全国社会福祉協議会. (2008). *「保育所と地域が協働した子育て支援活動研究事業」調査研究報告書*. 東京：全国社会福祉協議会.

初出一覧

【序論と第1章】＊下記を大幅に改変・加筆し再構成した。

岡本依子.(2009).育児不安と子育て支援.繁多進（編著），子育て支援に活きる心理学：実践のための基礎知識（第二部第11章）pp.130-140.東京：新曜社.

岡本依子.(2013a).親の視点からみた親子の関係発達：発達の場を整備する子ども.生涯発達心理学研究,5,41-51.

【第2章】＊下記それぞれの一部を改変・加筆し再構成した。

岡本依子・菅野幸恵・根ヶ山光一.(2003).胎動に対する語りにみられる妊娠期の主観的な母子関係：胎動日記における胎児への意味づけ.発達心理学研究,14(1),64-76.

岡本依子・菅野幸恵・東海林麗香・亀井美弥子・八木下暁子・高橋千枝・青木弥生・川田学・石川あゆち・根ヶ山光一.(2008).妊娠期における母子の接触としての胎動：胎動日記における胎動を表すオノマトペの分析から.湘北紀要,29,29-41.

岡本依子・菅野幸恵・川野健治・高崎文子.(2014).授乳スタイルの選択・定着のプロセス：授乳についての語りにみられる母乳プレッシャーの受け入れ／拒否.子育て研究,4,53-64.

岡本依子・菅野幸恵・川田学・亀井美弥子・東海林麗香・八木下（川田）暁子・高橋千枝・青木弥生・石川あゆち.(2014).前言語期の親子コミュニケーションにみられる代弁.湘北紀要,35,67-84.

岡本依子・菅野幸恵・東海林麗香・高橋千枝・八木下（川田）暁子・青木弥生・石川あゆち・亀井美弥子・川田学・須田治.(2014).親はどのように乳児とコミュニケートするか：前言語期の親子コミュニケーションにおける代弁の機能.発達心理学研究,25(1),23-37.

【第3章】＊第2節は下記を修正・加筆したものである。

岡本依子.(2008a).親子のやりとりについての観察のしかた.岡本依子・菅野幸恵（編著），親と子の発達心理学：縦断研究法のエッセンス（pp.41-50）.東京：新曜社.

【第5章】 ＊下記を一部改変した。

岡本依子・菅野幸恵・根ヶ山光一. (2003). 胎動に対する語りにみられる妊娠期の主観的な母子関係：胎動日記における胎児への意味づけ. 発達心理学研究, 14(1), 64-76.

【第6章】 ＊下記を一部改変した。

岡本依子・菅野幸恵・東海林麗香・亀井美弥子・八木下暁子・高橋千枝・青木弥生・川田学・石川あゆち・根ヶ山光一. (2008). 妊娠期における母子の接触としての胎動：胎動日記における胎動を表すオノマトペの分析から. 湘北紀要, 29, 29-41.

【第7章】 ＊下記を一部改変した。

岡本依子・菅野幸恵・川野健治・高崎文子. (2014). 授乳スタイルの選択・定着のプロセス：授乳についての語りにみられる母乳プレッシャーの受け入れ／拒否. 子育て研究, 4, 53-64.

【第8章】 ＊下記を一部改変した。

岡本依子・菅野幸恵・川田学・亀井美弥子・東海林麗香・八木下（川田）暁子・高橋千枝・青木弥生・石川あゆち. (2014). 前言語期の親子コミュニケーションにみられる代弁. 湘北紀要, 35, 67-84.

【第9章】 ＊下記を一部改変した。

岡本依子・菅野幸恵・東海林麗香・高橋千枝・八木下（川田）暁子・青木弥生・石川あゆち　亀井美弥子・川田学・須田治 (2014). 親はどのように乳児とコミュニケートするか：前言語期の親子コミュニケーションにおける代弁の機能. 発達心理学研究, 25(1), 23-37.

＊第4章, 第10章, 第11章, 第12章, および, 第13章は, 新たに執筆した。

謝　辞

　本書は，2014年6月5日に首都大学東京に提出し，2014年9月18日に博士（心理学）の学位を授与された博士論文を加筆・修正したものです。

　博士論文作成にあたっては，貴重なご助言ならびにご指導をいただきました，首都大学東京教授の須田治先生に深く感謝いたします。須田先生には，私が東京都立大学（現，首都大学東京）人文科学研究科に入学以来，研究のあらゆる面についてご教授いただき，また感化されてきました。大学院時代に受けた須田先生の授業や研究会でのインパクトは，今でも鮮明で，私の研究に大きな影響を与えています。

　また，本論文を構成するそれぞれの研究について，その都度的確かつ鋭くご助言いただきましたこと，感謝しております。なかなか仕事が進まず，研究の厳しさに直面することもありましたが，須田先生の励ましのおかげでなんとか博士論文とも向き合い続けることができました。博士論文の最後のまとめの段階では，私自身のもやもやと混乱した内言が，須田先生との議論のなかで外言化されていったように感じます。ひとつひとつの声を聞くことで対話が展開し，なんとか提出にこぎ着けました。心から感謝しております。

　副査の労をお取りいただいた首都大学東京の下川昭夫先生および石原正規先生，そして心理学研究室の先生方には，学生時代からお世話になり，折りに触れてご教示いただいただけでなく，設計審査のときにも示唆に富むご意見・ご助言をいただきました。ありがとうございました。

　また，本論文の研究1，研究2，研究4，および，研究5は，かんがるぅプロジェクトという共同研究にもとづいています。かんがるぅプロジェクトとは，私が東京都立大学大学院の博士課程に在籍していた1997年にスタートした家庭訪問型の縦断研究です。妊娠期から調査を開始し，生まれた子どもたちが小学校に上がるころまで同じ家庭に通い続けた追跡調査です。

かんがるぅプロジェクトを一緒に立ち上げた青山学院女子短期大学の菅野幸恵先生とは，ずっと二人三脚で研究をしてきました。菅野さんの冷静，かつ，エレガントな研究の視点にずっと影響を受けてきましたし，また，精神的にも支えられてきました。研究をずっと好きなまま続けることができたのは，菅野さんのおかげだと思います。また，山梨大学の東海林麗香先生や生涯発達研究教育センターの亀井美弥子先生には，データの分析など実質的な支援をいただきました。本務校での激務に追われながらも博士論文が提出できたのは，東海林さんと亀井さんのサポートのおかげです。もちろん，松山東雲短期大学の青木弥生先生，愛知県知多福祉相談センターの石川あゆち先生，北海道大学の川田学先生，鳥取大学の高橋千枝先生，および，高齢・障害・求職者雇用支援機構北海道障害者職業センターの八木下（川田）暁子先生とは，かんがるぅプロジェクトを一緒に遂行するなかで，助けていただきました。データ検討会など多くの議論は刺激的でした。加えて，かんがるぅプロジェクトのデータ収集にあたっては，当時学部学生だった梶本愛貴さんにお手伝いいただいたこともありました。かんがるぅプロジェクトの仲間には，感謝の気持ちでいっぱいです。

　さらに，早稲田大学教授の根ヶ山光一先生，国立精神・神経医療研究センターの川野健治先生，および，熊本大学の高崎文子先生には，共同研究を通してご教示いただき，ありがとうございました。私が大阪府立大学社会福祉学部にいたころには，泉千勢先生にもお世話になりました。赤ちゃんと親に興味をもつきっかけをいただき，感謝しています。白百合女子大学の繁多進先生，田島信元先生が主催する研究会でも幾度となく発表の機会をいただき，示唆に富むご意見を多くの先生方から頂戴しました。

　2009年から2年間，アメリカ・クラーク大学にてサバティカルを過ごしましたが，ホスト教授のJaan Valsiner先生（現，デンマーク・オースロー大学）が主催する研究会Kitchen，および，そこから発展したW-Kitchenは刺激的でした。Valsiner先生をはじめ，Kenneth Cabell先生，Virginia Dazzani先生，Ana Cecilia Bastos先生，Pina Marsico先生，Marilena Ristum先生など多くの研究者との出会いは私の財産です。今後も研究交流が続くことを願っています。

そして，この博士論文は，多くの赤ちゃんとお母様方のご協力の下に成り立っています。かんがるぅプロジェクトや他のプロジェクトで，赤ちゃんがお腹にいるときから私たちの調査にご協力をいただいたお母様方，お子様方，そしてそれを支えてくださったお父様方には，どれだけ感謝してもしきれません。日記を書いたり，研究者がビデオを抱えて家に来たりすることを面倒に感じられた方もいらっしゃったでしょう。にもかかわらず，いつも温かく迎えていただき，また，お子様たちの笑顔と成長の様子は，いつも私を元気づけてくれました。心よりお礼申し上げますとともに，お子様方の健やかなご成長をお祈り申し上げます。

　また，本書の出版にあたって，新曜社の塩浦暲さん・田中由美子さんにも大変お世話になりました。本書出版以前には，かんがるぅプロジェクトの中間報告という意味合いもあった『親と子の発達心理学――縦断研究法のエッセンス』の出版の機をいただきました。今回，そのかんがるぅプロジェクトを研究の視点からまとめるにあたって，再び塩浦さん・田中さんにお世話になることができたことを嬉しく思っています。

　最後に，家族にもちょっぴり感謝させてください。夫・尾見康博は，私が分析や執筆に夢中になりすぎて帰りが遅くなったり，家事がおろそかになっても，文句も言わず手伝ってくれました。また，我が子・遥菜と駿斗は，仕事をもつ母の心の支えになってくれただけでなく，私に人間が発達することのおもしろさと，親としてのおもしろさを教えてくれました。実は，私の研究視点の原点は，二人にあるのかもしれません。最近では，夕飯の支度などお手伝いもしてくれて助かっています。ありがとうね。

　本書の研究の大部分は，平成12-13年度科学研究費補助金（代表者岡本依子，課題番号12710068），東京都立大学総長特別研究費（代表者岡本依子），平成14-16年度科学研究費補助金（代表者岡本依子，課題番号1470089），平成16-18年度科学研究費補助金（代表者根ヶ山光一，課題番号16203035），平成17-19年度科学研究費補助金（代表者岡本依子，課題番号17730394），平成23-25年度科学研究費補助金（代表者岡本依子，課題番号23430884），湘北短期大学研究助成

金（代表者岡本依子）の助成を受けて実現できたものです。

　加えて，本書の出版にあたっては，平成27年度科学研究費補助金（研究成果公開促進費）（代表者岡本依子，課題番号15HP5165）の助成を受けました。ここに感謝の意を表します。

2015年11月1日

岡本　依子

人名索引

【A】
Adamson, L. B.　30, 35, 36, 122, 123, 140, 145, 147, 186, 201
青木まり　9
青木昭六　85
青木弥生　190
蘭香代子　22, 23, 69, 82
麻生　武　40, 43

【B】
Bahktin, M.（バフチン）　18, 124, 147, 197, 205
Bastos, A. C.　18, 193
Belsky, J.　15
Bibring, G. L.　195
Bryant, G. A.　125, 146
Bushnell, I. W. R.　31
Butterworth, G. E.　34

【C】
Cabell, K. R.　18, 143, 192
陳　省仁　16, 143
Coley, R. L.　12
Condon, J. T.　21, 24, 50, 51, 83
Condon, W.　32, 123, 146
Conrad, R.　52, 57
Cooper, R. P.　37
Crnic, K. A.　12, 207

【D】
Darwin, C. R.（ダーウィン）　52, 57
Dazzani, M. V. M.　18
Deater-Deckard, K.　28, 100
DeCasper, A. J.　21
伝　康晴　124
Deutch, F. M.　53

【F】
Fantz, R. L.　31, 123, 146
Feldman, S. S.　53
Fernald, A.　36, 125, 126, 146
Field, T. M.　31, 32, 123, 146
古川亮子　11

【G】
Gergely, G.　33
Gratier, M.　31, 32

【H】
浜　治世　21
花沢成一　21, 50
Haynes, H.　34
Hermans, H. J. M.　17, 28, 38, 124, 142, 147, 171, 182, 191, 203, 205, 206
Hess, E. H.　20, 50
Holquist, M.　18, 38, 124, 147
Hoshi, N.　211

【I】
井上義朗　9
石井宏典　45

【J】
Jacobson, J.　36, 125, 146
Johnson, M. H.　31
Joseph, R.　21, 50
Jusczyk, P. W.　37

【K】
門田成人　16
亀井美弥子　10, 12, 13, 16
Kaplan, P. S.　36, 126, 146
加藤邦子　12
加藤隆雄　35, 123, 140, 147, 186, 201
Katz-Wise, S. L.　14, 15, 28, 100, 120, 172
川井　尚　24, 51, 83
川喜田二郎　152
川野健治　26, 99
川瀬隆千　11
Kaye, K.　35, 123, 140, 147, 186, 201, 205
数井みゆき　12, 207
金　娟鏡　12, 13
Kisilevsky, B. S.　21, 50
Kitamura, C.　36, 125, 126, 146
Koivunen, J. M.　14, 15, 120
上妻志郎　23, 24, 51, 83

235

【L】
Levy-Shiff, R.　53
Lumley, J. M.　23, 83

【M】
前田　清　27, 100
牧野カツコ　11, 12, 28, 100, 207
Marcos, H.　35, 123, 140, 147, 186, 201
間崎和夫　23, 53, 83
増山真緒子　35, 123, 140, 147, 186, 201
Meltzoff, A. N.　32, 33, 123, 146
三澤寿美　22, 82
Mitnick, D. M.　120, 172
三林真弓　11
宮崎清孝　45
森下葉子　13
本島優子　83
室岡　一　21, 50

【N】
長鶴美佐子　21
中山まき子　12
根ヶ山光一　26, 76, 99
Newson, J.　32, 36, 123, 146, 182, 186, 205

【O】
大日向雅美　8, 21, 50-52, 120
大藪　泰　32, 34, 182
岡本夏木　33, 35, 123, 186
岡本依子（Okamoto, Y.）　1, 2, 4, 8, 10, 11, 16, 18, 31, 35, 41, 45, 79, 81, 84, 85, 89-91, 95, 127, 145-147, 149, 150, 172, 208
岡本祐子　9
岡野雅子　9, 190
岡山久代　21

【P】
Pontes, V. V.　18, 193
Portmann, A.（ポルトマン）　1, 123

【R】
Rogoff, B.　19, 39, 148, 169

【S】
佐伯　胖　34
佐藤達哉　12, 207

澤田英三　52
Schegloff, E. A.　123, 124, 133
柴崎正行　12, 25
東海林麗香　15
Simion, F.　31, 123, 146
Slade, A.　22
須田　治　168, 210
菅野幸恵　8, 15, 28, 52, 100, 166, 207
鈴井江三子　22, 184
鈴木武徳　69, 83

【T】
多田　裕　23, 66, 83
田島信元　43
田守育啓　85, 89-91
Tharp, R. G.　142
Thiessen, E. D.　36, 126
徳田治子　15
Tomasello, M.　33, 35, 181, 182
富岡真由子　15
利島　保　21, 50
Trainor, L. J.　36, 126, 146
Trevarthen, C.　32, 146
恒吉僚子　26, 99

【U】
上野善子　16
氏家達夫　8, 15, 120
薄井　明　124

【V】
Valsiner, J.　18, 36, 37, 140, 147, 148, 166, 170, 180, 188, 202, 203, 208, 209
Vygotsky, L. S.（ヴィゴツキー）　17, 197, 205, 208

【W】
Walton, G. E.　31
Werker, J. F.　36, 126
Wertsch, J.　18, 19, 28, 38, 124, 125, 141, 142, 147, 203, 205, 206, 208

【Y】
八木下（川田）暁子　8, 13
やまだようこ　40-42, 45, 181
山口真美　31
山内芳忠　26, 99

事項索引

【あ行】
愛着　21
Ｉポジション　38, 124, 143, 148, 191, 203
あいまい型代弁　133, 137, 146, 150, 180
赤ちゃんふれあい体験　11
宛名（address）　18, 38, 125, 141, 147, 206
育児ネットワーク　12, 191
育児不安　11, 28, 100, 207
移行型代弁　134, 139, 146, 150, 180
意味づけ　3, 36, 199
大人に向けて話す発話（adult-directed speech：ADS）　36
オノマトペ　4, 81, 85, 178, 185, 195
　　慣用的な——　85, 90
　　臨時の——　85, 90
親意識　9
親子関係　3
親子（の）コミュニケーション　3, 4, 32, 179, 185, 196
親子視点型代弁　131, 137, 146, 150, 180
親準備教育　10, 191
親準備性　9, 50, 190
親の解釈補助としての代弁　162, 180
親の視点　4
親のための代弁　163, 181
親への移行（transition to parenthood）　1, 3, 8, 14, 18, 50, 100, 122, 172, 177, 179, 191, 193, 207
　　——期　15
　　——の契機　22

【か行】
外化　37, 39, 171
外言　197
解釈　35, 147, 186
ガイド　170
顔刺激への選好性　146
顔認識の生得性　31
加工　171
過剰な解釈（過剰な飛躍）　171
身体の有限性　195, 199
観察　9, 43, 120
　　——の必要性　196
　　——法　40

慣用的なオノマトペ　85, 90
記号的媒介　168
疑似的（な）対話　182, 205
犠牲的な子育て　2, 12, 25
期待された間　182, 205
共同注意　34, 182
　　支持的——　182
言語化　168
言語的やりとり　182
声　4, 18, 28, 38, 124, 141, 147, 180, 201, 203, 206
　　人格としての——　38
　　複数の——　206
　　文化的な——　38, 141, 191
呼称　67, 77, 178
個人史的な移行　17
個人的な営み　14, 193
個人と社会の包括的分離　18
子育て　2
　　——コミュニティ　10
　　——支援活動　11
　　——資源　10, 199
　　——実践　3, 193
　　——世代　10
　　——の孤立化　10, 13
子どもイメージ　9
　　——の共同構築　191
子ども観　9
子ども視点型代弁　129, 137, 146, 150, 180
子どもに合わせた代弁　155, 180
子どもの安全　16
子どものための代弁　163, 180
子どもの発達刺激　207
子どもの文化化　142, 203
子どもを方向付ける代弁　157, 180
コミュニケーション　4, 29, 35, 122
　　——・スキル　122, 145, 170, 186

【さ行】
三項関係　182
ジェンダーロール　28, 100
子宮外胎児期　123
子宮外の胎児　1
支持的共同注意　182

237

自然観察法　43
自他の交代可能性　33
実験的観察法　43
社会的アイデンティティ　10
社会的な移行　17
社会文化的アプローチ　17, 188
縦断研究　4, 54, 127, 149
縦断調査　45
熟達した者　14
授乳　4, 25, 100, 179, 196
　──スタイル　101, 111, 179
　──日記　4, 185
循環的構造　193
状況へのはたらきかけとしての代弁　161, 180
情緒　24, 210
　──調整　5, 208, 210
触媒　18, 192
人格としての声　38
人工乳　26, 99
新生児模倣　32, 123
身体的世話　4
心理的距離化　168, 209
生理的早産　1
接触　81
前言語期　4, 37, 122
　──のコミュニケーション　139, 145, 183
専有（appropriation）　19, 25, 38, 142, 148, 172, 186
相互主体性　32, 123, 146
相互同期性　32, 123, 146
"そこにいてもいい"存在　43

【た行】
胎児の代弁　79, 208
胎動　3, 23, 50, 81, 177, 184
　──日記　4, 54, 81, 86, 184
　──への意味づけ　52, 81, 87, 194
代弁　4, 37, 124, 140, 145, 150, 180, 185, 196
　──の機能　155, 181
　　あいまい型　133, 137, 146, 150, 180
　　移行型──　134, 139, 146, 150, 180
　　親子視点型──　131, 137, 146, 150, 180
　　親の解釈補助としての──　162, 180
　　親のための──　163, 181
　　子ども視点型──　129, 137, 146, 150, 180
　　子どもに合わせた──　155, 180
　　子どものための──　163, 180
　　子どもを方向付ける──　157, 180
　　状況へのはたらきかけとしての──　161, 180
　　胎児の──　79, 208
　　非──　136, 137, 146, 150, 164
対話的自己　4, 17, 28, 38, 124, 142, 148, 171, 191, 193, 203, 205
　──からみる親への移行　18
他者からの視線　16
他者性　80, 100, 195
他者としての子ども　183
注意　34
適応　4
同型性　33

【な行】
内化　18, 37, 38, 125, 142, 148, 191
内言　197, 205, 209
二項関係　181
日記　3, 103, 177
　──法　40, 42
日誌法　40
乳児期　3
　──の模倣　146
乳児に向けられた発話（infant-directed speech：IDS）　36, 125, 146
乳幼児期　8
乳幼児との接触体験　9, 30, 190, 122, 191
妊娠期　3, 8, 20, 50, 81, 177, 184
　──の心理的適応　24

【は行】
媒介物　19, 189
　　文化的──　169
発達初期のコミュニケーション　31, 123
発達の入力刺激　2, 9, 185
発話主体　124, 128, 134, 142, 146
半解釈　139, 147, 180, 188, 191
非音声化　182
非子育てコミュニティ　10
非子育て世代　10
非対称　186
　──性　4, 31
　──な関係　30, 122, 145
非代弁　136, 137, 146, 150, 164
人（への）指向性　31, 123, 146
飛躍　37, 140, 147, 170, 180, 188, 190, 208
複数の声　206
不連続性　10, 176
文化　16

238

──化　37, 180, 203
──参入　3
──的意味　38
──的子ども　190, 197, 202, 204
──的コミュニティへの参入　19
──的道具　38
──的な声　38, 141, 191
──的媒介物　169
──的発達　37
べき論　2
別個体　79
母性　12
母乳　26, 99
　──／人工乳　106
　──育児　28, 99, 185
　──志向　26, 99

【ま行】
マザリーズ　36, 125
"まるで（as-if）"　35, 140
　──構造　36, 37, 147, 170, 188, 208
　──構造の飛躍　202
密室育児　10
モデル構築型　53
模倣　33

【や・ら・わ行】
よい親　2
養育　9
臨時のオノマトペ　85, 90
隣接ペア　123, 133
"私でないととれないデータ"　41, 44

著者紹介

岡本依子（おかもと よりこ）
大阪府立大学社会福祉学部，東京都立大学人文科学研究科修士課程を経て，同研究科博士課程を単位取得満期退学。博士（心理学）。
現所属は，湘北短期大学保育学科，教授。
主な著書に，『エピソードで学ぶ乳幼児の発達心理学——関係のなかでそだつ子どもたち』（共著，新曜社），『カタログ現場心理学——表現の冒険』（共著，金子書房），『親と子の発達心理学——縦断研究法のエッセンス』（共編，新曜社），『エピソードで学ぶ赤ちゃんの発達と子育て——いのちのリレーの心理学』（共著，新曜社）など。

妊娠期から乳幼児期における親への移行
親子のやりとりを通して発達する親

初版第1刷発行　2016年2月18日

著　者　岡本依子
発行者　塩浦　暲
発行所　株式会社　新曜社
　　　　101-0051　東京都千代田区神田神保町3-9
　　　　電話（03）3264-4973（代）・FAX（03）3239-2958
　　　　e-mail：info@shin-yo-sha.co.jp
　　　　URL：http://www.shin-yo-sha.co.jp

組　版　Katzen House
印　刷　新日本印刷
製　本　イマヰ製本所

Ⓒ Yoriko Okamoto, 2016 Printed in Japan
ISBN978-4-7885-1463-8 C1011